# クラシル
家庭料理で使えるプロのワザ満載

# #シェフのレシピ帖

監修 クラシル

# 本書はクラシルのYouTube “#シェフのレシピ帖”で人気だった料理レシピの永久保存版です！

クラシルのYouTube内でのシリーズ“#シェフのレシピ帖”では
魅力あふれるプロのレシピを紹介しています。
その中で、みなさんから特に反響が大きかったレシピを1冊にまとめました。
一流シェフが、家庭でも作りやすくアレンジしたプロのレシピがたくさん！
上手に作るコツを丁寧に解説しています。

## 料理を教えてくださった 一流シェフ 33名をご紹介

### 五十嵐(いがらし) 美幸(みゆき)
**中国料理美虎(みゆ)**

小学生のころから実家の中国料理店「広味坊」の厨房に入って食材や調理に親しみ、14歳から調理を始める。高校卒業後、正式に厨房に。22歳でフジテレビ「料理の鉄人」に出演、一躍中国料理界の新星として脚光を浴びる。その後独立、中国料理美虎を開業する。

住 熱海美虎本店
静岡県熱海市中央町16-3
🔗 https://www.miyuki-igarashi.com/atami2.php

### 石井(いしい) 真介(しんすけ)
**Sincère**

「オテル・ドゥ・ミクニ」や「ラ・ブランシュ」とフレンチの名店を経験し、渡仏。本場の星つきレストランで修業を積み、2004年帰国。2008年よりレストランバカールのシェフを7年間務める。2016年、Sincèreをオープン。水産資源を守る「Chefs for the Blue」の活動も注目を集める。

住 東京都渋谷区千駄ヶ谷3-7-13 B1
🔗 https://ja-jp.facebook.com/fr.sincere/

### 井関(いせき) 誠(まこと)
**マルケ料理専門店 aniko**

東京都内のレストランで修業したのち、2004年に渡伊、計10年間修業する。さまざまな街を経てたどり着いたマルケで、郷土料理に開眼。A.I.S認定ソムリエを現地で取得して2014年に帰国。「パーネ アモーレ」のシェフに就任する。その後、2019年に独立、マルケ料理専門店「aniko」を開業。

住 東京都港区赤坂6-3-8 高松ビルB1
🔗 https://www.aniko-akasaka.com/

## 氏家 健治

**ケンズカフェ東京**

ホテルオークラ東京、赤坂アークヒルズクラブ、レストランマエストロなど、高級店で修業を重ね、調理および製菓・製パンの技術を体得する。1998年、東京・新宿御苑前に「ケンズカフェ東京」を開店。著書に『1つ3000円のガトーショコラが飛ぶように売れるワケ』がある。

住 東京都新宿区新宿1-23-3御苑コーポビアネーズ1F
https://kenscafe.jp/

## 永島 義国

**byebyeblues TOKYO**

19歳でイタリア料理人を志し、都内で修業をスタート。29歳で渡伊して、5年間で星つきレストランなど計8店で修業する。35歳で帰国して数店で勤務したのち、「SALONE2007」に入社、2018年には「SALONE TOKYO」のシェフに就任、2022年より丸の内「byebyeblues TOKYO」にてシェフを務めている。

住 東京都千代田区丸の内2-7-3 東京ビルディング1階104
https://www.byebyeblues.tokyo/

## 茌原 正典

**日本料理 茌原**

神奈川県三浦市三崎町にある「地魚料理 あさ彦」と、割烹料理の名店「京ばし 松輪」の創業者。2016年に、世田谷区等々力の高級住宅街に日本料理店「茌原」を開店。TBSの長寿番組「噂の!東京マガジン」の「やってTRY」コーナーでは、数々のレシピを紹介した。

住 東京都世田谷区中町1-19-15
http://ehara.tokyo/

## 小田倉 光夫

**レストラン香味屋**

幼い頃から、忙しく働く両親のために料理をつくっていた。手に職をつけて働くことを考え、料理人になることを決意。高校卒業後、新卒で「レストラン香味屋」に入社、2014年に大正十四年創業の老舗洋食屋「レストラン香味屋」の5代目料理長となる。

住 東京都台東区根岸3-18-18
https://www.kami-ya.co.jp

## 金子 優貴

**Series**

大阪あべの辻調理師専門学校を卒業後、日本の最古の中国料理店として知られる「聘珍楼」、マンダリンオリエンタル東京の「SENSE」にて腕を磨く。その後、東京都内のレストラン料理長を経て、麻布台「Series」の料理長に就任。3年連続ミシュラン一つ星へ導く。

住 東京都港区麻布台3-4-11 麻布エスビル 1F
https://series-restaurant.com/

## 後藤 祐輔

**AMOUR**

辻グループフランス校卒業後、ストラスブールの「オ・クロコディル」にて研鑽を積む。帰国後、「銀座レカン」で修業。再渡仏し、数軒の星付きレストランで経験を積む。2012年オープン時より「アムール」総料理長を務め、現在に至る。

住 東京都渋谷区広尾1-6-13
https://www.amourtokyojapan.com/

## 小林 雄二（こばやし ゆうじ）
**青華こばやし**

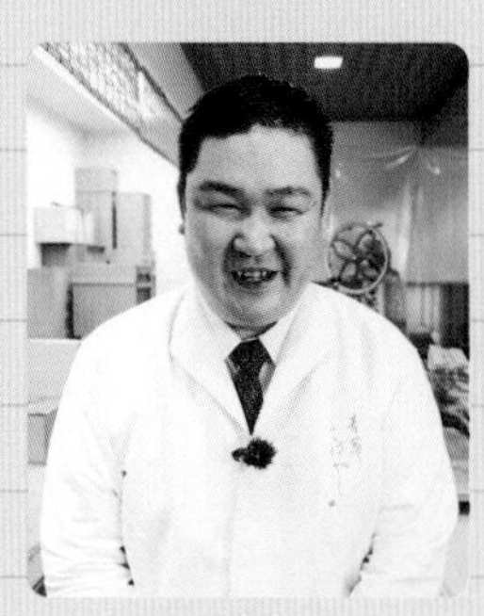

高校卒業後、調理師専門学校へ。在学中に器の魅力に目覚め、特に山代の須田菁華に感銘を受け、コレクションをはじめる。都内の日本料理店を経て、吉兆で修業。その後も都内の和食店で経験を積み、2009年六本木に「青華こばやし」をオープン。2016年に荒木町へ移転した。

住 東京都新宿区荒木町10-17-101
https://www.seika-kobayashi.com

## ジョージ
**CIRPAS**

東京都内のホテルレストランでキャリアをスタートした後、渡仏。パリの「ドミニク・ブシェ」で修業し、帰国後は「ピエール・ガニェール」に勤務。「ドミニク・ブシェ トーキョー」に入り、グループのエグゼクティブシェフとして活躍する。2022年に「CIRPAS」をオープンさせる。

住 東京都港区白金台4-2-7 bld 1F
https://cirpas.tokyo/

## 杉本 雄（すぎもと ゆう）
**帝国ホテル 東京 料理長**

1999年帝国ホテル入社後、一度退職して渡仏。ブルターニュの星付きレストランなどを経て、パリの「ル・ムーリス」へ。ヤニック・アレノやアラン・デュカスのもとでシェフを務める。帰国後は帝国ホテルに再入社、2019年より帝国ホテル第14代東京料理長に就任。

住 東京都千代田区内幸町1-1-1
https://www.imperialhotel.co.jp/j/tokyo/

## 鈴木 弥平（すずき やへい）
**ピアット スズキ**

16歳のとき、地元のビストロで料理の世界に入る。勤めながら調理師学校に通い、「ラ・パタータ」や「クッチーナヒラタ」を経て、1年間イタリアへ留学。トリノを中心に各地のリストランテで研鑽を積む。帰国後、ヴィーノヒラタのシェフに就任し、2000年に独立、「ピアットスズキ」を開業。

住 東京都港区麻布十番1-7-7 はせべやビル4F
https://ga2k200.gorp.jp/

## 曽我部 俊典（そがべ としのり）
**ザ・キャピトルホテル 東急 総料理長 兼 副総支配人**

26歳で渡仏し、フランス料理を学ぶ。2001年、セルリアンタワー東急ホテル「クーカーニョ」のシェフへ就任し、2007年「ミシュラン東京'08」で一ツ星を獲得。2008年、横浜ベイホテル東急の総料理長へ就任し、副総支配人も兼任。2019年4月より現職。

住 東京都千代田区永田町2-10-3
https://www.tokyuhotels.co.jp/capitol-h/

## 平 雅一（たいら まさかず）
**ドンブラボー**

広尾の「アッカ」に勤務後、イタリアの有名店を渡り歩き、3年間修業。帰国後は「TACUBO」で勤務したのち、三宿の「ボッコンディヴィーノ」でシェフを務める。生まれ育った東京都調布市・国領に2012年ドンブラボーを開業した。2020年にはピザ専門店「クレイジーピザ」を開店。

住 東京都調布市国領町3-6-43
https://www.donbravo.net/

## 田畑 成（たばた さだむ）
**ホテル椿山荘 東京**

ホテルのVIPパーティーの料理を数多く担当するなど経験を積み、その実績が認められ、「Four Seasons Hotel George V, Paris」のメインダイニングにて本場三つ星レストランの技術を学ぶ海外研修の機会に恵まれる。2018年よりメインダイニング「イル・テアトロ」シェフ就任。

住 東京都文京区関口2-10-8
https://hotel-chinzanso-tokyo.jp/

## 辻口 博啓（つじぐち ひろのぶ）
**モンサンクレール**

クープ・デュ・モンドなどの洋菓子の世界大会で数々の優勝経験をもつパティシエ・ショコラティエ。1998年「モンサンクレール」をオープン、その他10ブランドを展開。スイーツを通した地域振興や製菓専門学校の校長を務めるなど、後進育成やスイーツ文化の発展に取り組む。

住 東京都目黒区自由が丘2-22-4
https://www.ms-clair.co.jp/

## 中上 義則（なかがみ よしのり）
**eggg Café**

18歳で料理に興味をもち、フランスの2つ星レストランで修業を積む。フレンチ料理が得意なシェフ。日々、フレンチ以外の料理の腕も磨いている。

住 小平本店　東京都小平市鈴木町1-466-16
https://www.eggg.jp/

## 中村 和成（なかむら かずなり）
**LA BONNE TABLE**

大学時代のアルバイトで料理の面白さに気づき、大学卒業後、調理師専門学校に入学し、フランス料理の道へ。「シェ松尾」や「レストラン・ラ・リオン」、「サイタブリア(レフェルヴェソンス)」などで勤め、2012年スーシェフに昇格。2014年より「LA BONNE TABLE」のシェフに就任。

住 東京都中央区日本橋室町2-3-1コレド室町2-1F
https://labonnetable.jp/

## 野永 喜三夫（のなが きみお）
**日本橋ゆかり**

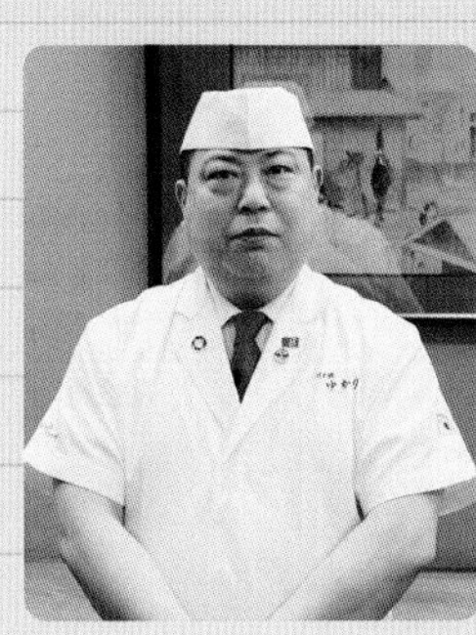

老舗日本料理店「日本橋ゆかり」の長男として生まれる。「露庵菊乃井」の村田吉弘氏のもとで修業を重ねた後、25歳で「日本橋ゆかり」へ戻り、三代目主人として腕を振るう。テレビや雑誌への出演や、和食の魅力を広めるための取り組みなど、幅広い分野で活躍している。

住 東京都中央区日本橋3-2-14
http://nihonbashi-yukari.com/

## 菱田 アキラ（ひしだ）
**菱田屋**

静岡県出身。東京の寿司店や中国料理店など、数々のお店で経験を重ね、紅虎餃子房の料理長となる。その後、120年続く菱田屋の5代目に就任。

住 東京都目黒区駒場1-27-12
https://www.instagram.com/hishidaya

## 日髙 良実（ひだか よしみ）
**ACQUAPAZZA**

専門学校卒業後、フランス料理店に入店。神戸の「アラン・シャペル」を経て上京、銀座の「リストランテ ハナダ」へ。1986年に渡伊。「エノテーカ・ピンキオーリ」を皮切りに、各地の郷土料理を学ぶため14店舗で修業。1990年に西麻布にリストランテ アクアパッツァをオープン。2018年から南青山に移転。

住 東京都港区南青山2-27-18 パサージュ青山2F
https://acqua-pazza.jp/

## 平沢光明（ひらさわ みつあき）
**ギオット**

イタリアの野菜を活かしたレシピに魅力を感じて、20歳で渡伊。各地方で修業したのち、神奈川県内や東京都内のイタリアンレストランで活躍。2015年東京・自由が丘に「奥沢食堂ghiotto」をオープン。のちに名前をギオットに変更。ギオットはイタリア語で食いしん坊という意味。

住 東京都世田谷区奥沢5-12-3自由が丘フェリース101
https://ghiotto.jp/

## 枇杷阪 仁（びわさか ひとし）
**ホテル椿山荘 東京**

入社後、料亭「錦水」にて会席料理を一から学び、VIPの接待料理など研鑽を積み上げる。2016年「錦水TAIPEI」調理長、2017年伊東小涌園・緑涌調理長就任後、2020年より料亭「錦水」調理長に就任。

住 東京都文京区関口2-10-8
https://hotel-chinzanso-tokyo.jp/

## ファビオ

20歳でドイツ、イタリアに渡り、大衆店から星付きレストランまで6年間修業。現在はYoutubeチャンネル「ファビオ飯／イタリア料理人の世界」やメディアで活躍中。著者に『ファビオのとっておきパスタ』（ナツメ社）などがある。

https://www.youtube.com/@chef_Fabio

## 星野 晃彦（ほしの てるひこ）
**ブラッスリー ポール・ボキューズ 銀座**

1984年群馬県生まれ。大学卒業後、フランス料理人を目指し専門学校へ。ひらまつに入社後、「レストランひらまつ 広尾」、「レストランひらまつ パリ」、金沢の「ジャルダン ポール・ボキューズ」などを経て、2018年より「ブラッスリー ポール・ボキューズ 銀座」の料理長に就任。

住 東京都中央区銀座2-2-14マロニエゲート銀座1-10F
https://www.hiramatsurestaurant.jp/paulbocuse-ginza/

## 三國 清三（みくに きよみ）

15歳で料理人を志し、札幌グランドホテル、帝国ホテルにて修業。駐スイス日本大使館料理長に就任したのち、1985年四ツ谷に「オテル・ドゥ・ミクニ」を開店、日本のフランス料理界の第一線を駆け抜けた。37年続いた店の幕を下ろし、現在は新店舗の準備をしている。

https://www.youtube.com/@chef-MIKUNI

## 宮田 俊介
みやた しゅんすけ

**なかの中華!Sai**

大阪あべの辻調理専門学校卒業後、同校の職員助手を務める。「福臨門酒家」や「火龍園」で、計10年間研鑽を積む。その後は三笠会館の「揚州名菜・秦淮春」などを経て2013年に独立、「なかの中華!Sai」をオープンする。

住 東京都中野区野方1-6-1
https://nakanosai.gorp.jp/

## 村田 明彦
むらた あきひこ

**鈴なり**

ふぐ料理店を経営していた祖父の影響を受け、料理人を志す。高校卒業後、老舗日本料理店「なだ万」に入社。ホテルニューオータニ東京のなだ万本店「山茶花荘」などで修業を積んだのち独立。新宿・荒木町に鈴なりを開業、ミシュランガイド東京では7年連続で一つ星を獲得する。

住 東京都新宿区荒木町7番地 清和荘1階
https://suzunari-arakicho.com/

## 森尾 西
もりお あきら

**eggg Café**

eggg caféのパンケーキを食べたことをきっかけにパンケーキにはまり、日夜、パンケーキのレシピ考案に邁進する。月ごとに考える期間限定のパンケーキは、バラエティ豊かで定評がある。

住 小平本店　東京都小平市鈴木町1-466-16
https://www.eggg.jp/

## 山本 鉄巳
やまもと てつみ

**IL TEATRINO DA SALONE**

神奈川県内のイタリア料理店で修業後、25歳で渡伊。トスカーナ州「Cum Quibus」に勤務。帰国後サローネグループ入社。Barilla社主催「シェフ・オンライン・チャンピオンシップ2020」にてGOLD PRIZE受賞。2021年3月より「IL TEATRINO DA SALONE」chefに就任。

住 東京都港区南青山7-11-5 HOUSE 7115-B1
http://www.ilteatrino.jp/

## 弓削 啓太
ゆげ けいた

**SALONE2007**

高校卒業後、バンクーバーの料理学校へ入学。帰国後、京橋の名店フレンチで修行したのち渡仏、パリの三つ星レストランで1年研鑽を積む。その後、「IL TEATRINO DA SALONE」に入店。2018年より「SALONE 2007」のシェフに就任。Barilla社主催の「パスタ・ワールド・チャンピオンシップ2019」で世界一に。

住 神奈川県横浜市中区山下町36-1 バーニーズ ニューヨーク横浜店B1
https://www.salone2007.com/index.html

## 脇屋友詞
わきや ゆうじ

**Turandot 臥龍居**

15歳で料理の道に入り、数々のレストランでの修業を経て、都内ホテルの総料理長になる。「トゥーランドット游仙境」の総料理長、パン パシフィック ホテル横浜中国料理総料理長を経て、2008年に「Wakiya 迎賓茶楼」をオープン。2011年赤坂に移転し、「トゥーランドット臥龍居」となる。

住 東京都港区赤坂6-16-10 Y's CROSS ROAD1,2F
https://www.wakiya.co.jp/restaurants/akasaka/

# 目次

本書はクラシルのYouTube
“#シェフのレシピ帖”で人気だった
料理レシピの永久保存版です!

# 3章 いつもの味が10倍おいしくなる! 定番料理のシェフレシピ



# 4章 シェフワザ光る! 家族大絶賛おかず [和食]

## [ 洋食 ]



## [ 中華 ]




Staff
デザイン 室田 潤、長坂 凪（細山田デザイン事務所）
DTP 茂呂田 剛、畑山栄美子（エムアンドケイ）
画像補正 関口五郎（ROUTE56）
イラスト tent
校正 東京出版サービスセンター 麦秋アートセンター
編集協力 吉川愛歩

# 5章 シェフ10名の絶品パスタ



# 6章 プロが教える究極のスイーツ

## 本書の特徴

- おうちで**一流シェフの味**が再現できる!

- 同じ料理でも**シェフ**によって
作り方やポイントはさまざま。
**シェフごとの味の違い**を楽しめます。

- 料理初心者でも分かるように
**ポイントカット**をたっぷり掲載。

- 日々のおかずからごちそうまで
**全165品のレシピ**が載っているので
飽きることなく楽しめます。

## シェフ名を掲載

## 調理のポイントをまとめて紹介

洋食

最後にまとわせるバターがコクと香りを引き立てる

# ローストビーフの玉ねぎにんにくソースがけ

LA BONNE TABLE
**中村 和成**

### 材料（2人分）

牛もも肉（ブロック）……250g
バター（無塩）……10g
サラダ油……適量
塩、粗挽き黒こしょう……各適量
ソース
　玉ねぎのすりおろし……100g
　おろしにんにく……10g
　A 日本酒……100g
　　みりん……100g
　　赤ワイン……50g
　　しょうゆ……50g
トッピング
　塩、粗挽き黒こしょう……各適量
　貝割れ菜……適量

### 作り方

1）オーブンは250℃に予熱する。牛肉は常温に30分おき、キッチンペーパーで水分を拭き取る。

2）フライパンにサラダ油を強火で熱し、牛肉を入れて焼く。全体に焼き色がついたら取り出す。

3）2を予熱したオーブンに入れ、3分焼く。焼けたら取り出し、アルミホイルに包んで6分おく。

4）ソースを作る。フライパンに残った余分な油を捨てて、キッチンペーパーで拭く。Aを入れて中火で3分ほど熱する。玉ねぎとにんにくを加え、中火で10分煮詰める。

5）肉をアルミホイルから取り出し、肉汁は4に加え、肉は再度予熱したオーブンで3分焼く。取り出して再びアルミホイルに包み、6分おく。肉汁は4に加える。

6）ソースにとろみがつくまで中火のまま煮詰めたら、取り出す。

7）フライパンをきれいにして中火で熱し、バターと肉を入れる。バターの色が変わりはじめたら火を止めて、肉によくからめる。

8）塩と黒こしょうをふって取り出し、5分ほどおく。

9）肉を好みのサイズに切り、温めたソースをかける。

10）フライパンに残ったバターを温めてからかけ、塩とこしょうをふって貝割れ菜をのせる。

138　※クラシルの公式YouTubeでは、料理名（名店フレンチシェフのハンパない技術で作るローストビーフ）で掲載！　動画も検索してチェック！

### フライパンとオーブン両方で 肉を焼く

4章／家族大絶賛おかず

サラダ油で肉の周囲を焼き固める

肉汁が出ていかないよう、肉のまわりをしっかり焼いて閉じ込めます。

焼いた時間の2倍休ませる

肉にアルミホイルを巻き、熱を反射させて余熱で火を入れます。休ませながら火入れしていくのがポイントです。

バターが溶ける前に肉にまとわせる

フライパンにバターを溶かしたら、肉を焼いて水分を蒸発させながら、バターの風味を肉にまとわせます。

＼まだある！／
**おいしく作るためのシェフポイント**

フライパンにはうま味だけ残す

肉を焼いたフライパンに残った油は捨ててさっと汚れを拭き、うま味だけを残しておきます。これを活用してソースに仕上げましょう。

肉汁はソースに加える

アルミホイルに残った肉汁はその都度ソースに加えて、無駄なく使います。

139

## クラシル公式YouTubeで検索すれば動画チェックもできる!

Column 1　一流シェフの朝ごはん

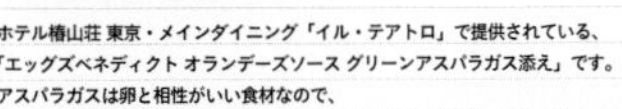


ホテル椿山荘 東京
イル・テアトロ
**田畑 成**

ホテル椿山荘 東京・メインダイニング「イル・テアトロ」で提供されている、「エッグズベネディクト オランデーズソース グリーンアスパラガス添え」です。アスパラガスは卵と相性がいい食材なので、ポーチドエッグやオランデーズソースともよくマッチします。アスパラガスは歯応えが残るぐらいのゆで加減がベストです。1分ほどゆでましょう。

料理の決め手となるオランデーズソースは、泡立て器ですくったとき、もったり落ちるぐらいのかたさになるまで混ぜましょう。

**ポーチドエッグの材料と作り方**

小鍋に湯を沸かし、酢大さじ2、塩大さじ1を入れて火を止めて箸でかき混ぜ、渦を作る。渦の中心に卵1個を割り入れて黄身に白身をまとわせる。2〜3分たったら、網じゃくしで卵をそっとすくい上げる。

### 材料（1人前）

イングリッシュマフィン……1個
卵……2個
ハム……2枚
アスパラガス……3本
オリーブオイル……適量
オランデーズソース
　卵黄……2個
　バター（無塩）……100g
　白ワイン……適量
　レモン汁……1/8個分
　塩、白こしょう……各適量
　水……40ml

### 作り方

1）オランデーズソースを作る。バターは溶かしてすましバターにする。レモン汁とバター以外の材料をボウルに入れ、湯せんしながら泡立て器でしっかり混ぜる。ソースがもったりしてくるまで、ダマにならないように混ぜる。すましバターを少しずつ加えて混ぜ、分離しないくらいよく混ぜたら、レモン汁を加える。

2）フライパンにオリーブオイルをひき、ハムを焼く。

3）イングリッシュマフィンは横半分に割り、トースターで焼く。

4）アスパラは、歯応えが残るくらいに1分ほどゆでる。ゆで上がったら、穂先より少し下から根元までの皮をむく。

5）卵はポーチドエッグにする。

6）皿にマフィンをのせ、ハム、アスパラ、ポーチドエッグを盛り、オランデーズソースをかける。

※ご高齢の方や、2歳以下の乳幼児、妊娠中の女性、免疫機能が低下している方は卵の生食を避けてください。
※クラシルの公式YouTubeでは、料理名（一流ホテルの朝食レシピ「エッグズベネディクト」）で掲載！動画も検索してチェック！

034

## コラムでもレシピを紹介しているので要チェック!

# 巻末の料理インデックスを活用して!

## 料理インデックス

●本書で紹介している料理を「おかず」「ごはん」「麺」「パン」「汁物」「スイーツ」にわけて掲載しています。「おかず」「ごはん」「麺」は、使っている主な素材(付け合わせなどは含みません)別にわけています。料理名は50音順です。献立を考えるときに活用してください。



**カテゴリーごとに選べる**

**食材から選べる**

### 本書を読む前に

- ●大さじ1は15mℓ、小さじ1は5mℓです。
- ●材料表のしょうゆは、濃口しょうゆのことを指します。うすくちしょうゆの場合は明記しています。
- ●出来上がり写真は盛りつけ例のため、材料表の分量と異なる場合があります。彩り用の野菜は好みで加えて添えてください。
- ●ソースだけが「作りやすい分量」で多めに出来上がるレシピがあります。余ったソースは適宜保存してお使いください。
- ●同じ料理でも、シェフごとに手順が異なる場合がありますが、いずれも正解です。シェフごとの違いを楽しんで作ってみてください。
- ●クラシル公式YouTubeで紹介しているレシピをもとに編集しましたが、シェフがレシピの見直しを行ったため、分量変更している料理もあります。
- ●クラシル公式YouTube動画との連動は、予告なく終了する場合があります。ご了承ください。

# 1章

# うま味を最大限に引き出す「肉の焼き方」

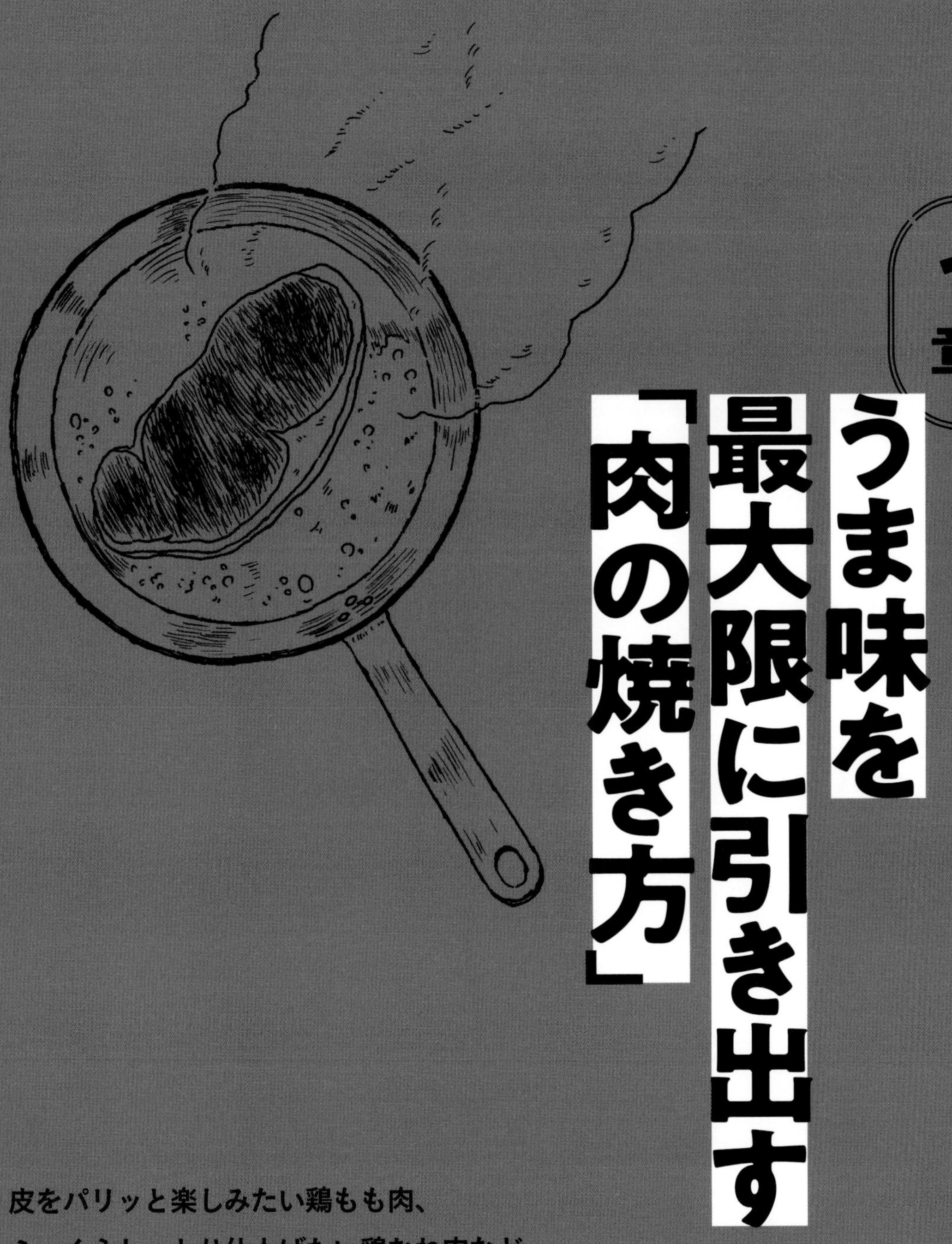

皮をパリッと楽しみたい鶏もも肉、
ふっくらしっとり仕上げたい鶏むね肉など、
肉の種類や部位によって、
うま味を引き出す焼き方はさまざま。
シェフそれぞれの独自のアイデアをご紹介します。

帝国ホテル 東京
料理長
**杉本 雄**

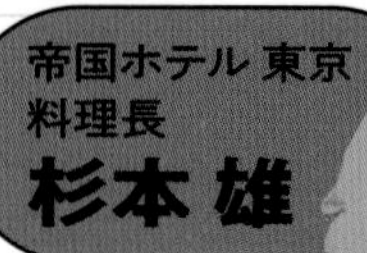

# 鶏もも肉を低温の油でじっくり焼いて 皮はパリパリ、 肉はふっくら!

## 肉が縮まないように包丁を入れる

筋を除き、肉に軽く包丁を入れて上下を返し、皮にも包丁の先で切り込みを入れます。

## 黒こしょうは皮にはふらない

皮をじっくり焼くため、皮に黒こしょうをふると焦げてしまいます。身の部分にだけふり、塩は両面にふって。

## 肉を入れてから火をつける

肉が縮まないように、冷たいフライパンに皮を下にして入れて火をつけます。肉を持ち上げて油をすべり込ませて。

## 重しをして皮をフライパンに密着させる

肉にクッキングシートをかぶせ、器などの重しをのせます。軽ければ、中に水を入れましょう。

## 温度が上がりすぎないように調整

温度が上がってくると、鶏の脂が弾けて音がだんだん大きくなってきます。温度が上がりすぎている合図なので、火を弱めましょう。

## 途中で焼き色を確認する

こんがり焼き色がついていれば、皮の水分がある程度抜けてきた証し。

## オリーブオイルを少量加える

最小限の油で皮の脂を抜くために、オリーブオイルを少しだけ加えます。火加減は中火よりやや弱めに。

## 熱い油を肉の身の部分にかける

フライパンに接していない身の部分には、スプーンで油をすくってかけましょう。身がしっとり焼き上がります。

# 鶏もも肉のコンフィ

## 材料（2人分）

鶏もも肉 ……………… 1枚（330g）
にんにく ……………… 6片（40g）
オリーブオイル ………… 大さじ7
塩、粗挽き黒こしょう ……… 各適量

**野菜のコンフィ**

- コリンキー（※1）………… 70g
- ズッキーニ（緑・黄）……… 各70g
- じゃがいも ……………… 70g
- にんじん ……………… 70g
- ヤングコーン…………… 2本
- オクラ…………………… 3本
- アスパラガス…………… 1本
- タイム…………………… 適量
- 塩、粗挽き黒こしょう … 各適量

**ソース**

- ミニトマト ………… 8個（80g）
- グリーンオリーブ（種なし）… 40g
- ケイパー ……………… 30g
- オリーブオイル ……… 大さじ1
- 塩 ………………… ふたつまみ
- 粗挽き黒こしょう …… ひとつまみ

**トッピング**

- オリーブオイル ………… 適量
- イタリアンパセリ ……… 適量

野菜のコンフィも一緒にできる

## 作り方

1）コリンキーは半分に切って1㎝幅のくし形切りにし、種とワタを除く。さらに斜め半分に切る。ズッキーニは1.5㎝幅に切る。じゃがいもとにんじんは1㎝幅の半月切りにする。オクラは塩をふって板ずりし、アスパラガスは斜め半分に切る。

2）ミニトマトは4等分に切り、オリーブとケイパーは合わせて粗みじん切りにし、ボウルに入れる。

3）鶏肉は筋を切って切り込みを入れ、皮を包丁の先で数ヶ所刺す。両面に塩ふたつまみをふり、身の面に黒こしょうひとつまみをふる。

4）フライパンに皮を下にして鶏肉を入れ、中火にかける。オリーブオイル大さじ1をかけて皮の下にも入るようになじませ、フライパンが熱くなってきたら弱火にする。

5）鶏肉にクッキングシートをのせ、重しになる耐熱性の器をのせて、5〜10分焼く。オリーブオイル大さじ3を加え、鶏肉のまわりにコリンキー、ズッキーニ、じゃがいも、にんじん、ヤングコーンを入れて塩ひとつまみをふり、皮をむいたにんにくも加え、オリーブオイル大さじ3を足して焼く。

6）焼き色がついたら野菜とにんにくの上下を返し、鶏肉の重しをはずす。野菜とにんにくが焼けたら取り出し、タイムを鶏肉の上にのせる。アスパラとオクラを加えて塩ひとつまみをふり、火が通ったら取り出して食べやすい大きさに切る。

7）鶏肉に油をかけながら、焼く。火が通ったら取り出して半分に切る。肉汁が出たら取っておく。

8）**6**で取り出したにんにくを包丁で潰し、⅔量を**2**のボウルに入れ、オリーブオイル、塩とこしょうで味をととのえる。

9）別のボウルに残ったにんにくを入れ、焼いた野菜と鶏肉から出た肉汁を加えてあえる。

10）器にセルクルをのせて**8**のソース半量を詰め、セルクルをはずす。鶏肉をのせ、タイムを飾り、オリーブオイルをまわりにかける。

11）別の器に野菜のコンフィを盛りつけ、イタリアンパセリを飾る。

※1.西洋野菜のかぼちゃ。普通のかぼちゃで代用可。
※クラシルの公式YouTubeでは、料理名〈帝国ホテル料理長 直伝　スーパーの鶏もも肉をパリパリジューシーにする焼き方〉で掲載！ 動画も検索してチェック！

三國 清三

# 最後に日本酒と水を加えて 鶏もも肉を焼くと肉がふっくらジューシー！

## 肉が縮まないように フォークで穴をあける

肉が縮んでしまうのを防ぎつつ、香りをつけるため、にんにくを刺したフォークで皮に穴をあけます。

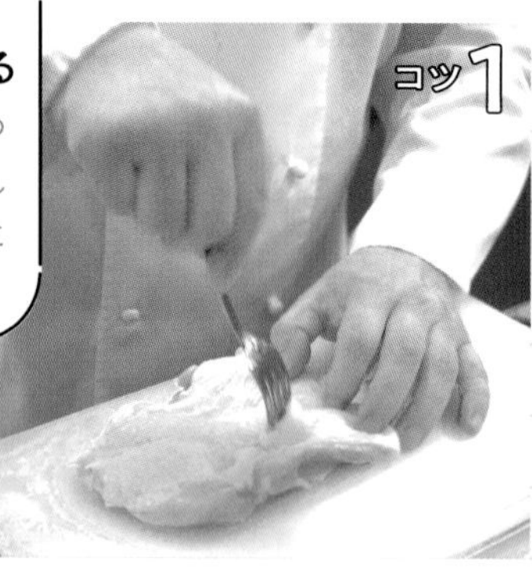


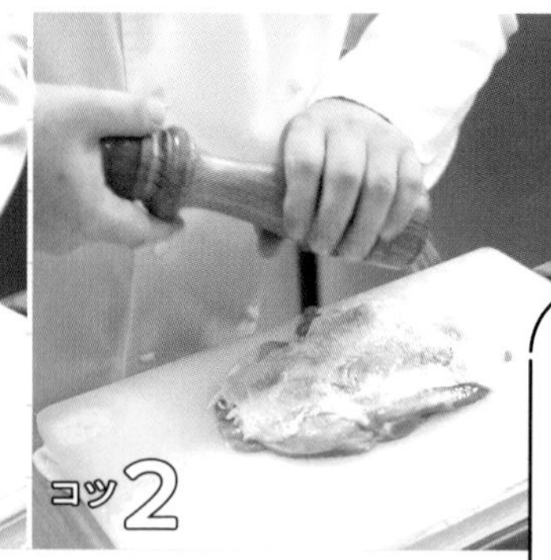


## 肉に塩とこしょうを しっかりふる

肉を強火で焼くと、塩とこしょうがはがれやすいため、多めにふりましょう。

## まずは皮から焼く

フライパンにオリーブオイルを熱し、皮を下にして肉を焼きはじめます。弱火でじっくり焼くことで皮がカリカリになります。

## 肉がふっくらし 表面が白くなるまで 返さない

コツ１のにんにくを刺したフォークで肉をフライパンに押しつけて焼き、皮をカリカリに仕上げます。肉の表面が白くなるまでそのままで。

## 一度上下を返して 焼き加減を確認

肉の表面が白くなったら、上下を返して焼き色を確認。焼き色が薄ければ、再び皮を下にして焼きます。

## 常にフライパンに フォークで肉を 押しつけながら焼く

次に上下を返すまでは、にんにく付きフォークで何度も押しつけながら焼きます。

## 7～8割 火が入ったら ひっくり返す

肉に７～８割火が通り、皮がカリカリに焼けたら、再び上下を返します。じゃがいもを加えて、肉の身の部分も焼きます。

## 返したらすぐ 日本酒と水を加えて 火を通す

身にはあっという間に火が入るので、さっと焼く程度で大丈夫。火を入れすぎるとパサつくので注意して。

# 鶏もも肉のカリカリ焼き

## 材料（1人分）

鶏もも肉……………………1枚
じゃがいも……………1個（150g）
にんにく……………………½片
日本酒……………………40mℓ
水…………………………25mℓ
オリーブオイル…………大さじ1
塩、白こしょう…………各適量
**ソース**
からし……………………小さじ1
七味唐辛子……………ひとつまみ
水…………………………25mℓ

## 作り方

1）じゃがいもは、皮つきのままかためにゆで、厚切りにする。

2）フォークににんにくを刺し、鶏肉の皮を刺す。肉の両面に塩と白こしょうをふる。

3）フライパンにオリーブオイルを熱し、鶏肉を皮を下にして焼く。

4）焼いている間もにんにくを刺したフォークで肉を押しながら焼く。

5）肉が7〜8割焼けて白くなり、皮がカリカリに焼けたら、上下を返して弱火にする。

6）**1**のじゃがいもを加えてさっと火を通し、日本酒と水を加えて中火で焼き、鶏肉とじゃがいもを取り出して盛りつける。

7）そのままのフライパンにソースの材料を入れて混ぜ、すぐに火を止める。鶏肉の表面にぬる。

※クラシルの公式YouTubeでは、料理名〈三國清三シェフが教えるスーパーの鶏肉でできる絶品レシピ「鶏もも肉のカリカリ焼き」〉で掲載！ 動画も検索してチェック！

ブラッスリー ポール・ボキューズ 銀座
星野 晃彦

# 鶏もも肉の皮に強力粉をまぶして揚げ焼きにすると皮がバリバリに！

### 肉の厚みを均一にする

厚みがところどころで違うと、焼き上がりのムラになるので、厚いところには包丁を入れて厚さを均一にしましょう。軟骨は除きます。

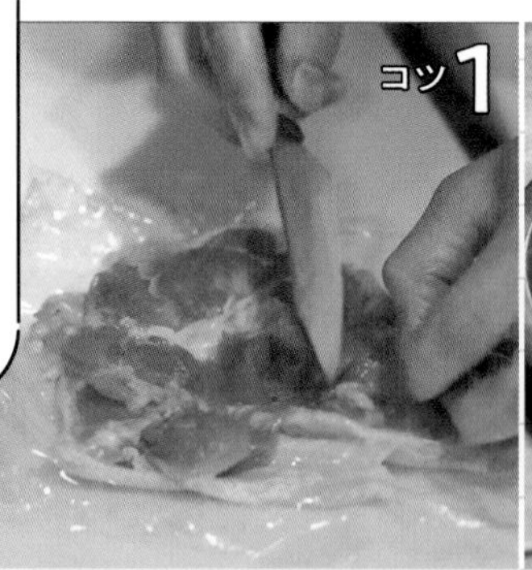
コツ1

コツ2

### 肉の両面に塩とこしょうをしっかりふる

肉の重量に対して1%ほどの塩をふります。肉200gの場合は、塩2gです。こしょうもたっぷりと。

### 皮にだけ強力粉をつける

強力粉に少しカレー粉を混ぜ、風味づけします。粉は皮にだけつけましょう。これで皮はバリバリ、身はふっくらと焼き上がります。

コツ3

コツ4

### 弱火から中火で焼く

皮を下にして肉を入れてじっくり焼きます。皮は平らでないため、強火に当たると焼きムラができてしまうので、弱火から中火にしましょう。

### 皮はトングで押しつけて焼く

凸凹している皮を平らにするイメージで、肉をトングで押しつけると焼きムラができません。

コツ5

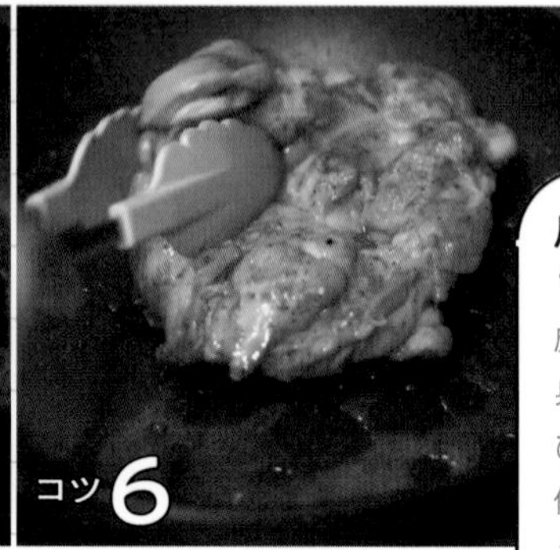
コツ6

### 皮８割、 身２割くらいで焼く

皮が香ばしく焼けてきたら、身のほうをさっと焼いて、再び皮を下にします。最後まで何度も上下を返しながら焼きます。

### フライパンを傾けて肉の厚い部分を焼く

火が通りにくい肉の厚い部分は、フライパンの側面を使って焼きます。フライパンを傾けて焼きましょう。

コツ7

コツ8

### 残った油は肉にかける

肉を取り出してバットにあけたら、フライパンに残った、肉の脂やうま味をたっぷり含んだ油をかけます。

# “皮バリチキン” スパイシーなトマトとバルサミコ酢のソース

## 材料（1人分）

鶏もも肉 ……………… 1枚（250g）
強力粉 ……………………… 50g
カレー粉 ……………………… 5g
オリーブオイル ……………… 適量
塩 ………………… 2.5g（肉の1%）
粗挽き黒こしょう …………… 適量

**ソース**

ミニトマト ……………… 5個
エシャロット（みじん切り） …… 1個
バルサミコ酢 ………… 100mℓ
オリーブオイル ………… 適量
塩 ……………… ひとつまみ

**サラダ**

サニーレタス、ルッコラ、
トレビス ……………… 各10g

## 作り方

**1)** ミニトマトは半分に切る。サラダの材料は手で一口大にちぎる。

**2)** バットに強力粉、カレー粉を入れ、泡立て器で混ぜる。

**3)** 鶏肉は厚みが均一になるように切り込みを入れて開き、両面に塩と黒こしょうをふる。皮に**2**をまぶす。

**4)** フライパンにオリーブオイルをひき、鶏肉の皮を下にして入れたら弱火から中火にかけ、トングで押しつけながら焼く。

**5)** 皮に焼き色がついてきたら、上下を返してさっと身を焼き、再び上下を返して皮を焼く。計10分ほど上下を返しながら焼き、火が通ったら強火にして、皮を下にしてカリッとするまで焼く。

**6)** 網をのせたバットに、皮を上にして取り出し、フライパンに残った油を鶏肉にかける。

**7)** ソースを作る。そのままのフライパンにエシャロットを入れて、中火でさっと炒める。バルサミコ酢を加えて水分がなくなるまで煮詰めたら、ミニトマト、オリーブオイル、塩を加えて混ぜる。

**8)** 鶏肉を切り分けてサラダと一緒に盛り、**7**のソースをかける。

※クラシルの公式YouTubeでは、料理名〈パリパリどころじゃない、バリバリジューシーな鶏肉ソテーの作り方〉で掲載！ 動画も検索してチェック！

# 鶏むね肉を野菜だしで煮てからソテーするとふっくら仕上がる!

### 鶏肉は全体をたたいてほぐす

肉は白い脂の部分を包丁で除いてから、皮を下にして、包丁の背でたたき、身をほぐします。

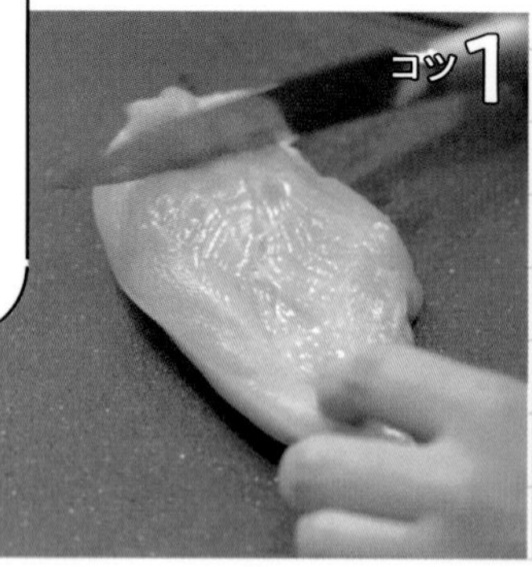


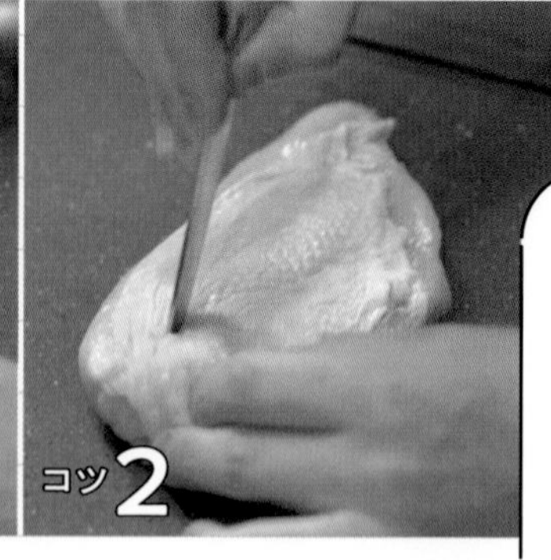


### 皮は包丁の先でまんべんなく刺す

皮は火を入れると縮むので、包丁の先でまんべんなく刺して穴をあけましょう。味もしみ込みやすくなります。

### 焼く前に煮て肉に水分を含ませる

野菜だしが沸騰直前になったら、弱火にしてから鶏肉を入れます。温度を下げて肉が縮むのを防ぎましょう。

### 肉に火が通ったかは金串などで確認

10分ほど加熱し、鶏肉に火が通っているかチェック。金串やフォークを肉に刺してから下唇に当て、ぬるければまだ加熱が足りていません。

### 加熱した時間と同じ時間休ませる

火の入り方が均一になるので、ラップを密着させて休ませます。

### 油はフライパンではなく鶏肉にぬる

最小限の量のちょうどよい油を使うために、フライパンに油をひくのではなく、鶏肉にぬりましょう。

### スプーンで押しつけて焼く

フライパンに皮を押しつけながら焼くと、均一に火が入り、ムラになりません。ただ、押しすぎてしまうとうま味が出てしまうので要注意。

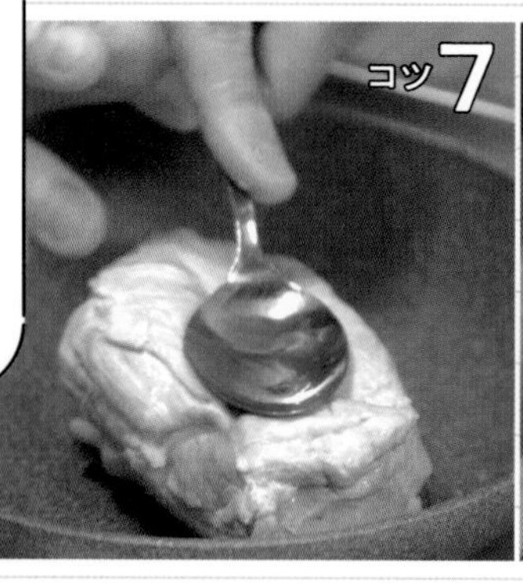

### バターを加えて香りづけ

バターはまったく焦がさないと油っぽさが目立ち、焦げすぎたら苦くなるので、温度調整が大切。溶けたバターを肉にかけましょう。

# しっとり 鶏むね肉のソテー

## 材料（2人分）

鶏むね肉……………… 1枚（230g）
さやいんげん（筋は除く）…… 6本（50g）
オリーブオイル………… 大さじ1
バター……………………… 8g
塩、粗挽き黒こしょう…… 各適量
岩塩………………………… 適量

**野菜だし**

玉ねぎ（薄切り）……½個分（70g）
玉ねぎの皮…………… ½個分
にんじん…………… ⅓本（80g）
しょうが（皮つき・薄切り）‥ 20g分
にんにく（薄切り）……… 1片分
タイム（生）…………………2g
水………………………… 2ℓ
塩……………………ひとつまみ

**ソース**

バルサミコ酢………………50mℓ
オリーブオイル…………… 10g

## 作り方

1）にんじんは皮つきのまま薄いいちょう切りにする。

2）鍋に野菜だしの材料を入れて強火で熱し、沸騰したら中火にしてアクを取る。弱火で30分ほど煮出したらざるで濾し、鍋に戻す。

3）鶏肉は脂身を切り落とす。身を包丁の背でたたき、皮は包丁の先で数ヶ所刺す。両面に塩をふり、常温で10分おく。

4）野菜だしを熱し、沸騰直前になったら弱火にする。鶏肉を入れて10分煮る。肉の中心に金串を刺して温かくなっているか確認し、火が通っていたらバットに取り出してラップを密着させ、10分おく。

5）再び野菜だしを強火で熱し、沸騰したらいんげんを入れ、2〜3分ゆでて取り出す。冷ましてから縦半分に切って5㎝の長さに揃える。

6）鶏肉に塩をふり、両面にオリーブオイルをぬる。フライパンを中火で熱し、皮を下にして焼き色がつくまで焼く。ときどきスプーンで皮を押しつけ、上下を返して両面に焼き色がつくまで5分ほど焼く。

7）焼き色がついてきたらバターを加え、鶏肉にからめて火を止める。鶏肉をバットに取り出し、ラップを密着させる。

8）そのままのフライパンを中火で熱し、いんげんを1分ほど炒め、塩とこしょうをふって取り出す。

9）ソースを作る。そのままのフライパンにバルサミコ酢を入れて中火にかけ、とろみがつくまで煮詰める。オリーブオイルを加えてよく混ぜる。

10）鶏肉を半分に切って岩塩と黒こしょうをふり、いんげんと一緒に盛りつけてソースをかける。

※クラシルの公式YouTubeでは、料理名〈元ミシュラン2つ星シェフが教える 最高にやわらかい鶏むね肉の焼き方〉で掲載！ 動画も検索してチェック！

ACQUAPAZZA
日髙 良実

# 豚ロース薄切り肉に小麦粉をまぶすとこんがり焼き上がる！

## 肉に包丁を入れて筋切りをする

脂身と肉の間に包丁で切り込みを入れると、火を入れても縮みにくくなります。

## 肉にまんべんなく薄力粉をつける

肉に小麦粉をまぶすと、焼き色がきれいにつきます。ソテーしたときに粉があることでソースにほどよいとろみがつくのもポイント。

## 薄力粉はたっぷりつけて落とす

薄力粉は一度、肉にたっぷりとまぶしてから、たたいて余分な粉を落とします。

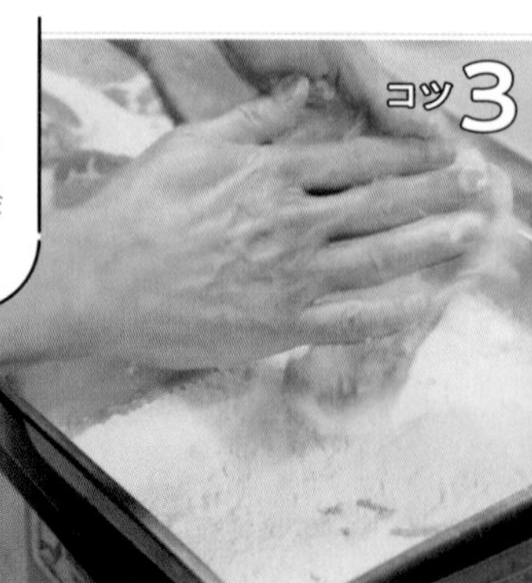


## 炙るように強火で焼きはじめる

焼き色がきつね色になるまで、両面をさっと手早く強火で焼きます。

## フライパンを火からはずしてワインを加える

肉に焼き色がついたら、フライパンを火からはずして白ワインを加えます。鍋底のうま味をこそげ取りましょう。

## 豚肉を取り出してからソースを作る

ワインを加えて全体になじませたら、豚肉はいったん取り出します。フライパンに残った肉汁を生かしてソースを作りましょう。

## 肉汁が入ったソースに肉を戻し入れる

チーズと肉のうま味が濃縮されたソースが肉によく合います。フライパンに肉を戻し入れてソースをからめましょう。

## ブロッコリーはやわらかくゆでてソースにする

イタリアでは、やわらかく煮た野菜をソース代わりにすることも。やわらかくゆでたブロッコリーを潰しながらソースと混ぜて肉と一緒に食べましょう。

# パルメザン ポークソテー

## 材料（2人分）

豚ロース肉（しょうが焼き用）……300g
ブロッコリー ……1株
薄力粉 ……適量
オリーブオイル ……適量
白ワイン ……40mℓ
塩、粗挽き黒こしょう …… 各適量

**チーズソース**

生クリーム ……120mℓ
パルメザンチーズ ……40g
バター（無塩）……15g

## 作り方

1）ブロッコリーは茎の皮をむいて食べやすい大きさに切り、房は食べやすい大きさに分け、無水鍋でやわらかくなるまでじっくり蒸す。

2）豚肉は筋を切って塩と黒こしょうをふり、全体に薄力粉をまぶす。フライパンにオリーブオイルをひき、強火で豚肉を焼く。

3）両面に焼き色がついたら白ワインを加え、ひと呼吸おいて豚肉を取り出し、火を止める。

4）そのままのフライパンにチーズソースの材料を入れて中火で熱し、豚肉を戻す。ソースにブロッコリーを加えてなじませる。

5）器に豚肉を盛り、ブロッコリーをのせてソースをかける。

※クラシルの公式YouTubeでは、料理名〈柔らか豚肉ソテーとチーズの濃厚なコクがあと引く美味しさがたまりません。ポークソテー〉で掲載！ 動画も検索してチェック！

ザ・キャピトルホテル 東急
総料理長
曽我部 俊典

# 豚ロース厚切り肉は肉の脂で焼いておいしさ倍増

## 肉の身と脂の間にある筋を切る

焼いたときに肉が縮むのを防ぐため、肉と身の間にある筋を包丁の先で数ヶ所切りましょう。

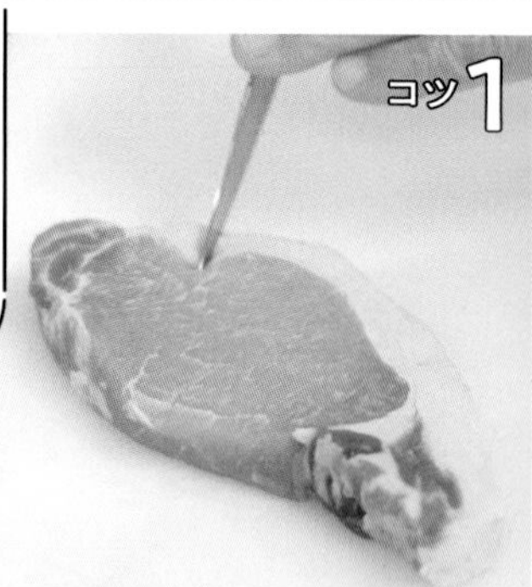

## 厚みと部位によって塩加減を変える

基本は肉の 1% の重さの塩をふりますが、脂が多いロース肉で厚みがあるものなら、やや多めにふるとおいしいでしょう。

## 二つ折りにして冷たいフライパンに入れる

フッ素樹脂加工のフライパンなら、冷たいところからゆっくり加熱して焼いていきます。急に熱いところに肉を入れると縮んでしまうので注意して。

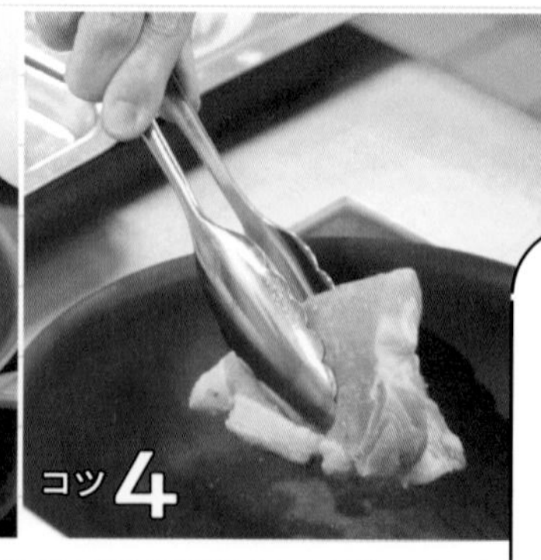


## 脂身だけを先に焼く

脂身を先に焼くと、脂が出てきます。出てきた脂で肉の両面を焼くので、しっかり出しましょう。

## 盛りつけを考えて焼き面を決める

器に盛るとき、表になるほうを下にして焼きはじめます。脂身が多いほうを右側にすると、バランスのよい盛りつけになります。

## 焼きはじめたら肉を動かさない

焼けているか何度も見たりフライパンをゆすったりしていると、冷めてしまうので、じっくり待ちましょう。

## 焼き色がついたら上下を返す

しっかり焼き色がついたら上下を返して、裏側はさっと焼きます。

## 出てきた肉汁はソースに加える

休ませておいた肉から出た肉汁はうま味の宝庫です。出来上がる寸前のソースに加えましょう。

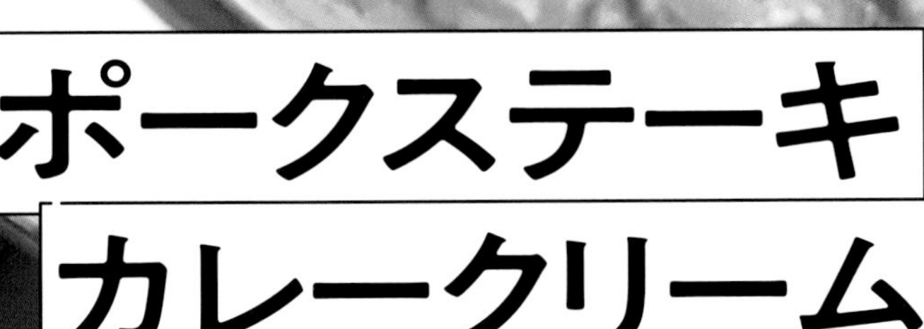

# ポークステーキ カレークリームソース

## 材料（1人分）

豚ロース肉（厚切り）……………150g
塩…………………1.5g（肉の1％）
白こしょう…………………少々

**ソース**

- 玉ねぎ（薄切り）……1/3個分（50g）
- にんにく…………………1/2片
- レーズン…………………10g
- カレー粉…………………3g
- 生クリーム………………50mℓ
- 白ワイン…………………20mℓ
- 塩、白こしょう………各適量
- 水…………………………適量

**サラダ菜のバターソテー**

- サラダ菜（縦半分に切る）……1株
- バター（無塩）…………20g
- 塩、白こしょう………各適量

## 作り方

1）豚肉は筋を切り、両面に塩とこしょうをふる。

2）豚肉を半分に折り曲げ、脂身だけがつくようにしてフライパンに入れる。中火で3分ほど焼き、脂が出て焼き色がついたら、もう一方の側面を2分ほど焼く。

3）側面全部に焼き色がついたら肉を広げ、中火で表面を3分ほど焼く。焼き色がついたら上下を返し、にんにくを加える。

4）にんにくの香りが立ってきたら玉ねぎを加え、炒める。豚肉に火が通ったら、網の上に取り出す。

5）レーズンを加えて炒め、カレー粉を加えて全体がなじむまで炒める。

6）白ワインを加えて中火で1分ほど煮詰めてから、生クリームを加える。弱火でとろみがついたら、4の網の下に出た肉汁を加える。塩とこしょうで味をととのえ、水を加えて濃度を調整する。

7）サラダ菜のバターソテーを作る。別のフライパンを中火で熱し、バターを溶かす。バターが色づいてきたら、サラダ菜を焼く。塩と白こしょうをふり、焼き色がついたら上下を返して塩をふる。

8）器に豚肉とサラダ菜を盛り、ソースをかける。

※クラシルの公式YouTubeでは、料理名〈ホテルの総料理長が教える 豚肉が最高に美味しくなるポークソテーの作り方〉で掲載！ 動画も検索してチェック！

ピアットスズキ
**鈴木 弥平**

# 牛ロース肉は、強火でカリッと焼き上げると肉のうま味が引き立つ

## 肉は常温に戻す

焼きはじめが冷たいと、焼き縮みしやすくなるので、常温に戻します。

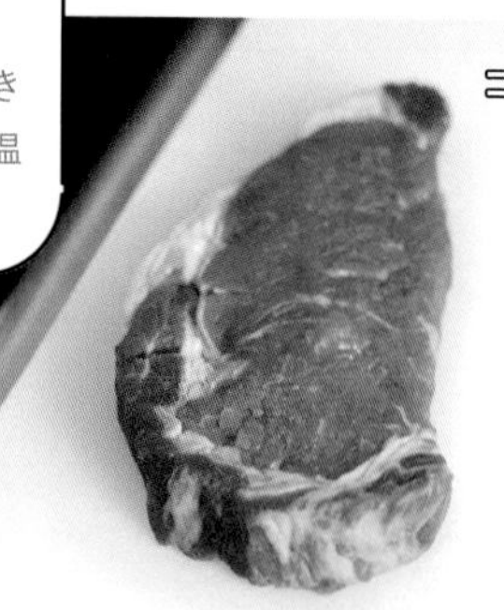

## 肉に切り込みを入れて筋切りをする

身と脂の間にある筋に、切り込みを入れます。しっかり切り込みを入れるのではなく、刃先を入れる程度でOK。焼いたときに肉が縮みにくくなります。

## 塩は肉のはしにもしっかりふる

肉の中心には塩がかかりやすいですが、はしにもしっかり塩が行き渡るように意識してふりましょう。

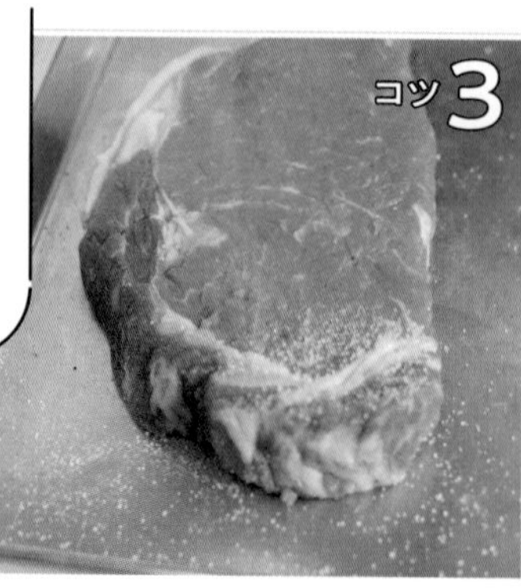


コツ4

## 脂身を立てて焼き色をつける

肉を立てて脂身だけをフライパンに押し当て、焼き色がつくまで焼きます。

## 肉から出た脂で肉を焼く

牛の脂で牛肉を焼くのが、ステーキをおいしく仕上げるポイントです。肉のうま味たっぷりでワンランク上のステーキになります。

コツ6

## 最初は思い切り強火で焼く

フライパンから煙が出てくるくらい強火で一気に焼いたら、火を止めて余熱で火を通します。このとき、肉は動かしません。

## パチパチからシュワーになったら上下を返す

脂が弾けるパチパチした音から、水分が出ていくシュワーという音に変わったら、上下を返します。

コツ8

## 反ったところを少し押す

押しつけるのではなく、反ったところに火を入れるイメージでフライ返しで押します。

# 牛肉のステーキ

## 材料（1人分）

牛ロース肉（ステーキ用）‥‥ 1枚（250g）
塩‥‥‥‥‥‥‥‥‥‥‥ 2.5g（肉の1％）
粗挽き黒こしょう‥‥‥‥‥‥‥‥適量

**にんにくオイル**

- にんにく（半分に切る）‥‥‥‥‥1片
- ローズマリー‥‥‥‥‥‥‥‥‥1本
- オリーブオイル‥‥‥‥‥‥‥‥適量

## 作り方

1）牛肉は常温に戻してから筋に切り込みを入れ、塩とこしょうをふる。

2）フライパンを中火で熱し、肉を立て、脂身を押し当てて焼く。

3）脂身に焼き色がついて脂が出てきたら、肉を平らに入れて強火で焼く。煙が出てきたら火を止める。

4）パチパチと脂が跳ねなくなったら上下を返して、再び強火にかけ、押さえながら焼く。

5）音が収まったら火を止め、フライパンが静かになるまでおく。

6）鍋ににんにくオイルの材料を入れ、中火でにんにくの色が変わるまで加熱する。

7）牛肉を食べやすい大きさに切って器に盛り、好みで6のオイルをかける。にんにくとローズマリーをのせる。

※あればポテトフライを添えても。

※クラシルの公式YouTubeでは、料理名〈スーパーのステーキ肉をカリッとジューシーに焼く方法を14年連続ミシュランシェフに教えていただきました〉で掲載！ 動画も検索してチェック！

ブラッスリー ポール・ボキューズ 銀座
星野 晃彦

# 牛ロース肉をアルミホイルで包んで余熱で火を通すとレストラン仕様に仕上がる

## 肉の厚みが2cmなら常温に戻しておく

肉の厚みが1cmなら、焼く直前に冷蔵室から出せばOK。そうしないと逆に火が入りすぎてしまいます。2cm厚さなら常温に戻しておきましょう。

## 潰したにんにくを入れて肉を焼く

肉を焼くときは、潰したにんにくも入れましょう。こうすることでグッとおいしくなります。

## 肉の焼いた面を休ませながら焼く

肉に焼き色がついたら上下を返し、焼いた面を休ませながら焼きましょう。一度でこんがり焼きすぎないことがポイントです。

## フライパンの中を高温にしすぎない

弱火から中火をキープし、温度が高くなりそうだったら火を弱めながら、じっくり焼きます。

## 何度も上下を返して焼く

下になった面をさっと焼いたら、再び上下を返して、何度も返しながら焼きます。

## 8割火が入ったらバターを加える

ひとかけのバターが肉をコーティングし、リッチな味と香りを感じさせてくれます。

## 肉をアルミホイルで包んで余熱で火を通す

アルミホイルを広げて肉を置き、フライパンに残ったバターとにんにくをかけて包むと、余熱で火が通ります。

## 最後にもう一度バターで風味づけ

フライパンにバターを溶かしたら肉をからめて取り出します。牛肉はすぐに火が通るので、火が入りすぎないようにさっとでOK。

# 牛肩ロースのステーキ 西洋わさび風味のポテト

## 材料（2人分）

牛肩ロース肉（ステーキ用・2㎝厚さ）……1枚（300g）
クレソン……適量
にんにく……2片
バター（無塩）……30g
オリーブオイル……適量
塩、粗挽き黒こしょう……各適量

**ソース**

エシャロット（みじん切り）…½個分
フォンドボー（液体）…大さじ2
マスタード……大さじ1
水（調理用）……適量

**西洋わさび風味のポテト**

じゃがいも（メークイン）……1個
ホースラディッシュ（すりおろす）……10g
生クリーム……50㎖
塩、粗挽き白こしょう…各適量

## 作り方

1）じゃがいもはゆでて皮をむき、粗く潰す。牛肉は常温に戻して、塩と黒こしょうをふる。フライパンにオリーブオイルを中火で熱し、牛肉を焼く。皮をむいて潰したにんにくを加え、肉の色が変わったら上下を返して焼く。

2）中火のまま4回ほど上下を返しながら、計5分ほど焼く。両面に焼き色がしっかりつき、8割ほど火が通ったら、バター10gを入れて全体になじませ、肉を取り出す。

3）アルミホイルに肉をのせ、フライパンに残ったオイルとにんにくとともに包み、5分ほど休ませる。

4）フライパンにバター20gを中火で溶かし、色づきはじめたら牛肉を戻して、さっと両面を焼き、取り出す。

5）ソースを作る。そのままのフライパンに、アルミホイルに残った肉汁とにんにくを入れて、弱火にかける。フォンドボーとマスタードを加え、泡立て器で混ぜながら加熱する。とろみ加減を水で調整して混ぜ、濾してから戻し、エシャロットを加えて弱火でさっと加熱する。

6）西洋わさび風味のポテトを作る。生クリームを八分に泡立てる。鍋に1のじゃがいもとホースラディッシュ、生クリームを入れてさっと混ぜ、塩と白こしょうで味をととのえる。

7）肉を食べやすい大きさに切り、ポテトと盛りつける。ソースをかけてクレソンを添える。

※クラシルの公式YouTubeでは、料理名〈スーパーのお肉が大変身！やわらかジューシーな極上ステーキの作り方〉で掲載！ 動画も検索してチェック！

# 牛サーロイン肉を二度焼きすると外はカリッ、中はジューシーに！

### 目立つ脂はカットしておく

肉についている目立つ脂を包丁で切り落とし、「牛脂」にします。少し肉がついていてもかまいません。脂は細かく切っておきましょう。

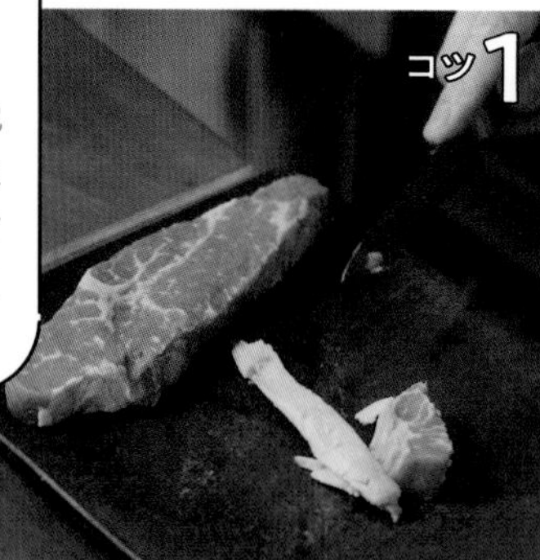

### 弱火でじっくり脂を出す

脂身の脂を引き出すために、呼び油としてサラダ油を入れてフライパンで焼きましょう。少しフライパンを傾けると脂が出やすくなります。

### 薄めの肉は常温に戻さずにすぐ焼く

薄めのステーキ肉はあっという間に火が入ってしまうので、冷たいまま焼きます。

### 塩をふらないで焼く

肉に塩をふると、肉汁が出てきてしまうので、塩はふらずに焼いていきましょう。

### 弱めの火で焼いて1分で上下を返す

最初は中火で牛肉を焼き、すぐに火を弱めて弱火にします。焼き色がついたら上下を返しましょう。

### 両面を焼いたらバットに取り出す

肉は両面を1分ずつ焼いたら、バットに取り出して休ませましょう。

### 肉の表面に出た水分をしっかり拭く

休ませていた肉からは水分が出るので、カリカリに焼くためにキッチンペッパーで拭いておきましょう。

コツ8

### ステーキ肉は二度焼きする

二度目も両面を1分ずつくらい焼き、香ばしく焼き色がついたら盛りつけましょう。

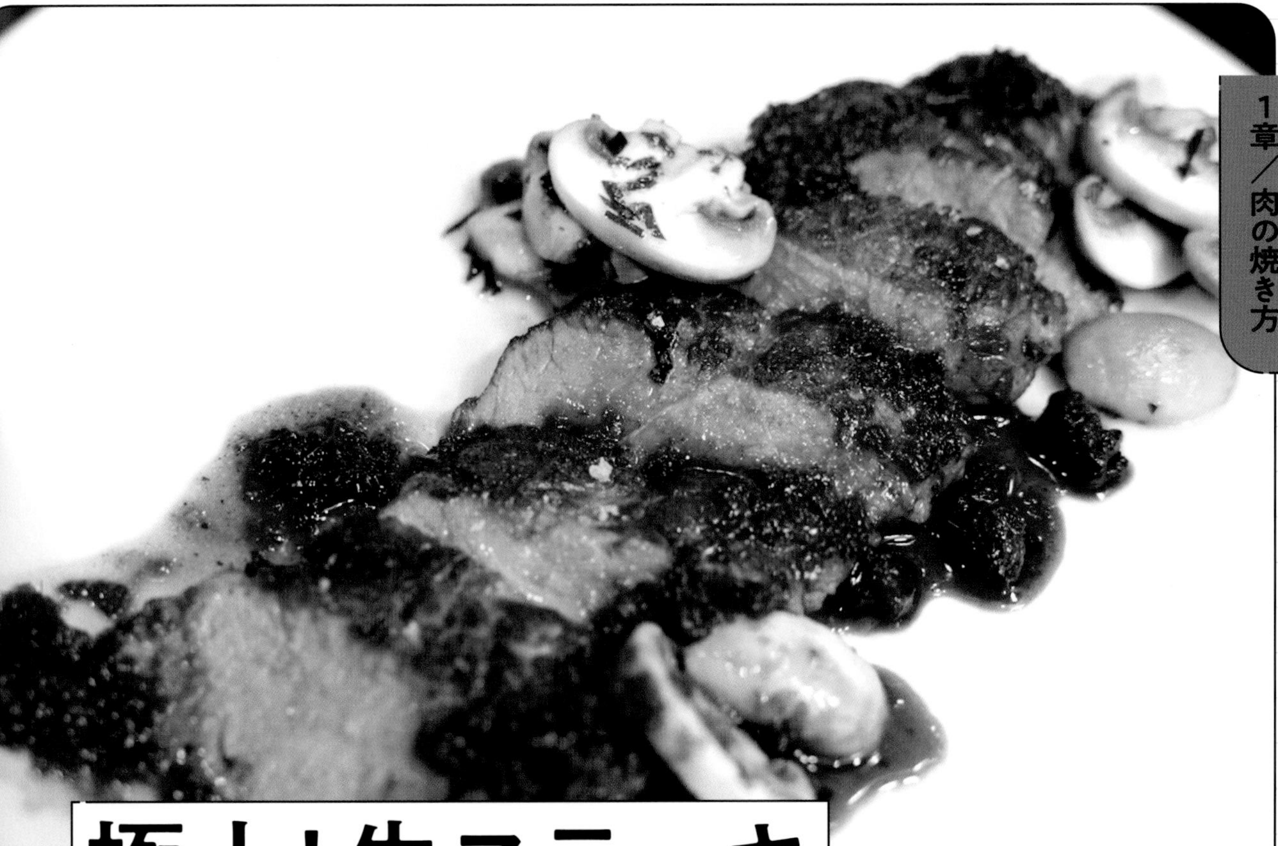

# 極上！牛ステーキ

## 材料（1人分）

牛サーロイン肉（ステーキ用）
……………………… 1枚（150g）
サラダ油 ……………………… 適量
塩 ……………………… 適量

**ソース**

- おろしにんにく ………… ½片分
- おろししょうが ………… 10g
- 赤ワイン ………… 40mℓ
- みりん ………… 40mℓ
- 日本酒 ………… 40mℓ
- しょうゆ ………… 20mℓ

**マッシュルームソテー**

- ホワイトマッシュルーム …… 60g
- イタリアンパセリ（みじん切り） ………… 適量
- バター（無塩） ………… 10g
- 塩 ………… 適量
- サラダ油 ………… 適量

## 作り方

1）マッシュルームは5㎜幅に切る。牛肉は脂身と筋を取り、脂身は細かく刻む。

2）フライパンを中火で熱し、脂身とサラダ油を入れたら弱火にして、じっくり炒める。

3）脂が出て脂身がカリカリになったら端に寄せる。脂身から出た脂をフライパンにならし、牛肉を中火で1分ほど焼く。焼き色がついたら上下を返し、さらに1分焼く。両面に焼き色がついたら火を止めて網のついたバットに取り出す。

4）ソースを作る。続けてフライパンにソースの材料を入れて、中火にかける。沸騰したら底についたうま味をはがすように木べラで混ぜる。とろみが出たら火を止めてソースを取り出す。

5）フライパンを一度洗い、中火で熱してサラダ油をひく。牛肉の表面の水分をキッチンペーパーで拭き、フライパンに入れて両面1分ずつ焼く。しっかりと焼き色がついたら取り出す。

6）フライパンに残った脂をペーパーで拭き、**1**のマッシュルームとバター、塩を入れて中火で炒める。イタリアンパセリを加えてさっとからめる。

7）牛肉を食べやすい大きさに切り、器に盛る。マッシュルームソテーを添え、肉に塩と**4**のソースをかける。

※クラシルの公式YouTubeでは、料理名〈お肉に愛を注ぎます　名店フレンチシェフの究極のステーキの焼き方〉で掲載！　動画も検索してチェック！

Column 1 一流シェフの朝ごはん

# ホテル仕様のエッグズベネディクト

ホテル椿山荘 東京
イル・テアトロ
**田畑 成**

**ホテル椿山荘 東京・メインダイニング「イル・テアトロ」で提供されている、「エッグズベネディクト オランデーズソース グリーンアスパラガス添え」です。アスパラガスは卵と相性がいい食材なので、ポーチドエッグやオランデーズソースともよくマッチします。アスパラガスは歯応えが残るぐらいのゆで加減がベストです。1分ほどゆでましょう。**

料理の決め手となるオランデーズソースは、泡立て器ですくったとき、もったり落ちるぐらいのかたさになるまで混ぜましょう。

### ポーチドエッグの材料と作り方

小鍋に湯を沸かし、酢大さじ2、塩大さじ1を入れて火を止めて箸でかき混ぜ、渦を作る。渦の中心に卵1個を割り入れて黄身に白身をまとわせる。2〜3分たったら、網じゃくしで卵をそっとすくい上げる。

## 材料（1人前）

イングリッシュマフィン……1個
卵……2個
ハム……2枚
アスパラガス……3本
オリーブオイル……適量

**オランデーズソース**

卵黄……2個
バター（無塩）……100g
白ワイン……適量
レモン汁……1/8個分
塩、白こしょう……各適量
水……40mℓ

## 作り方

1）オランデーズソースを作る。バターは溶かしてすましバターにする。レモン汁とバター以外の材料をボウルに入れ、湯せんしながら泡立て器でしっかり混ぜる。ソースがもったりしてくるまで、ダマにならないように混ぜる。すましバターを少しずつ加えて混ぜ、分離しないくらいよく混ぜたら、レモン汁を加える。

2）フライパンにオリーブオイルをひき、ハムを焼く。

3）イングリッシュマフィンは横半分に割り、トースターで焼く。

4）アスパラは、歯応えが残るくらいに1分ほどゆでる。ゆで上がったら、穂先より少し下から根元までの皮をむく。

5）卵はポーチドエッグにする。

6）皿にマフィンをのせ、ハム、アスパラ、ポーチドエッグを盛り、オランデーズソースをかける。

※ご高齢の方や、2歳以下の乳幼児、妊娠中の女性、免疫機能が低下している方は卵の生食を避けてください。
※クラシルの公式YouTubeでは、料理名〈一流ホテルの朝食レシピ「エッグズベネディクト」〉で掲載！動画も検索してチェック！

# 2章 100万回再生されたベストおかず

クラシルの公式YouTubeで、
100万回以上再生された
大ヒットレシピをまとめました。
フライパンひとつでできる豚の角煮など
一度は作ってみたいレシピばかりです。

# うま味が凝縮 豚の角煮

日本橋ゆかり
野永 喜三夫

## 材料（4人分）

豚バラ肉（ブロック）……500〜700g
ごぼう……1/2本（100g）
ゆで卵……4個
**煮汁**
水……1.4ℓ
めんつゆ（3倍濃縮）……100mℓ
赤味噌……20g
砂糖……大さじ3 1/3

## 作り方

1）ごぼうは乱切りにする。

2）フライパンに豚肉の脂を下にして入れ（A）、中火にかける。脂に焼き色がついたら弱火にし、全面に焼き色をつけるように15分ほど焼く（B）。

3）全面が焼けたら、1.5cm幅に切る（C）。

4）同じフライパンに煮汁の材料を入れ、赤味噌を溶かしたら、豚肉とごぼう、ゆで卵を加える。

5）キッチンペーパーの中心に穴をあけて落とし蓋にし（D）、中火にかける。じっくりと1時間ほど煮込む。

6）煮汁が1/3量ほどになったら、キッチンペーパーを絞って取り除く。煮汁をかけながら（E）、さらに中火で煮詰める。

7）煮汁をかけながら（F）煮汁が少なくなるまで（G）、煮詰める。

 ※クラシルの公式YouTubeでは、料理名〈和の匠が教える!!旨味が凝縮"豚の角煮"の作り方〉で掲載！ 動画も検索してチェック！

この料理のポイントは赤味噌！
酸味が強いので味を引き締め、豚肉のくさみも消してくれます。ごぼうの根菜独特の香りはお肉との相性がすごくいいです。
焦らずに煮詰めて、味を濃く深くしていくとこってりとした味になりますよ。
フライパンひとつで作れます

## クラシル公式YouTubeを観た方も大絶賛！

「レシピ通りに作ったら
すごくおいしかったです！
**1週間ずっと角煮でもまだ飽きないです。**
よいレシピを教えていただいてありがとうございます！」

「いつも角煮を作ると
肉が台形になってしまうのですが、
このやり方でやったら、
**ふわふわな上に、形もきれいにできました。**
料理下手な私でもできました。
ありがとうございます!!」

「豚の角煮に合う野菜を
いつも考えてたけど
**ごぼう**かぁ！
その発想はなかった！」

「作りました！
**赤味噌…？**って疑ってたけど
めちゃくちゃおいしくできて
めっちゃうまかった!!!!!
フライパンひとつでできるし
サイコー!!!」

「昨晩作ってみました！
材料も揃えやすく、
**おいしすぎて自画自賛してしまいました（笑）**
個人的に味のしみ込んだ
やわらかいごぼうが、
思いのほかおいしく感激です。」

「これ作ったら
彼氏にも彼氏の男友達にも
大好評だった!!
自分の**お母さんが作る角煮よりも断然おいしい**って言ってくれた」

## 肉をパサつかせずふっくら仕上げる

### 冷たいフライパンから スタート

火をつける前の冷たいフライパンに油をひかず、豚肉の脂身を下にして入れてから中火にかけます。温めてから入れるとくっついてしまうので注意して。

### 余分な脂を出すため 脂身をじっくり焼いて

豚肉を下ゆでして余分な脂を出す方法もありますが、肉のうま味が抜けるので、ここでは中火でじっくり焼いて脂を出しましょう。途中でパチパチ音がしてきたら、菜箸でときどき肉を動かします。

### 焼き色がつくまで こんがり焼く

まずは脂身をじっくり焼き、しっかり焼き色をつけて、カリッとさせます。

## 落とし蓋でさらにおいしく!

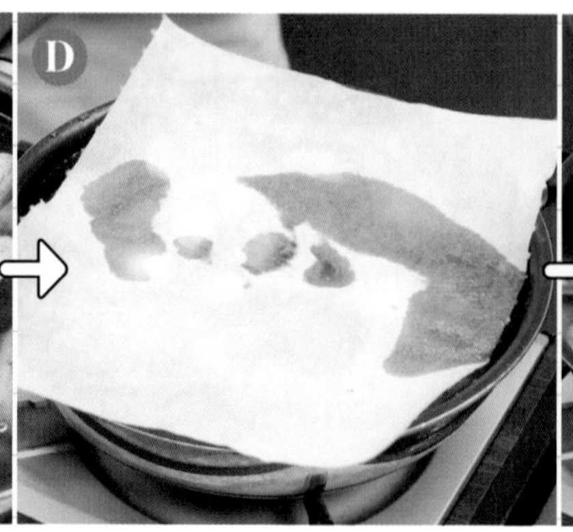

### たっぷりの煮汁に 入れる

冷たい煮汁の中に肉とゆで卵を入れ、乱切りにしたごぼうも加えます。ここではまだ火をつけません。

### 落とし蓋で熱効率を よくする

キッチンペーパーの中心に穴をあけ、火をつける前のフライパンにかぶせます。

### ペーパーの角を 内側に折り込む

角を内側に折り込んでから火をつけましょう。ペーパーがアクを吸着するメリットもあります。沸騰するまでは中火でOK。

### 6面すべてを転がして焼く

菜箸で肉を転がし、他の面も軽く色づく程度に焼きます。全体を焼き固めて肉汁を閉じ込めましょう。

### 余分な脂はいったん保存

お肉から出た脂はペーパーで拭き取らず、耐熱容器に入れて保存。ラードなので、炒め物などに使えます。

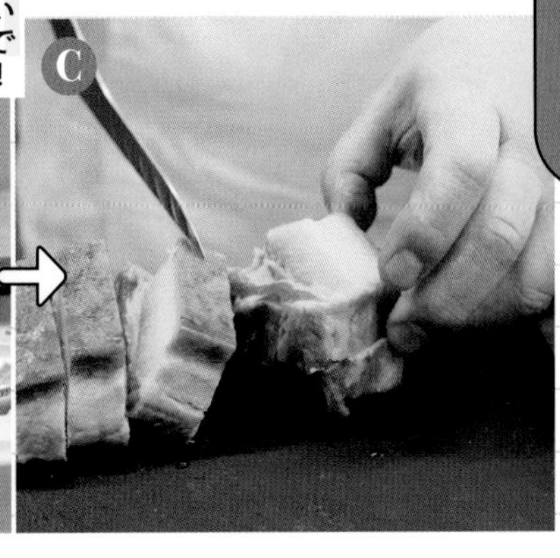


### 縮むことを計算して食べやすく切る

こんがり焼いたら、脂身を上にして切ります。あとで煮込むので、中はまだ生の状態でOKです。

## じっくり煮詰めて**うま味を凝縮**

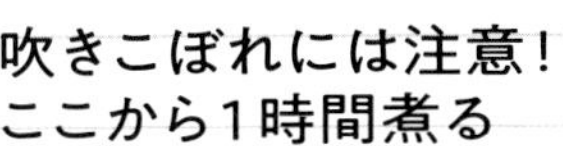

### 吹きこぼれには注意！ここから1時間煮る

ペーパーが持ち上がるほど、ぽこぽこと沸いてきたら、弱火にしましょう。吹きこぼれない程度の火加減に。

### 煮汁をかけてよくからめる

煮汁が少なくなったら、フライパンを傾けて煮汁をおたまですくい、お肉や卵にかけて味をしみ込ませます。

これで完成！

### 煮汁が半量以下になるまで煮詰める

豚肉を焼いたからこその香ばしいにおいと、ごぼうと赤味噌の香りがごはんに合います。

# 究極の肉じゃが

日本橋ゆかり
**野永 喜三夫**

## 材料（2人分）

牛バラ肉（薄切り）……………300g
じゃがいも（メークイン）…… 3個（350g）
玉ねぎ ………………………… 1個（200g）
にんじん ……………………… ½本（120g）
絹さや ………………………………… 8枚

A
和風だし（顆粒）………… 小さじ1
しょうゆ ………………… 大さじ4
みりん…………………… 大さじ4
砂糖 ……………………… 大さじ1
水 …………………………… 900mℓ

## 作り方

1）じゃがいもは皮をむき、にんじんは皮つきのまま、それぞれ一口大に切る。玉ねぎはくし形切りにして、牛肉も大きさを合わせて切る（A）。絹さやは筋を除く。

2）フライパンにAを入れて、軽く混ぜる。

3）絹さや以外の材料を加えたら、ざっと混ぜ合わせてから（B）中火にかける。

4）牛肉をほぐすように混ぜて加熱し（C）、ほぐれたら火を止める。

5）キッチンペーパーの中心に穴をあけて落とし蓋にし（D）、中火にかける。20分ほど煮込んで野菜に火が通ったら、火を止めて3時間ほど冷ます（E）。

6）キッチンペーパーを絞って（F）取り除き、ふたたび中火にかける。

7）フライパンを傾けて、煮汁をかけながら（G）煮詰める。

8）絹さやをちらして煮汁を回しかけながら、火を入れる。


※クラシルの公式YouTubeでは、料理名〈老舗名門店三代目・野永喜三夫が教える究極の肉じゃが〉で掲載！ 動画も検索してチェック！

煮物は、2段階の加熱で味がしみる！
「火を入れる加熱」と「冷まして再加熱」
と、2段階の加熱をすることで味がしみ込み、
食べたとき食材からジュワッと味が出てきて、
おいしさを感じます。朝煮込んで夜食べる前に
温めるなど、工夫してみてください

## クラシル公式YouTubeを観た方も大絶賛！

「こんなにきれいな**煮崩れのない肉じゃが**ができるんですね。 見た目も美しく、しかも簡単でした。」

「**レシピに忠実に作った**ら、前回よりずっとおいしくなりました。より満足できる味になるまで、挑戦し続けます。」

「今まで作った肉じゃがで一番おいしかった……！**シンプルなのにうま味がぎゅっとしてて、**煮汁も透き通ってて、さすが和食のプロ！」

「主婦歴20年なのに、最近味つけがうまくいかず、料理嫌いになっていました。このレシピ通りに作ったら、**簡単おいしい！家族も絶賛！**」

「最初1時間程度おくだけで作っていたんですが、**ちゃんと朝作って夜食べて**みたら、全然違うおいしさでした！」

「こんなに**おいしい肉じゃがを自分で作れるなんて泣きたい**です。ひと鍋作ったのですが、主人と娘2人で平らげてしまいました。」

## まずは加熱してやわらかく**煮る**

### 食材は５種!<br>肉はお好みで変更可能

肉は牛肉以外に鶏肉、豚肉でもOKです。今回は牛バラ肉を使います。じゃがいもは煮崩れしないメークインをチョイス。玉ねぎ、にんじん、絹さやも用意します。

### 食材は同じ大きさに<br>揃えて切る

食材は、一口大に切り揃えます。一口大とは、1寸（3cmほど）のこと。材料を同じ大きさに揃えて切ると、火の通り方が均一になり、煮崩れしにくくなります。

### フライパンを熱する前に<br>食材を入れる

火をつける前に、フライパンに調味料と食材を入れます。食材を炒める必要がないので、野菜は切ったらすぐフライパンに入れ、最後に肉を加えます。

## 再加熱する前に**味見**をする

### 冷めたら一度<br>味見をする

2～3時間おき、常温まで冷ましたら、一度ここで味見をします。深く濃い味にするために、もう少し煮詰めていきましょう。

### キッチンペーパーの<br>うま味も絞って入れる

キッチンペーパーにはアクも付着していますが、さわってもアクははがれません。煮汁をたっぷり含んでいるので、絞って煮汁を戻しましょう。

### 煮物を作るときは<br>混ぜたらダメ！

食材に火が入り、やわらかくなっているので、ここからは混ぜません。ここで混ぜてしまうと、食材がボロボロになってしまいます。

### フライパンが温まる前に食材を煮汁の中でほぐす

火をつけたらすぐに、肉と煮汁がなじむように、菜箸で肉を揺らしてほぐします。フライパンの中が完全に温まってしまう前にほぐしましょう。

### 煮物には必須の落とし蓋

市販の落とし蓋でなくても、キッチンペーパーで代用すれば、充分です。できれば厚手のものを使いましょう。中心に穴をあけて、空気の通り道を作ることを忘れずに。

### あとは待つだけ時間がおいしくしてくれる

火が通り、食材がやわらかくなったら、あとはもう待つだけです。最低でも3時間、できれば8時間くらい冷ますと味がしっかりしみ込むので、待ちましょう！

## 仕上げの加熱で好みの味に**煮詰める**

＼これで完成！／

### 煮汁をかけながらやさしく煮詰める

野菜はスポンジのように煮汁を吸ってくれるので、煮汁を食材にかけながら、味をさらにしみ込ませていきます。

### 必ず味見！自分の好みの味を探して

煮詰めながら、好みの味を探っていきましょう。深く濃い味が好きな方は時間をかけ、あっさりさっぱりした味なら浅めに仕上げます。

### 煮汁がおいしいからたっぷりかけて

野菜と肉のうま味が充分に出た煮汁も、最高のごちそうです。盛りつけたら、煮汁をたっぷりかけて、ジューシーに仕上げていただきましょう。

# 筑前煮

日本橋ゆかり
**野永 喜三夫**

## 材料（４人分）

鶏もも肉……………………300g
にんじん………………½本（100g）
ごぼう…………………½本（100g）
たけのこ（水煮）………………100g
里芋……………………２個（100g）
しいたけ……………10個（100g）
れんこん……………………100g
絹さや………………………８枚
うずらの卵（水煮）……………10個
ごま油…………………大さじ１
**煮汁**
めんつゆ（３倍濃縮）…………70mℓ
砂糖…………………大さじ１
水……………………700mℓ

## 作り方

1）にんじんとごぼうは皮つきのまま乱切りにする。たけのこは縦半分に切り、３cm幅に切る。根元の部分は斜め５mm幅に切り込みを入れてから３cm幅に切る。皮をむいた里芋としいたけは縦半分、れんこんは皮をむいて乱切りにする。鶏肉は一口大に切る。

2）フライパンに煮汁の材料を入れて、1とうずらの卵を加える。

3）キッチンペーパーの中心に穴をあけて落とし蓋にし、中火にかける。

4）25分ほど煮たら火から下ろし、常温になるまで１時間ほど冷ます。

5）キッチンペーパーを絞って取り除き、再び中火にかける。

6）煮汁をかけながら30分ほど煮る。煮汁が少なくなったら、筋を取った絹さやを入れ、ごま油を回しかける。

 ※クラシルの公式YouTubeでは、料理名〈和の匠が教える 失敗しない“筑前煮”の作り方〉で掲載！ 動画も検索してチェック！

## 根菜がやわらかくみずみずしいのはじっくり煮るから

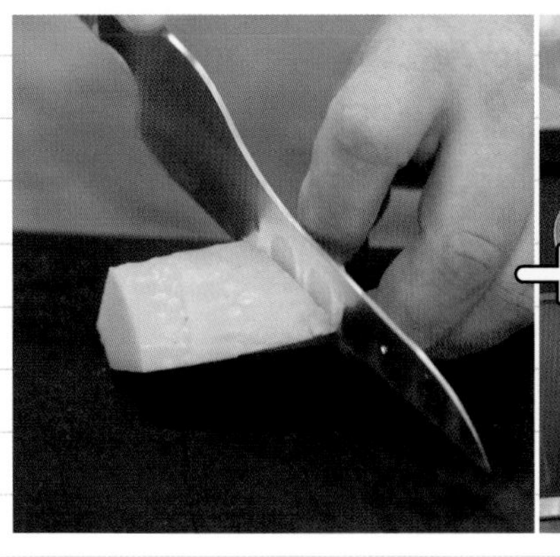

### たけのこの根元も やわらかく煮えるように

たけのこの根元の部分には、5㎜幅で切り込みを入れ、やわらかく味がしみ込むように準備します。

### はじめは薄めの 煮汁で煮ていく

煮汁は薄味にしてゆっくり時間をかけて煮詰めていくと、おいしくなります。

### 混ぜないで コトコト煮る

落とし蓋をすると中で対流が起こるので、いじらずにコトコト煮るのがポイントです。

＼まだある！／

## おいしく作るためのシェフポイント

### 食材は９種類入れて 奇数に！

和食の世界では、奇数が縁起がよいと言われています。今回準備した食材だけでなく、奇数で揃えることを念頭に、好みの具材で作ってみてください。

### 煮汁の色の変化を よく見ておく！

最初は淡い色だった煮汁が煮詰めるごとに濃くなります。口の広いフライパンだからこそ濃縮されるのが早く、煮上がりまでもスピーディー。

フライパンひとつで本格的な日本料理が作れます

# 調味料ひとつでふわとろ親子丼

日本橋ゆかり
**野永 喜三夫**

## 材料（2人分）

鶏もも肉……300g
三つ葉……適量
卵……4個
ごはん……400g
**A** 水……100mℓ
　めんつゆ（2倍濃縮）……50mℓ

## 作り方

**1**）三つ葉は1㎝長さに切る。鶏肉は軟骨を除いて、2㎝大に切る。ボウルに卵を割って溶く。**A**を混ぜる。

**2**）フライパンに、鶏肉の皮を下にして並べ入れ、中火にかけて焼く。

**3**）肉に焼き色がついたら火を止め、**A**を混ぜて加える。再び中火にかけて、5分ほど煮る。

**4**）卵を3回に分けて回し入れる。箸で軽く混ぜ、半熟になったら火を止める。

**5**）器にごはんを盛って**4**をのせ、三つ葉を飾る。


※クラシルの公式YouTubeでは、料理名〈和の匠が教える　調味料1つで簡単！とろとろ親子丼〉で掲載！ 動画も検索してチェック！

## ふわとろに仕上げるコツは**火加減！**

### 煮汁を煮詰めて味を濃くしていく

鶏肉はゆっくり火を入れることによって、うま味が出ます。煮汁を煮詰めながら、うま味を引き出しましょう。

### 卵は3回に分けて入れる

最初から卵を全部入れると加熱が難しいので、分けて入れましょう。半熟に仕上がるよう早めに火を止めて、余熱で火を通します。

### 箸で軽く卵を混ぜ煮汁と合わせる

卵を流し入れたら箸でそっと卵を混ぜて、煮汁を全体になじませます。

＼まだある！／

## おいしく作るためのシェフポイント

### 鶏肉は皮をじっくり焼いて焦がしておく

じっくり加熱して皮を焦がすくらいに焼くと、炭火焼きのお店で食べるような味になります。

### 火加減の調節が肉のおいしさを左右する

肉は、慌てて火を入れるとたんぱく質が固まってかたくなります。余熱でも火が入るので火加減を調整しましょう。

鶏肉の切り方と焼き加減で味が決まります！

店で10時間かけて作ったスープに負けない！

# 時短 オニオングラタンスープ

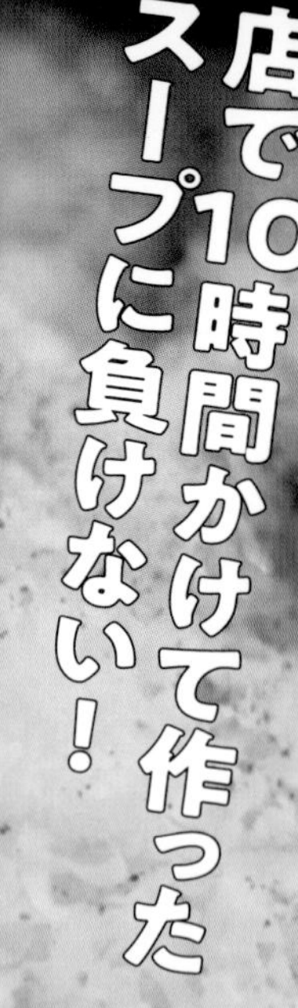

LA BONNE TABLE
中村 和成

## 材料（4人分）

ウインナーソーセージ …………5本
玉ねぎ（薄切り）…………… 3個（500g）
バター（無塩）………………100g
塩 ……………………………5g
水 ………………………… 800mℓ

**ブールマニエ**

- バター（無塩・常温に戻す）…… 20g
- 薄力粉………………………… 20g

**トッピング**

- パルミジャーノレッジャーノ（ブロック）……………………… 20g
- オリーブオイル ……………適量
- 粗挽き黒こしょう …………適量

**ガーリックトースト**

- フランスパン………………… 4cm
- にんにく …………………½片

## 作り方

1）ソーセージは縦半分に切る。ブールマニエ用のバターは小麦粉とよく練ってブールマニエを作る。

2）鍋を中火で熱してバターを入れ、溶けてきたら玉ねぎと塩を加えて強火で炒める。

3）玉ねぎがしんなりしたら、差し水（分量外）をしてなじませ、蓋をし、中火で蒸し焼きにする。

4）玉ねぎが茶色く色づきはじめたら、再び差し水（分量外）をして混ぜ、蓋をする。これを何度かくり返して、玉ねぎをくたくたに煮る。

5）くたくたになったら、玉ねぎがかぶるまでの水適量と、ソーセージを加えて煮込む。煮詰まってきたら、残りの水を加えて好みの濃度に調整し、1のブールマニエを加えてとろみをつける。

6）ガーリックトーストを作る。1cmに切ったフランスパンをトースターで焼き、にんにくの切り口をこすりつける。

7）器にスープを盛り、ガーリックトーストをのせ、パルミジャーノレッジャーノを削って、黒こしょうとオリーブオイルをかける。


※クラシルの公式YouTubeでは、料理名〈わずか20分で10時間煮込んだかのような最高に旨い“オニオングラタンスープ”の作り方〉で掲載！ 動画も検索してチェック！

## 煮込み時間を早めるポイントは**蒸し焼き！**

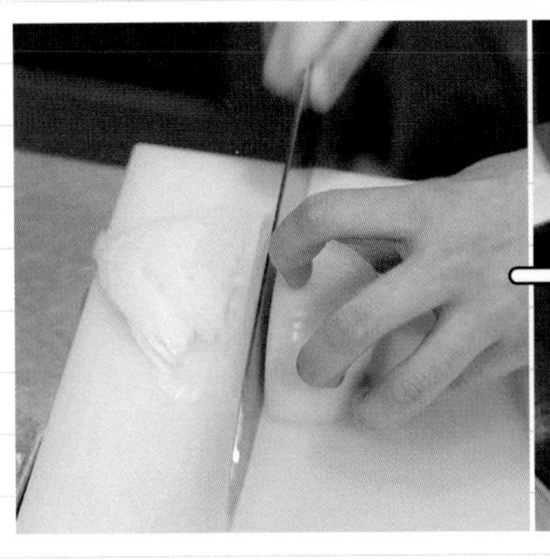

### 玉ねぎは 繊維に逆らって切る

短時間でやわらかく煮えるのは、玉ねぎの繊維を断ち切るから。なるべく薄切りにして時短調理に。

### バターは焦がさない！

鍋が熱々になる前にバターを溶かして、絶対に焦がさないように火加減に気をつけましょう。

### 玉ねぎが茶色く色づきそうになったら蒸し焼きに

玉ねぎは、飴色にすることよりも、くたっと煮ることが大事。炒めたら差し水をし、蓋をして蒸し焼きにします。

＼まだある！／

## おいしく作るためのシェフポイント

### 玉ねぎを蒸し焼きにして焦げる寸前で水を入れる

玉ねぎは、蒸し焼きにすることで甘みとうま味が引き出されます。飴色のスープにするために、「炒めたら蒸し焼きにする」をくり返しましょう。

### ブイヨンの代わりに入れるのはソーセージ！

ソーセージには脂分もうま味もしっかりあり、だしが出やすい食材です。コトコト煮込んでブイヨンを作ることなくおいしいスープになります。

20分でできるのに、
10時間でできる
オニオングラタンスープに
負けないおいしさ！

Column2 一流シェフの朝ごはん

# ミシュランシェフの スクランブルエッグ チーズトースト

Sincère
石井 真介

ポイントはベーコンとトーストの焼き方。
ベーコンは炒めると脂が抜けて小さくなるので、やや大きめに切りましょう。
ベーコンを噛んだときに肉汁がジュワッと出てきて、
卵と合わさり、トーストによく合います。パンとスクランブルエッグの
カリッとろっとした食感のコントラストが楽しめるよう、パンはカリッと焼きましょう。

A卵はボウルに割り入れ、溶かずにフライパンに流し入れます。ゴムベラで卵を崩しながら炒めましょう。 B食パンは、普通にトーストで食べるときより高温で焼き、こんがり焼き色がつくぐらいにカリッとさせます。

## 材料（2人分）

食パン（8枚切り）……2枚
卵 ……2個
ベーコン（ブロック）……45g
ピザ用チーズ ……30g

## 作り方

1) ベーコンは拍子木切りにする。ボウルに卵を割り、チーズを加えておく。

2) 食パンは、オーブントースターでこんがり焼き色がつくまで焼く。

3) フライパンを中火で熱し、ベーコンを焼く。焼き色がつき、脂が出てカリカリになるまで炒める。

4) フライパンに1の卵液を流し入れて火を弱め、ゴムベラで混ぜながら炒める。卵が半熟になったら火を止める。

5) 食パンに4をのせる。

※クラシルの公式YouTubeでは、料理名〈トースト朝ごはん　とろとろスクランブルエッグ チーズトースト〉で掲載！ 動画も検索してチェック！

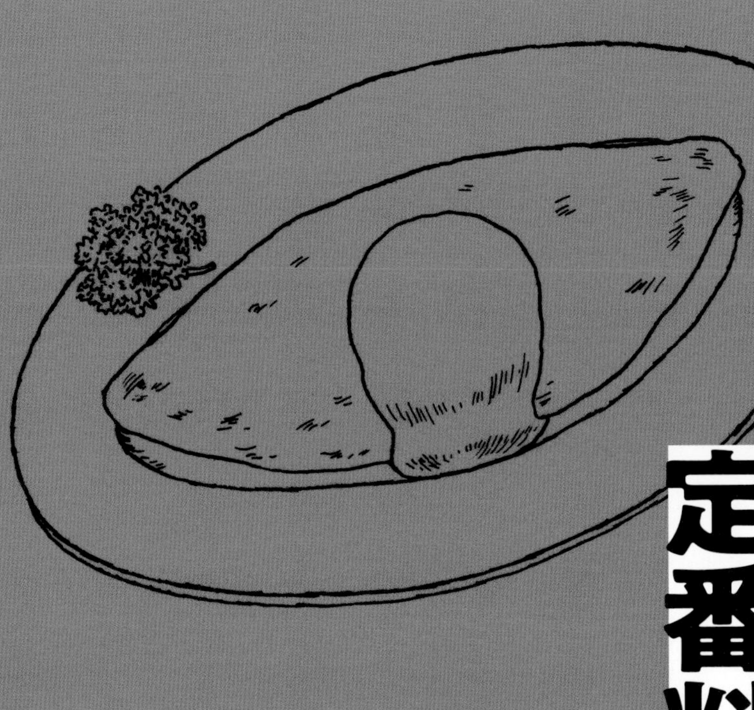

# 3章 いつもの味が10倍おいしくなる！定番料理のシェフレシピ

ハンバーグやしょうが焼き、
シチューにチャーハンにポテトサラダ。
いつ誰に作っても喜ばれる
みんなが大好きな定番メニューも
シェフの腕にかかると、プロの味に早変わり。
コツを知っているだけで、
明日からの料理がぐんと変わります。

ハンバーグ

玉ねぎしょうゆソースでさっぱり

# 肉汁たっぷりハンバーグ

ギオット
平沢 光明

## 材料（3人分）

**ハンバーグ**

- 合いびき肉……400g
- 玉ねぎ（みじん切り）……½個
- 卵……1個
- 牛乳……50mℓ
- 生パン粉……20g
- オリーブオイル……大さじ1
- ナツメグ（パウダー）……2g
- 塩……4g
- 黒こしょう……2g

**ソース**

- 玉ねぎ（みじん切り）…½個分（70g）
- バター（無塩）……3g
- 塩……ひとつまみ
- 水……適量
- A しょうゆ……80mℓ
- A 酒……80mℓ
- A みりん……80mℓ

## 作り方

1）ハンバーグをこねるボウルを冷蔵室で冷やしておく。

2）ソースを作る。鍋に玉ねぎと、玉ねぎが浸る程度の水と塩を入れて中火にかけ、沸騰したら2分ほどゆでる。

3）湯きりして鍋に戻し、Aを加えて中火にかける。沸騰したら弱火にして、煮詰める。煮詰まったら火から下ろしてバターを溶かす。

4）ハンバーグを作る。フライパンにオリーブオイルをひき、玉ねぎを中火で炒める。玉ねぎが透き通ったら、火から下ろして粗熱を取る。完全に冷めるまで30分ほど冷蔵室で冷やす。

5）冷やしておいたボウルにハンバーグの材料を入れ、粘り気が出るまでしっかりと練ってタネを作る。

6）手のひらにサラダ油（分量外）をつけて、タネを3等分にして俵形に成形する。バットに入れ、冷蔵室で30分ほど冷やす。

7）火のついていないフライパンに、タネの中心をくぼませて入れ、弱火にかける。蓋をして5分焼いたら、上下を返してさらに5分焼く。

8）もう一度上下を返して2分半ほど焼き、再び返したら蓋をはずして2分焼く。火から下ろして、2分ほどそのまま休ませる。

9）盛りつけてソースをかける。

 ※クラシルの公式YouTubeでは、料理名〈肉汁飛び出すハンバーグのコツは形と焼き時間！プロの技公開します〉で掲載！ 動画も検索してチェック！

# プロの ハンバーグに近づくために！

## ハンバーグを練るボウルは冷蔵室で冷やす

ひき肉から脂が溶け出ないように、冷たいボウルで作ります。冷蔵室で冷やしておいて。

## ソース用の玉ねぎは一度ゆでこぼす

ゆでこぼすと玉ねぎのくさみが取れます。これがおいしいソースを作る決め手です。

## ナツメグが入ると、お店の味に近づく！

甘くスパイシーな香りで、ハンバーグなどのひき肉料理には欠かせないスパイスです。

＼まだある！／

## おいしく作るためのシェフポイント

### 成形したあとも、30分ほど冷蔵室で冷やす

ハンバーグがだれてしまうと、肉汁がフライパンの中にすべて出てしまいます。冷蔵室で冷やしてから焼くことで、肉汁を閉じ込めることができるのです。

### 最初から最後まで超弱火で焼く！

一気に温まってしまうと、肉汁が出てきてしまうので、ごく弱火にして、肉汁を肉からあふれさせないように焼いていきます。

ステーキ肉を粗挽きにして作る

# 極うまジューシーハンバーグ

LA BONNE TABLE
中村 和成

## 材料（2人分）

**ハンバーグのタネ**

- 牛サーロイン肉（ステーキ肉）…150g
- 豚ひき肉 ……………………150g
- 玉ねぎ（粗みじん切り）…1/3個分（30g）
- 卵 ……………………………1個
- パン粉…………………………10g
- 塩 ……………………………3g
- 粗挽き黒こしょう …………適量

サラダ油 ………………………適量

**ポムリヨネーズ**

- じゃがいも …………3個（450g）
- 玉ねぎ………………1/2個（70g）
- バター（無塩）………………60g
- 塩 ……………………………2g
- 粗挽き黒こしょう …………適量

**トッピング**

- 粒マスタード・イタリアンパセリ ……………………各適量

※オーブンの予熱は、家庭用オーブンの最も高い温度に設定します。280〜300℃くらいでさっと焼き上げます。

## 作り方

1）オーブンは、オーブンの最高温度で予熱する。（※）

2）ポムリヨネーズを作る。じゃがいもは皮をむいて5㎜幅に切る。ボウルに入れて塩と黒こしょうをふり、5分おく。

3）ポムリヨネーズ用の玉ねぎは、5㎜幅の薄い乱切りにする。フライパンにバターを中火で熱し、溶けたら玉ねぎを入れて、塩をふって炒める。

4）じゃがいもを加え、蓋をして中火で5分ほど蒸し焼きにする。5分たったら混ぜて再び5分蒸し焼きにし、もう一度くり返す。じゃがいもがやわらかくなったら蓋をはずす。中火のまま水を大さじ1（分量外）ほど加えて混ぜ、とろみがついたら火を止める。

5）ハンバーグを作る。牛肉は身の部分を1㎝角に切り、脂身の部分を5㎜角に切る。ボウルに豚ひき肉、牛肉、塩と黒こしょうを入れて粘り気が出るまで練る。卵と玉ねぎ、パン粉を入れてよく練ってタネを作る。タネを2等分にし、小判形に成形する。

6）フライパンにサラダ油を中火で熱し、ハンバーグを入れて中弱火で2分焼く。焼き色がついたら上下を返して、中弱火で2分焼く。両面に焼き色がついたら、網のついたバットに取り出す。最高温度に予熱したオーブンで中に火が通るまで2分半ほど焼く。

7）器にポムリヨネーズとハンバーグを盛る。イタリアンパセリをちぎってのせ、粒マスタードを添える。


※クラシルの公式YouTubeでは、料理名〈噛みごたえ抜群。ステーキ肉が入った“極旨ジューシーなハンバーグ”〉で掲載！ 動画も検索してチェック！

## 食べ応え満点な
# ハンバーグを作るコツ

### ステーキ肉を粗挽き肉風にして噛み応えを出す

レストランのように噛み応えがあり、肉汁があふれるハンバーグにするため、ステーキ肉を刻みます。

### 体重をかけ手のひらで潰して練る

牛肉と豚ひき肉がまとまるまで、体重をかけながら手のひらで肉を練ります。

### 崩れないように慎重に上下を返す

火加減は弱めの中火で、じっくりと焼きます。焼き色がついたら、肉が崩れないように手で支えて上下を返しましょう。



まだある！
## おいしく作るためのシェフポイント

### ポムリヨネーズは黒こしょうが味の決め手

じゃがいもに塩をふると水分が出てくるので、5分ほど待ちましょう。黒こしょうは、この料理の味の決め手になるので、たっぷり強めにまぶします。

### じゃがいもにバターを吸わせる

火をつけてからバターを入れると一瞬で焦げてしまうので、冷たいフライパンにバターを入れましょう。多めのバターをじゃがいもに吸わせるように炒めていきます。

ケチャップとマヨネーズでコク出し！

# 激ウマ しょうが焼き

鈴なり
村田 明彦

## 材料（2人分）

豚肩ロース肉（薄切り・2㎜厚さ）…300g
キャベツ……………………¼個（250g）
玉ねぎ……………………………½個
小麦粉…………………… 大さじ1
紅しょうが…………………… 15g
米油…………………………適量

**A**
パイナップルジュース（果汁100%）
…………………… 大さじ2
日本酒………………… 大さじ1
刻みしょうが（市販）…… 大さじ1

**B**
おろししょうが …………… 90g
おろしにんにく ………小さじ½
マヨネーズ………… 小さじ2
砂糖、ケチャップ…… 各小さじ1
日本酒、みりん……… 各大さじ2
しょうゆ…………… 大さじ1½

## 作り方

**1）** キャベツは千切りにして、さっと水にさらし、水気をきる。玉ねぎは繊維に沿って1㎝幅に切る。

**2）** バットに豚肉と**A**を入れ、小麦粉をまぶして5分ほどおく。

**3）** フライパンに米油をひき、玉ねぎを入れて油をなじませてから火をつけ、中火で炒める。

**4）** 玉ねぎに火が通ったら端に寄せ、肉を加える。焼き色がつくまで上下を返しながら焼く。

**5）** 肉の色が変わったら玉ねぎと混ぜ、合わせておいた**B**を加えて中火で炒めながら煮る。

**6）** 汁気が半分くらいになったら、紅しょうがを加えて混ぜる。

**7）** 器にキャベツと**6**を盛る。

 ※クラシルの公式YouTubeでは、料理名〈ご飯多めに炊いて！ミシュランシェフの激旨生姜焼き〉で掲載！ 動画も検索してチェック！

# お肉をふっくらさせる準備！

## 2㎜の厚さの薄切り肉を使う

しょうが焼き用の肉ではなく、薄切り肉を使うと、味がしみ込みやすく、ジューシーに仕上がります。

## パイナップルジュースで肉がやわらかに

たんぱく質分解酵素が含まれるパイナップルジュースを使うと、お肉がかたくならずしっとり。

## 小麦粉がお肉をぷるとろに

小麦粉をまぶしておくと肉がコーティングされて、味がつきやすく、食感がふっくらとやわらかくなります。

＼まだある！／
## おいしく作るためのシェフポイント

### 火をつける前に油をよくなじませてから、玉ねぎを炒める

玉ねぎに油をなじませてから、中火で炒めて。ゆっくり火が入るので甘みが出てきます。シャキッとした食感が残るぐらいまで炒めましょう。

### 汁気が半分くらいになるまでじっくり煮詰める

調味料Bを入れたあとは、肉と玉ねぎを返しながらゆっくり煮詰めていきます。調味料がとろっとしてきたら紅しょうがを加えます。

行列ができる定食屋の秘伝レシピ

# にんにく香る しょうが焼き

菱田屋
**菱田 アキラ**

## 材料（2人分）

豚肩ロース肉（薄切り・3㎜厚さ）…250g
玉ねぎ……1/3個（50g）
**たれ**
- おろしにんにく……1片分
- おろししょうが……15g
- しょうゆ……大さじ2
- 砂糖……大さじ1

サラダ油……適量

## 作り方

1）玉ねぎは5㎜幅に切る。ボウルにたれの材料を入れて混ぜる。

2）フライパンにサラダ油を中火で熱し、豚肉と玉ねぎを入れて焼く。

3）肉に焼き色がついたら上下を返し、蓋をして5秒ほど蒸し焼きにする。

4）蓋をはずし、たれを加えて中火にかけ、豚肉に火が通り、全体に味がなじむまで煮からめる。

5）器に盛り、好みで、千切りキャベツやスパゲティサラダを添える。


※クラシルの公式YouTubeでは、料理名〈[行列が絶えない定食屋] すぐ真似できる！しょうが、ニンニクたっぷりで“ご飯が進みすぎる”生姜焼きの作り方〉で掲載！ 動画も検索してチェック！

## 肉の厚みや**焼き方**がポイント

### 脂が多い肩ロースの厚さ３mmがおすすめ

しっかり脂ののった肩ロースはやわらかく仕上がります。また、３mmの厚さだと焼いても縮みません。

### 肉は広げ入れて焼く

肉は加熱すると丸まってしまい、はがれにくいので、広げてから焼きはじめましょう。

### 5秒だけ蓋をする

肉に焼き色がついて上下を返したら、蓋をして蒸し焼きにしましょう。肉がふっくら焼き上がります。

＼まだある！／

## おいしく作るためのシェフポイント

### にんにくを入れて香りよく仕上げる

肉の脂とも相性がよく、食欲をそそる香りに仕上がるので、しょうがに加えてにんにくも入れるのが菱田屋流。

### たれの味のバランスは関西すき焼き風

しょうゆと砂糖で作る割下のような、甘じょっぱいたれは、店と同じ味！

ゴーヤとパイナップルが入る個性派ライス

# 半熟とろんのオムライス

三國 清三

## 材料（1人分）

卵 …… 2個
ベーコン …… 5g
玉ねぎ …… 30g
ゴーヤ …… 10g
パイナップル …… 10g
牛乳 …… 大さじ1
バター …… 10g
オリーブオイル …… 大さじ½
塩、白こしょう …… 各少々
ごはん（冷たいもの）…… 180g
A ケチャップ …… 40g
ウスターソース …… 大さじ½
マヨネーズ …… 大さじ1

## 作り方

1）玉ねぎ、ゴーヤ、パイナップル、ベーコンはさいの目に切る。

2）フライパンにオリーブオイルを中火で熱し、**1**を炒める。

3）ごはんを加えてほぐしながら炒め、**A**を加えて炒め、皿に盛る。

4）ボウルに卵を割り、塩と白こしょう、牛乳を加えて、フォークでざっと混ぜる。

5）フライパンをきれいにし、中火にかけてバターを溶かし、卵液を流し入れる。

6）フチが固まってきたらフォークで全体を混ぜ、半熟の状態で**3**にのせる。

 ※クラシルの公式YouTubeでは、料理名〈フレンチの巨匠　三國清三シェフが教える家庭料理「ふわふわオムライス」〉で掲載！　動画も検索してチェック！

## 甘味と苦味の**味の融合**が三國流

### 野菜やベーコンは四角く切り、サイズを揃える

四角く切った食材は、ごはんと混ざりすぎず、食べるたびにアクセントになります。

### パイナップルとゴーヤで甘味と苦味のバランスを取る

具材は中火で炒めると、野菜からうま味と甘味が出てきます。苦味があるゴーヤはパイナップルと組み合わせて。

### パラパラだけどしっとりなごはんに

冷たいごはんで作るとパラパラになりやすく、隠し味のマヨネーズでごはんがふわっと仕上がります。

＼まだある！／

## おいしく作るためのシェフポイント

### 卵はフォークで混ぜて、一体化させない

卵は混ぜすぎると卵白と卵黄が一体化してしまいます。ざっと混ぜるくらいで焼きはじめると、卵黄と卵白それぞれの味を表現できます。

### フチが固まってくるまで卵は混ぜない

卵液を流し入れたら、フチから固まってくるまで待ちます。スクランブルエッグにならないよう、固まってきてから混ぜます。

バター香るケチャップライスと
とろっと半熟卵が絶妙！

# 卵料理専門店のオムライス

eggg Café
**中上義則**

## 材料（1人分）

鶏もも肉 ………………………… 50g
玉ねぎ（みじん切り） ………… ¼個（50g）
卵（Lサイズ） ………………… 3個
牛乳 ……………………………… 10㎖
バター …………………………… 10g
トマトケチャップ …………… 20g
サラダ油 ……………………… 適量
塩、白こしょう …………… 各適量
ごはん ……………………… 200g

**トッピング**

トマトケチャップ …………… 適量
パセリ（みじん切り） ……… 適量

## 作り方

1）チキンライスを作る。鶏肉は1㎝角に切り、塩と白こしょう各少々をふる。

2）フライパンにサラダ油を強火で熱し、玉ねぎを炒める。塩ひとつまみを加えて炒め、透き通ってきたら鶏肉を入れて中火にする。鶏肉に火が通ったら、バターを加えてよく混ぜる。ごはんを加え、木ベラで切るようにして炒め、白こしょうをふる。

3）ごはんをフライパンの半分に寄せて、空いたところでケチャップを炒める。ケチャップの水分が飛ぶまで炒めたら、ごはんと混ぜる。器に盛り、形を整える。

4）オムレツを作る。ボウルに卵を割り入れ、牛乳と塩ひとつまみを加えて泡立て器で混ぜる。

5）フライパンをきれいにし、サラダ油を中火で熱して**4**の卵液を流し入れる。フライパンをゆすりながら、外側から内側に向けて菜箸で卵を混ぜ、全体が固まったら折りたたんで上下を返し、両面を焼く。

6）**3**のケチャップライスの上に**5**の卵をのせ、ケチャップとパセリをかける。



※クラシルの公式YouTubeでは、料理名〈たまご料理店シェフが教える最高においしいオムライスの作り方〉で掲載！　動画も検索してチェック！

# ふんわり半熟卵を作るコツ

## 卵はコシがなくなるまで混ぜる

卵液を泡立て器で持ち上げたとき、さらりとした液状になるまでよく混ぜると、色が均一なふんわりとした卵が焼けます。

## 火からはずしてから卵を寄せて上下を返す

フライパンを傾け、卵を手前から奥に寄せます。フライパンの持ち手をたたき、奥の卵も返して中央に寄せて。

## 卵の下に菜箸を入れ上下を返す

卵の奥に菜箸を入れて手前に返すと、失敗することなく上下を返せます。再びフライパンを火にかけましょう。

＼まだある！／

## おいしく作るためのシェフポイント

### バターは焦げないように後入れする

玉ねぎと鶏肉を炒めてからバターを加えて混ぜると、焦げることなく、バターの風味を生かして香ばしく仕上がります。

### ケチャップは炒めて水分を飛ばす

チキンライスがべちょっとしないように、ケチャップを炒めて水分をしっかり飛ばしてからごはんと混ぜましょう。

肉や野菜から出たうま味の相乗効果で倍おいしい

# 野菜ごろごろ具だくさん豚汁

日本橋ゆかり
野永 喜三夫

## 材料（4人分）

豚バラ肉（薄切り）……………250g
しいたけ ………………… 8個（100g）
大根……………………… ⅓本（100g）
にんじん ………………… ½本（100g）
里芋 ……………………… 2個（100g）
長ねぎ …………………… 1本（100g）
ごぼう …………………… ½本（100g）
和風だし（顆粒） ………… 小さじ1
味噌……………………………… 60g
水 ……………………………… 900mℓ

## 作り方

1）しいたけは石づきを除いて軸ごと4等分に切り、大根は皮つきのまま薄いいちょう切りにする。にんじんは皮つきのまま薄い半月切りにする。里芋は薄い半月切りにする。長ねぎは白い部分を1㎝幅に切り、青い部分は小口切りにする。ごぼうは斜め薄切りにする。豚肉は6等分に切る。

2）フライパンに和風だしと水を入れて混ぜ、長ねぎの青い部分以外の野菜を加えて中火にかける。豚肉をほぐしながら混ぜる。ひと煮立ちしたら、15分ほど全体に火が通るまで煮る。

3）一度火を止め、味噌を溶かす。再び中火にかけてひと煮立ちしたら、長ねぎの青い部分を加えて、鮮やかな緑色になったら火を止める。

 ※クラシルの公式YouTubeでは、料理名〈老名門店三代目・野永喜三夫の簡単で本当においしい「具だくさんの豚汁」の作り方〉で掲載！ 動画も検索してチェック！

# 食材の扱い方で 料理の味が左右される

## 食材の大きさは同じサイズに切る

大根やにんじんは大きさを揃えて切ります。火の通りが悪いねぎやごぼうは薄めに切りましょう。

## 混ぜて豚肉をほぐしてから煮る

温度が上がる前に具材を混ぜ、豚肉をほぐします。肉を煮汁の中に浸しながら混ぜると、自然とほぐれていきます。

## ねぎの青い部分はしっかり火を通す

ねぎを最後に加えたら、おたまで押して汁の中に浸します。緑色が鮮やかに濃く発色するまで火を通しましょう。

まだある！

## おいしく作るためのシェフポイント

### アクは取らなくても大丈夫

出てきたアクは取らずにそのままで大丈夫です。味の邪魔をする心配もありません。

### 味噌は火を止めてから溶く

味噌の香りが飛ばないように、火を止めてから、おたまに味噌を入れて少しずつ箸で溶いていきます。

味噌は使わず
塩麹で甘味とコクを出す

# おかずいらずの塩豚汁

鈴なり
村田 明彦

## 材料（4人分）

豚こま切れ肉 …………………200g
大根……………………⅓本(300g)
にんじん ………………½本(80g)
里芋……………………4個(200g)
ごぼう …………………½本(90g)
しいたけ ………………4個(50g)
油揚げ …………………50g
こんにゃく……………140g
長ねぎ …………………1本(120g)
おろししょうが ………13g
白だし …………………100mℓ
塩麹……………………大さじ1½
ごま油 …………………大さじ½
水 ………………………800mℓ

## 作り方

1) 大根は1cm幅のいちょう切りに、にんじんは皮つきのまま5mm幅の半月切りにする。里芋は半分に切って3等分に、ごぼうは斜め薄切りにする。しいたけは石づきを除き、4等分に切る。油揚げは4等分に切ってさらに1cm幅に切り、こんにゃくは一口大にちぎる。長ねぎの白い部分は1cm幅の斜め切りにする。豚肉は2cm幅に切る。

2) フライパンに水、白だし、塩麹を入れ、**1**をすべて加える。

3) 蓋をして中火で5分ほど加熱し、沸騰してからさらに10分ほど煮込む。

4) 具材に火が通ったら、長ねぎの青い部分を小口切りにしたものとしょうがを加える。ごま油を回しかけたら火を止める。粗熱が取れるまで10分ほどおき、食べるときに温める。

 ※クラシルの公式YouTubeでは、料理名〈具沢山でおかず要らずの塩豚汁の作り方を7年連続ミシュランの日本料理店店主に教えてもらいました〉で掲載！ 動画も検索してチェック！

# 味噌を使わず
## おいしいワケ



### 鍋に食材を入れてから火をつける

沸騰してからではなく、冷たい状態から食材を煮込みます。強火だと煮詰まってしょっぱくなるので中火で加熱します。

### 塩麹がうま味を増してくれる

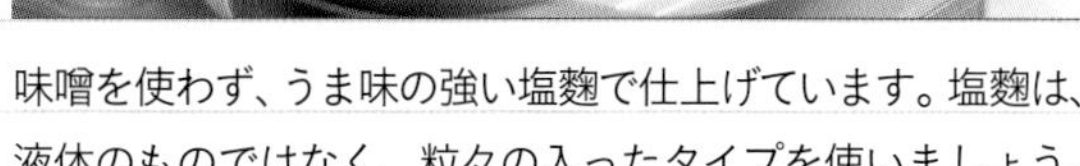

味噌を使わず、うま味の強い塩麹で仕上げています。塩麹は、液体のものではなく、粒々の入ったタイプを使いましょう。

### しょうがは最後に入れる

しょうがは仕上げに入れると、しっかり香りが残ります。チューブタイプを使うときは半量にしてください。

＼まだある！／
## おいしく作るためのシェフポイント

### きのこ類はうま味が出るので必須

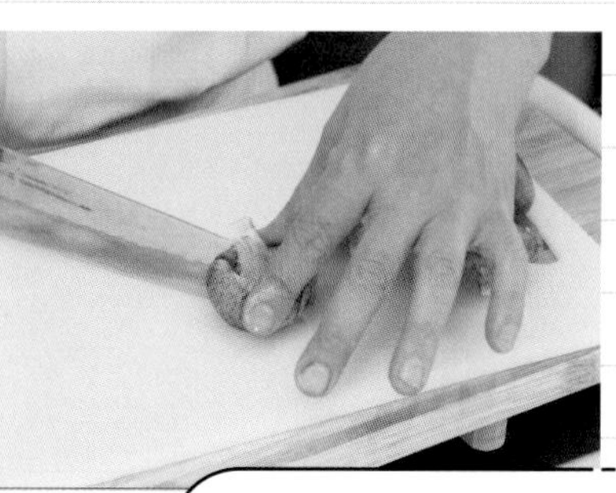

軸のかたい部分は切りますが、水で洗わずたたいて汚れを落とします。きのこのうま味とだしが溶け合っておいしいので、きのこ類は入れるのがおすすめです。

### こんにゃくはちぎると食感がいい

こんにゃくは手で小さくちぎると食感がよく、味もしみ込みやすくなります。アク抜き不要のこんにゃくを使うと便利です。

鶏の唐揚げ

マヨネーズ効果でジューシーコクあり

# じゅわっと鶏の唐揚げ

日本橋ゆかり
野永 喜三夫

## 材料（2人分）

鶏もも肉……300g

A
- 白だし……小さじ1
- めんつゆ（3倍濃縮）…小さじ1
- マヨネーズ……大さじ1

片栗粉……大さじ3
揚げ油……適量

**付け合わせ**
- グリーンリーフ……適量
- ミニトマト……1個

## 作り方

1）鶏肉は軟骨を除き、一口大に切る。グリーンリーフは食べやすい大きさにちぎり、ミニトマトは半分に切る。

2）ボウルに鶏肉と**A**を入れて混ぜ、ラップをして冷蔵室で30分〜8時間漬ける。

3）**2**のボウルに片栗粉大さじ2を加えて混ぜ、なじんだら片栗粉大さじ1を加えて混ぜる。

4）フライパンに5㎝深さの揚げ油を入れて170℃に熱し、**3**の鶏肉を入れて途中で上下を返しながら5〜6分揚げる。揚げ色がつき、火が通ったら油をきる。

5）器にグリーンリーフと唐揚げを盛り、トマトを添える。

 ※クラシルの公式YouTubeでは、料理名〈シンプルがゆえ旨い!! 鶏肉本来の旨味を最大限に引き出した「鶏唐揚げ」の作り方〉で掲載！ 動画も検索してチェック！

## 中からじゅわっと **うま味**が飛び出す絶妙な配合

### 鶏肉はパクッと食べられるサイズに切る

揚げると少し膨らむので、やや小ぶりに切ります。このサイズだと、二度揚げしなくてOK!

### マヨネーズでカリカリに揚がる！

マヨネーズの油でカリカリに。マヨネーズの卵黄はコクを出し、酢が肉をやわらかくしてくれます。

### 分量ぴったりの白だしとめんつゆ

鶏肉に漬け込むには少ないと思える調味液ですが、余分な水分が出ないので、この分量で充分です。

まだある！

## おいしく作るためのシェフポイント

### しっかり漬けてから揚げる

30分～8時間漬けてから揚げると、白だしやマヨネーズの味が、鶏肉の中にしっかり入り込みます。ジューシーで、鶏肉本来のおいしさを感じます。

### 片栗粉がジューシーさを決める

片栗粉と鶏肉の水分が絶妙なバランスで混ざるから、外はカリッと、中はじゅわっとした食感に仕上げることができます。

二度揚げで
グッとおいしくなる

# ザクザク食感の キムチ唐揚げ

ギオット
平沢 光明

## 材料（2人分）

鶏もも肉……300g
キムチ漬けの素……40g
薄力粉……15g
片栗粉……15g
揚げ油……適量
衣
- 片栗粉……50g
- 水……25mℓ

## 作り方

1）鶏肉は一口大に切る。ボウルに鶏肉とキムチ漬けの素を入れてもみ、30分ほど冷蔵室で漬ける。

2）味がなじんだら薄力粉と片栗粉を加えてもむ。

3）フライパンに3㎝深さの揚げ油を入れ、160℃に温める。

4）別のボウルに衣の材料を入れ、ポロポロとするまで手で混ぜたら鶏肉を入れて全体にまぶす。

5）**3**に**4**の鶏肉を入れて1分ほど揚げ、上下を返して2分揚げる。油をきって3分ほど休ませる。

6）油の温度を180℃に上げ、**5**を入れて1分揚げる。揚げ色がつき、中に火が通ったら取り出して、油をきる。

 ※クラシルの公式YouTubeでは、料理名〈感動のザクザク食感　調味料一つでがっつり旨くてクセになる「鶏唐揚げ」の作り方〉で掲載！ 動画も検索してチェック！

## ザクッとよい歯応えになる衣の作り方

### 片栗粉と水で作った衣がザクザクに

片栗粉に水を加えて混ぜ、ポロポロにした衣を作ると、揚げたあとにザクザク食感になります。

### 衣は押しつけずにまとわせる

肉に衣をぎゅっと押しつけると、ザクザクが半減してしまうので、軽くまとわせるくらいにつけて。

### 1回目は少し低めの160℃で揚げる

高い温度では中まで火が通らないので、箸を入れてジュワッと気泡が出てくるくらいの低温で揚げます。

＼まだある！／

## おいしく作るためのシェフポイント

### 最後の1分は高温で揚げる

二度揚げすると、外側がザクザクとしたよい食感に仕上がります。一度休ませて余熱で中まで火を通したら、1分だけ高温でさっと揚げましょう。

### 鶏むね肉でもおいしくできる

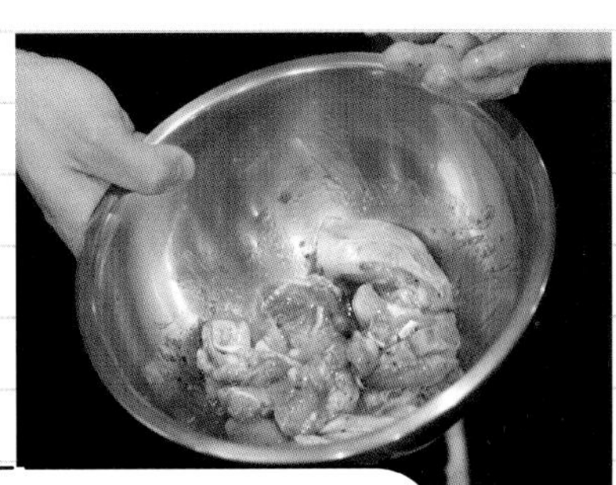

もも肉のほうがジューシーに仕上がりますが、むね肉でも同様に作ることができます。味がしみ込みにくいので、むね肉を使う場合は45分〜1時間漬け込んでから揚げましょう。

ポテトサラダ

マヨなし新解釈レシピ

# マスタードドレッシングのポテトサラダ

LA BONNE TABLE
中村 和成

## 材料（2人分）

じゃがいも（キタアカリ）‥‥3個（280g）
卵（冷蔵庫から出して10分おく）‥‥‥2個
オリーブオイル‥‥‥‥‥‥‥‥‥10g
塩‥‥‥‥‥‥‥‥‥‥‥‥‥‥‥適量
粗挽き黒こしょう‥‥‥‥‥‥‥‥適量

**マスタードドレッシング**

玉ねぎ（みじん切り）‥‥‥‥‥10g
イタリアンパセリ（みじん切り）2本
粒マスタード‥‥‥‥‥‥‥‥‥20g
オリーブオイル‥‥‥‥‥‥‥20g
米酢‥‥‥‥‥‥‥‥‥‥‥‥‥10mℓ
塩‥‥‥‥‥‥‥‥‥‥‥ふたつまみ

## 作り方

1）鍋で湯1ℓを沸かし、塩10gを加えてじゃがいもを皮ごと入れる。串がスッと入るくらいまで20～30分ゆでる。

2）別の鍋に湯を沸かし、塩適量を入れ、卵を加えて7分ゆでる。氷水で冷やして殻をむいて、4等分に切る。

3）マスタードドレッシングを作る。ボウルに玉ねぎと塩を入れて混ぜ、粒マスタードと米酢を混ぜる。最後にオリーブオイルを混ぜ、イタリアンパセリを加える。

4）ゆで上がったじゃがいもの皮をむき、ボウルに入れる。粗く潰し、塩と黒こしょうを軽くふり、オリーブオイルを加える。

5）皿にじゃがいも、ゆで卵を盛り、ドレッシングをかける。卵黄にだけ塩をひとふりし、全体に黒こしょうをふる。


※クラシルの公式YouTubeでは、料理名〈ジャガイモに捧げる感謝の一皿　名店フレンチシェフの新解釈ポテトサラダ〉で掲載！　動画も検索してチェック！

# 簡単レシピだからこそ基本を丁寧に

## じゃがいもは粗く潰す

ゆで上がったじゃがいもは、いろいろな食感が楽しめるよう、粗く潰します。

## 卵は塩の入った湯でゆでる

湯に塩を加えると、卵が少しひび割れていても殻が割れずにゆでられます。

## イタリアンパセリは茎ごと使う

イタリアンパセリは、葉よりも茎のほうが味も香りも濃いので、細かく刻んで加えます。

＼まだある！／

## おいしく作るためのシェフポイント

### ポテトサラダをフレンチ風のドレッシングでいただく

多くのポテトサラダは、マヨネーズの味が強いので、ほくほくにゆでたじゃがいもの素材そのものが味わえるポテトサラダにしました。

### じゃがいもの種類は好みで

今回はほくほくして甘味のあるキタアカリを使いましたが、もっと甘味と個性が強い味が好きな方はインカのめざめで作ってもおいしいですよ。

自家製フレンチドレッシングでさっぱりテイスト

# クリーミーポテトサラダ

帝国ホテル 東京
料理長
杉本 雄

## 材料（4人分）

- じゃがいも（男爵） 4個（500g）
- ゆで卵 2個
- 卵黄 1個分
- マスタード 6g
- オリーブオイル 40mℓ
- 揚げ油 適量
- 塩、粗挽き白こしょう 各適量

**フレンチドレッシング**（作りやすい分量）

- 玉ねぎのすりおろし 40g
- マスタード 10g
- 米酢 60mℓ
- サラダ油 180mℓ
- 塩 8g
- 白こしょう 1g

**トッピング**

- あさつき（みじん切り） 適量
- 粗挽き黒こしょう 適量

## 作り方

1）鍋にじゃがいもを入れ、浸るくらいの水を入れて中火で40分ほどゆでる。

2）フレンチドレッシングを作る。瓶にマスタード、塩と白こしょう、米酢を入れてよく振り、サラダ油と玉ねぎを混ぜて加え、さらに振って乳化させる。

3）粗熱が取れたじゃがいもは皮を厚めにむく。一口大に切ってボウルに入れる。

4）フライパンに1㎝深さの揚げ油を注ぎ、170〜180℃に熱して、じゃがいもの皮をカリカリになるまで揚げる。熱いうちに塩ふたつまみをふる。

5）**3**のじゃがいもを泡立て器で粗めに潰す。**2**のドレッシングを加える（いも500gに対して100gほど）。しっとりしたら端に寄せて、あいたスペースに卵黄とマスタードを加え、泡立て器でなじむまで混ぜる。

6）オリーブオイルを少しずつ加えて混ぜ、全体がなじんだらゴムベラで混ぜる。塩と白こしょうで味をととのえる。

7）ゆで卵は半分に切り、白身と黄身を分けてそれぞれざるで濾す。揚げたじゃがいもの皮を粗くみじん切りにする。

8）器にポテトサラダを盛り、**7**の白身と黄身をのせる。じゃがいもの皮、あさつきをのせ、黒こしょうをふる。



※クラシルの公式YouTubeでは、料理名〈帝国ホテル料理長直伝　スーパーの食材で作れる 伝統の"ふわふわ"ポテトサラダ〉で掲載！ 動画も検索してチェック！

# フレンチは**じゃがいも**が基本



## じゃがいもは皮つきでゆでる

じゃがいもは、皮つきのまま40分くらいゆでると、しっとりとやわらかくなります。

## 皮も捨てずにおいしく変化

果肉をつけて厚く切ったじゃがいもの皮は、フライに。粗くみじん切りにして最後にポテサラにのせます。

## じゃがいもが温かいうちに調味

じゃがいもが温かいうちにドレッシングを混ぜると、冷めていくときに味が入ります。

＼まだある！／

## おいしく作るためのシェフポイント

### ホテルの味に限りなく近いフレンチドレッシング

帝国ホテルのドレッシングは、まろやかで濃厚。瓶に入れて振ると、乳化させやすいので、泡立て器で混ぜるよりも瓶で作ってみましょう。

### ゆで卵で作るミモザがトッピングの要に

白身と黄身を分けて裏濾ししたものは、お花に似ていることからミモザと呼びます。彩りが美しくなり、ポテトサラダが華やかに仕上がります。

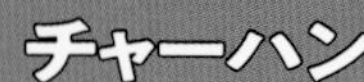

卵だけでこんなに本格的

# 黄金のチャーハン

Turandot 臥龍居
**脇屋 友詞**

## 材料（2人分）

ごはん ……………………… 300g
卵 ……………………………… 2個
長ねぎ（みじん切り） …………… 10㎝
サラダ油 ……………………… 適量
しょうゆ ……………… 小さじ1弱
塩、こしょう …………… 各適量

## 作り方

1）ごはんは皿に盛り、水分を飛ばしておく。ボウルに卵を割りほぐす。

2）フライパンを中火にかけ、サラダ油大さじ1を入れる。

3）しっかり温まったら卵を流し入れ、ひと混ぜしてからごはんを加える。

4）おたまでフライパンに押しつけるようにしながら炒める。

5）フライパンをときどき煽り、卵とごはんをなじませるように混ぜる。

6）塩、こしょうで味をととのえ、サラダ油小さじ1を加えて強火で炒めて長ねぎを加える。

7）ごはんの中央をあけ、しょうゆを加えてよく混ぜる。



※クラシルの公式YouTubeでは、料理名〈中華の鉄人　脇屋流 感動のパラパラ黄金チャーハンの作り方〉で掲載！ 動画も検索してチェック！

## パラッと仕上がるのは素材の水分の扱い方

### 水分が出ないようにねぎを切る

長ねぎは水分が出ないように、包丁を前に押し出しながら切りましょう。

### ごはんはあらかじめ水分を飛ばしておく

炊きたてのごはんは水分が多いので、ラップを敷いた皿に広げて水分を飛ばします。

### 卵でごはんの粒を包むように炒める

熱々のフライパンに卵を入れたら、すぐにごはんを加えて、かき混ぜます。

＼まだある！／

## おいしく作るためのシェフポイント

### おたまでごはんを潰すように炒めると火が入りやすい

ごはんはフライパンにできるだけ平たくならしながら炒めます。おたまの後ろを使い、ごはんを鍋肌に押しつけるようにして、火を入れていきましょう。

### 後入れの油と強火がお米をパラパラにする

仕上げにサラダ油を回しかけ、強火にして手早く炒めることで、パラパラに炒め上がります。

チャーハン

ごま油としょうゆで香ばしく

# ふわっとパラパラ キムチチャーハン

中国料理美虎(みゆ)
**五十嵐 美幸**

## 材料（2人分）

ごはん（温かいもの）……………250g
豚バラ肉（粗みじん切り）………… 80g
白菜キムチ（粗みじん切り）……… 80g
ニラ………………………………… 30g
卵 ………………………………… 1個
ごま油 …………………… 大さじ1
すりごま ………………… 大さじ1
しょうゆ ………………… 大さじ1

## 作り方

1）ニラは1cm幅に切る。卵はボウルに割り入れる。

2）フライパンにごま油を中火で熱し、豚肉を炒める。

3）香ばしさが出てくるまでカリカリに炒め、キムチを加える。キムチの水分を飛ばすように混ぜながら炒め、卵を加えて炒める。

4）卵に火が通ったらすりごまを入れ、よく混ぜ合わせてごはんを加える。

5）鍋を煽って空気を含ませながらよく炒め、ニラを加える。

6）鍋肌に沿ってしょうゆを回し入れて炒め合わせる。

 ※クラシルの公式YouTubeでは、料理名〈絶対にマネしたい!! 中華のプロが教える、お家で簡単パラパラキムチチャーハンの作り方〉で掲載！ 動画も検索してチェック！

# 火力が弱い 家庭のコンロでもおいしく作る

## 豚肉をしっかり炒める

ごま油で豚肉をしっかり炒めて、生ぐささを飛ばし、さらに香ばしさを出します。

## キムチは水分を飛ばすように炒める

キムチの水分を飛ばすように炒め、うま味を凝縮。次に卵、すりごまの順に加えて炒め、水分を吸わせます。

## フライパン全体を使って炒める

水分が飛びすぎるとかたくなるので、ごはんをフライパン全体に広げて空気を含ませ、しっとりパラパラに仕上げて。

＼まだある！／

## おいしく作るためのシェフポイント

### 脂身が多い豚バラ肉を使う

脂身が多い肉を使うとジューシーに仕上がります。肉は食感が残るように、ざくざくと粗みじん切りにしましょう。

### ニラは洗わず香りを残す

ニラは水に弱く、洗うと香りが半減してしまうので、洗わずに茎を濡れ布巾で拭くだけにしましょう。

白だしを入れるだけで上品な風味に

# ふわとろ和風オムレツ

日本橋ゆかり
野永 喜三夫

## 材料（1人分）

卵 …………………………… 2個
白だし ………………… 小さじ1
バター ………………… 大さじ1

※フライパンは18～20㎝がベストです。

## 作り方

1）ボウルに卵を割り入れ、白だしを入れて菜箸でよく溶きほぐす。

2）フライパンにバターを溶かし、1を入れ、ゴムベラでフチをはがすように混ぜながら焼く。

3）卵が半熟になったら、フライパンを持ち上げて少し火から離し、ひし形になるように折りたたんで上下を返す。

 ※クラシルの公式YouTubeでは、料理名〈難しい工程一切無し　和の匠が伝授する、簡単すぎるふわとろ和風オムレツの作り方〉で掲載！ 動画も検索してチェック！

## やわらかく仕上げるには卵の扱いが重要！

### 卵は箸で切るように混ぜる

箸を少し広げて、卵を切るようにして混ぜ、黄身と卵白を同化させせましょう。

### 卵液はゴムベラで混ぜる

フライパンに卵液を流し入れたら、ゴムベラでまわりをはがすように、たたくようにして混ぜます。

### 火から離して卵をたたむ

卵が半熟になったら、フライパンを火から離し、卵の四隅を折りたたみ、横長のひし形をイメージして形をととのえます。

＼まだある！／

## おいしく作るためのシェフポイント

### 卵に小さじ1杯の白だしを加える

塩も入れず、白だしだけで和風でプレーンなオムレツに仕上がります。

### 冷たいフライパンにバターを入れる

フライパンにバターを入れてから火をつけます。中火でゆっくりバターを溶かしましょう。

チーズがとろーり
即席すし飯が具の代わりに!

# 俺流和風オムレツ

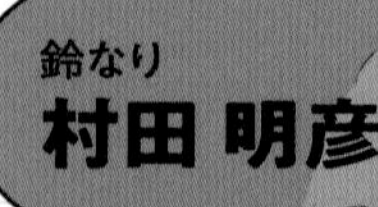

鈴なり
村田 明彦

## 材料（2人分）

**卵液**

- 卵 ……………………………3個
- 絹ごし豆腐 ………………150g
- 塩、黒こしょう … 各ひとつまみ

サラダ油 ………………… 大さじ1

**すし飯**

- ごはん（温かいもの）………100g
- 青じそドレッシング…· 小さじ2
- 鮭フレーク ……………… 10g

ピザ用チーズ ……………… 10g

**薄葛あん**

- トマト（1cmの角切り） ……… 80g
- A めんつゆ（4倍濃縮）……· 40mℓ
- 酢 …………………小さじ2
- 片栗粉………… 小さじ1½
- 水 ……………………150mℓ

**トッピング**

- 小ねぎ（小口切り） …………… 20g

## 作り方

1) すし飯を作る。ボウルにごはんを入れ、青じそドレッシングと鮭フレークを加えてよく混ぜる。

2) 薄葛あんを作る。フライパンにAを入れて混ぜ、中火にかける。よく混ぜながら煮立たせたら、トマトを加えて、少しだけ煮詰める。

3) オムレツを作る。ボウルに卵と豆腐を入れて、箸で豆腐を切りながら混ぜる。塩と黒こしょうをふって混ぜる。

4) フライパンに油をひき、中火でよく温めてから、卵液を流し入れる。

5) まわりが固まってきたら、すし飯を卵の半分にのせ、ピザ用チーズをかける。

6) 蓋をして弱火で1分ほど焼き、裏面が焼けたら折りたたむように上下を返し、卵でごはんを包む。

7) 器に盛り、あんをかけて小ねぎをちらす。

 ※クラシルの公式YouTubeでは、料理名〈あんかけと程よい酸味で旨さ1000倍 俺流さっぱり和風オムレツ〉で掲載！ 動画も検索してチェック！

## オムレツに合う**あん作り**

### 卵に豆腐を加えて混ぜる

卵に加える豆腐が、全体のやわらかさにつながります。豆腐が持つ水分で卵がふわふわに仕上がりますよ。

### あんは混ぜながら加熱する

あんは、片栗粉が沈澱しないように、よく混ぜながら加熱していきましょう。

### あんはとろみの調整が大切

かためのあんは卵となじまないので、「薄葛あん」というさらっとしたあんに仕上げます。トマトを加えると、ほどよいかたさに。

＼まだある！／

## おいしく作るためのシェフポイント

### 卵にすし飯とチーズをのせたら蒸し焼きに

すし飯は卵の手前半分に置き、1分ほど蒸し焼きにして卵に火を通すと、表面は半熟のままチーズがとろけます。

### 卵は二つに折りたたむ

卵を折りたたみ、卵が開かないようにフライパンの側面にヘラで押しつけて、焼きつけましょう。

素材同士がうま味を共有！

# シーフードカレー

LA BONNE TABLE
中村 和成

## 材料（1人分）

赤エビ（有頭）……………………2尾
アサリ（砂抜きしたもの）…………8個
しめじ …………………………50g
えのき …………………………30g
エリンギ ………………………30g
ミニトマト………………………4個
にんにく（みじん切り）…………½片
赤唐辛子 ………………………1本
バター（無塩）…………………20g
白ワイン ………………………50mℓ
カレー粉 …………………………5g
オリーブオイル ………… 大さじ2
塩 ………………………………適量
ごはん ………………………180g
**トッピング**
イタリアンパセリ（みじん切り）
………………………適量

## 作り方

1）赤エビは頭と背ワタを取る。頭は殻を取り除き、身の部分は殻と尾を取り除く。きのこ類は手でほぐし、食べやすい大きさにする。ミニトマトは縦4等分に切る。

2）フライパンにオリーブオイルとにんにく、赤唐辛子を半分に割って入れ、中火で炒める。

3）香りが立ってきたらエビの頭を加え、オイルに浸るようにフライパンを傾けながら揚げ焼きにする。

4）香ばしい香りがしてきたらアサリを加え、ミニトマトを入れて強火にし、なじませる。きのこ類を加えて塩をふり、全体を混ぜる。

5）白ワインを加え、沸騰したら蓋をして中火に落とし、1分煮る。

6）アサリの殻が開いたら蓋を取り、赤エビの頭を除いて身を加える。

7）カレー粉を加えて混ぜ、バターを加えて火を止める。バターが溶けてとろみがつくまで、余熱で火を入れる。

8）器にごはんとカレーを盛り、イタリアンパセリをふる。


※クラシルの公式YouTubeでは、料理名〈一流シェフは短時間でこう作る　出汁という出汁を出しまくった魚介の旨味たっぷりのシーフードカレーの作り方〉で掲載！ 動画も検索してチェック！

# シーフードのだしをきかせるポイント

## エリンギにうま味を吸わせる

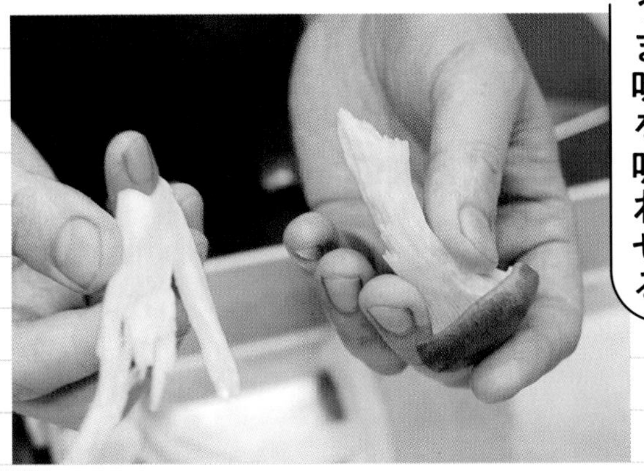

エリンギは手でちぎって繊維をむき出しにすると独特の食感に。シーフードのだしもしみ込みやすくなります。

## エビの味噌はおいしいソースになる

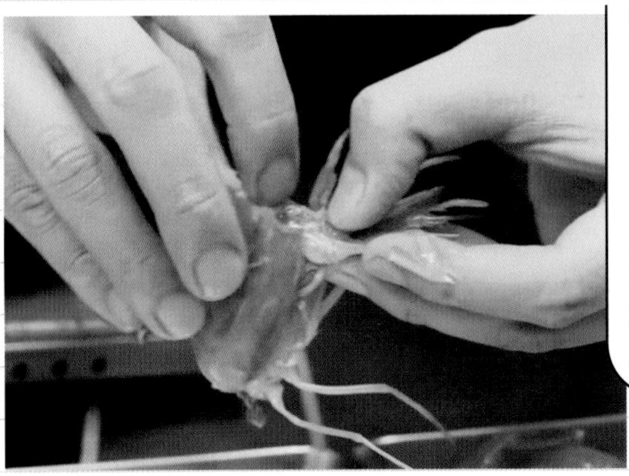

エビの頭は、ヘルメットのように被っている殻を取ると、うま味たっぷりの味噌が出てきます。

## エビの風味をオイルに移す

オリーブオイルにエビの頭と味噌を入れて加熱し、オイルにエビの香ばしさを移しましょう。

＼まだある！／

## おいしく作るためのシェフポイント

### 野菜は必要最小限でOK

野菜から水分が出てくると、シーフードの味が薄くなってしまうので、野菜の量は最小限に。トマトは、水分が少なくて味が濃縮されたミニトマトがおすすめ。

### 蒸し焼きにして食材のうま味を引き出す

食材を入れたら蓋をして、沸いたら中火にし、1分ほど蒸し焼きにします。うま味をすべて出しましょう。

コンビニ食材で包丁も使わないのにプロの味！

# 深みある味わい コクうまカレー

日本橋ゆかり
野永 喜三夫

## 材料（4人分）

コンビーフ缶 …………… 3缶（240g）
ツナ缶（オイル煮）………… 4缶（280g）
納豆 ……………………… 2パック
カレールウ ………… 2種類、各30g
マヨネーズ …………………… 50g
水 ………………………… 400mℓ
めんつゆ（2倍濃縮）………… 80mℓ
ごはん ……………………… 800g

**トッピング**

温泉卵 ……………………… 4個
小ねぎ（小口切り）…………… 適量

## 作り方

1）フライパンに水を中火で熱し、めんつゆ、ツナ、コンビーフ、カレールウを加えて軽く混ぜる。マヨネーズを加えて、全体がなじむまで煮る。

2）コンビーフが崩れたら、納豆を加えて混ぜながら中火で5分ほど煮込む。

3）器にごはんとカレーを盛り、温泉卵、小ねぎをのせる。

納豆とツナ缶の
相性がとてもいい！
味に深みが出ます

 ※クラシルの公式YouTubeでは、料理名〈包丁いらず　まるで何日も煮込んだような美味しさ 極旨カレーライスの作り方〉で掲載！ 動画も検索してチェック！

2～3日
# 煮込んだおいしさになる材料

## ツナ缶のオイル煮はコクのかたまり

ツナが浸かっていた油が、うま味とコクのある味にしてくれるので、水煮ではなくオイル煮を選びましょう。

## マヨネーズが隠し味に

マヨネーズはうま味の宝庫。加えると、こってりとまろやかな味わいになります。

## 味の深みは納豆が担当

納豆を加えると、発酵食品独特の深みと香りが、何日も煮込んだような味を表現してくれます。

＼まだある！／
## おいしく作るためのシェフポイント

### カレールウは2種類チョイス！

スパイシーなルウ、甘みのあるルウなど、好みのバランスで、2種類のカレールウを組み合わせましょう。

### コンビーフは無理やりほぐさない

火が入るにつれて、コンビーフは自然とほぐれていくので、おたまなどで大きくカットするくらいでOK。

# 軽やかでクリーミーな鶏もも肉のクリームシチュー

ブラッスリー ポール・ボキューズ 銀座
星野 晃彦

## 材料（2人分）

鶏もも肉……250g
玉ねぎ……½個（70g）
じゃがいも……½個（70g）
にんじん……¼本（50g）
セロリ……¼本（50g）
レモン……⅙個
タイム……1本
バター（無塩）……40g
生クリーム……100mℓ
薄力粉……適量
白ワイン……50mℓ
チキンコンソメ（顆粒）……1g
塩、粗挽き黒こしょう……各適量
水……350mℓ

**バターライス**

玉ねぎ（粗みじん切り）……50g
バター（無塩）……30g
米……200g
塩……適量
水……200mℓ

**ルウ**

バター（無塩）……50g
薄力粉……50g

**トッピング**

イタリアンパセリ（みじん切り）……適量

## 作り方

1）玉ねぎは1.5cmのくし形切りにする。にんじんとじゃがいもはくし形切りに、セロリは一口大に切る。米は研ぐ。オーブンは200℃に予熱する。

2）鶏肉は両面に塩2.5gと黒こしょうをふり、薄力粉をまぶす。

3）鍋にバター20gを中火で熱し、溶けたら皮を下にして鶏肉を入れ、途中で上下を返しながら焼く。カリッとして焼き色がついたらバットに取り出し、余分な油を捨てる。鶏肉は食べやすい大きさに切る。

4）同じ鍋にバター20gを入れて中火で熱し、玉ねぎ、にんじん、セロリと塩を入れて中弱火で炒める。鍋底にこびりついたうま味をこそげながら少々の水（分量外）を入れ、炒める。

5）鍋に鶏肉とじゃがいもを加え、白ワインを入れて一度沸かす。

6）水、チキンコンソメ、タイムを加える。アクを取って中弱火で10分ほど煮込む。

7）ルウを作る。別の鍋にバター50gを入れて、泡立て器で混ぜながら中火で溶かす。ふつふつとしたら薄力粉を加え、混ぜながら中弱火で炒める。薄力粉に火が通り、さらさらになったら火から下ろす。

8）6のじゃがいもに火が通ったら、生クリームを加え、ルウ15〜20gを取り分け、3回に分けて加える。耐熱用のヘラでかき混ぜながら、とろみをつける。

9）タイムを除き、塩と黒こしょうで味をととのえる。レモンを搾って混ぜ合わせる。

10）バターライスを作る。オーブン対応可の別の鍋にバターを中火で熱し、玉ねぎを入れて塩をふり、炒める。玉ねぎがしんなりしたら、米を加える。

11）米が透き通ってきたら水を加えて混ぜ、中火で加熱する。沸騰したらアルミホイルで蓋をして、200℃に予熱したオーブンで12分加熱する。

12）バターライスとシチューを盛り、イタリアンパセリをふる。

 ※クラシルの公式YouTubeでは、料理名〈一度は試して欲しい　名店シェフが教える、本当に美味しいクリームシチューの作り方〉で掲載！ 動画も検索してチェック！

いつものシチューとは違う！
# うま味を出す素材

## パンチのある黒こしょうを使う

クリームシチューには白こしょうが一般的ですが、黒こしょうを使って、味と香りにパンチを出します。

## 鶏肉は切らずに焼いてから切る

鶏肉は切らずに焼くほうが皮がパリッとします。バターが半分ぐらい溶けたら皮を下にして焼きはじめましょう。

## 肉を焼いて鍋に残ったバターは捨てる

肉を焼き終わったあとのバターは酸化しているので、一度拭き取り、新しいバターで野菜を炒めましょう。

まだある！
## おいしく作るためのシェフポイント

### クリームで煮込まずサラッとしたテイストに

クリームで煮込むと、煮詰まってしつこく重い味になってしまうので、チキンコンソメや白ワイン、水などで煮込み、味をととのえてからクリームを加えます。

### レモンとタイムを使うとフランス風に

タイムの上品な香りと、最後に加えるレモンの酸味が、シチューを高級感ある味に仕上げてくれるポイント。普段のシチューではない、レストランの味になる決め手です。

ステーキ肉をさっと焼いて作る

# 味わい深いビーフシチュー

AMOUR
後藤 祐輔

## 材料（2人分）

牛サーロイン肉（ステーキ用・3㎝厚さ）……300g
玉ねぎ……½個（80g）
ブラウンマッシュルーム…4個（40g）
ミニトマト……6個（60g）
塩……適量
A 八丁味噌……15g
　トマトペースト……10g
　ウスターソース……10g
　赤ワインビネガー……10g
バター（無塩）……20g
野菜ジュース（無塩）……80㎖
薄力粉……8g
オリーブオイル……大さじ1
赤ワイン……80㎖
フォンドボー（液体）……80㎖
粗挽き黒こしょう……適量

**付け合わせ**

ブロッコリー……60g
生クリーム……適量

## 作り方

1）牛肉は1.5㎝幅に切り、塩3g（肉の1％）を両面にふって10分ほどおく。玉ねぎは5㎜幅に切り、ブラウンマッシュルームは半分に切る。ブロッコリーは熱湯で1分ゆでて湯をきる。

2）牛肉の表面に出てきた水分を、キッチンペーパーで拭き取る。

3）鍋にオリーブオイルを中火で熱し、肉を焼き色がつくまで両面焼いて取り出す。

4）鍋の余分な油をキッチンペーパーで拭いて、あらためてオリーブオイル大さじ1を中火で熱し、玉ねぎとマッシュルームを炒め、塩ひとつまみをふる。

5）さらに炒めてしっかりと焼き色がついたら**A**を加えて中火で炒め、なじんだら弱火にして、薄力粉を加えてよく混ぜる。

6）粉気がなくなったら赤ワインを入れて炒め、弱火にして牛肉を戻し入れ、フォンドボーと野菜ジュースを加える。

7）沸騰したらミニトマトを加えて弱火で3分ほど煮る。

8）トマトに火が通ったら火を止め、バターを加えて黒こしょうをふる。

9）器に盛り、ブロッコリーを添えて、生クリームをかける。



※クラシルの公式YouTubeでは、料理名〈たった10分で10時間煮込んだかのような深い味わいの“ビーフシチュー”の作り方〉で掲載！ 動画も検索してチェック！

# ステーキ肉だから
## 煮込みが時短になる



### 火が通りやすい野菜を選ぶ

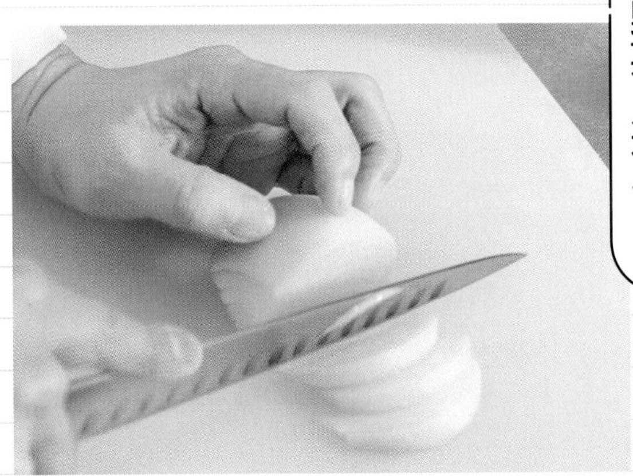

玉ねぎ、マッシュルーム、ミニトマトなど火が通りやすい食材を使います。玉ねぎは5㎜幅のくし形切りに。

### 肉はさっと焼いて焼き色をつける

時短で作るので、肉はステーキ用のやわらかいものをチョイス。厚めにカットして表面に焼き色をつけます。

### コクと香りがある八丁味噌を入れる

八丁味噌、トマトペースト、ウスターソース、赤ワインビネガーを加えて、長時間煮込んだような深みを出します。

まだある！

## おいしく作るためのシェフポイント

### 香ばしさは野菜が担当

肉をしっかり焼くとかたくなるので、肉はさっと焼きます。その代わり、野菜はしっかり焼いて香ばしさを出しましょう。

### 火を止めてからバターを加える

火を止めてからバターを加えると、まろやかな味わいになります。バターは熱に弱く焦げやすいので、肉を焼くときには使いません。

# フランス伝統料理 グラタン ドフィノワ

ブラッスリー ポール・ボキューズ 銀座
**星野 晃彦**

## 材料（2人分）

じゃがいも（メークイン）……1個（200g）
にんにく……½片
牛乳……200㎖
生クリーム……200㎖
塩、粗挽き黒こしょう……各少々
チキンコンソメ（顆粒）……小さじ½
グリュイエールチーズ……80g
**ルウ**
バター（無塩）……100g
薄力粉……100g

※ソースは1日冷ましても味は変わらないので作りおきOK。

## 作り方

1）オーブンは200℃に予熱しておく。じゃがいもは1㎝の輪切りにする。

2）ルウを作る。鍋にバターを中火で溶かし、ふつふつと小さな泡が出るまで加熱する。バターの水分が飛んだら薄力粉を加え、ダマがなくなり粉に火が通るまで、泡立て器で混ぜながら加熱する。とろみがついてきたら火から下ろす。

3）別の鍋にじゃがいもを入れ、じゃがいもがしっかりかぶるくらい牛乳と生クリームを同量ずつ入れる。皮をむいて潰したにんにく、塩と黒こしょう、チキンコンソメを加えて10〜15分煮る。じゃがいもは竹串がスッと入るようになったら、ざるに上げる。

4）3のソースを同じ鍋に戻し、残りの牛乳と生クリームを加えて中火にかける。ルウ20gほどを少しずつ入れて混ぜながら熱し、とろみがついたら塩と黒こしょうで味をととのえる。

5）耐熱皿にじゃがいもを並べ、上からソース（※）とグリュイエールチーズをかける。

6）200℃のオーブンで5分（ソースが冷めていたら15分）ほど焼く。


※クラシルの公式YouTubeでは、料理名〈じゃがいもが溶ける　フワトロすぎて溶けて消えるんじゃないかと疑うほどのグラタンの作り方 "グラタンドフィノワ"〉で掲載！ 動画も検索してチェック！

## じゃがいもとバターの扱いで
# ワンランクアップ

### じゃがいもはメークインが料理に合う

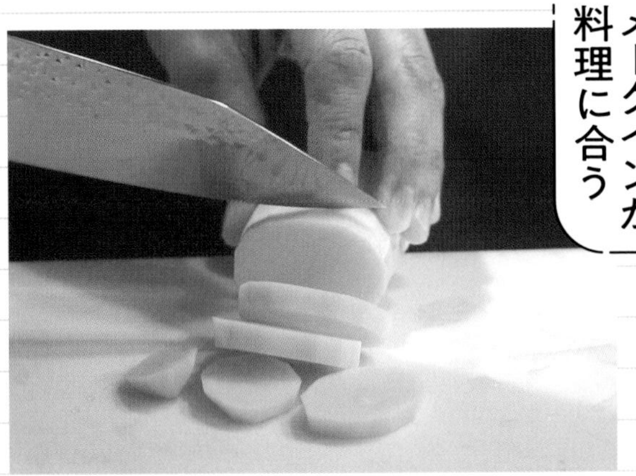

メークインの特徴は、さっぱりとした口当たりのよさ。濃厚なホワイトソースにぴったりです。

### ルウに使うバターはじっくり溶かして

バターを鍋に入れてゆっくり溶かしていくと、水分が飛んでバターのうま味とコクだけが凝縮されていきます。

### じゃがいもは煮てから焼くと甘くなる

じゃがいもは甘みを引き出すためやわらかくなるまでよく煮てからオーブンに入れましょう。

＼まだある！／

## おいしく作るためのシェフポイント

### 生クリームと牛乳の分量は季節によって調整する

暑い時期などさらっとした味で食べたいときには牛乳多め、コクがほしいときには生クリーム多めにしてみましょう。

### 自家製ルウは作りおきして冷蔵室へ

バターと薄力粉を練ったルウは、冷えると固まるので、そのまま冷蔵室で保存できます。使うときは切って使いましょう。

仕上がりまで10分！
オーブンなしで
カリカリチーズ

# フライパンで作る マカロニグラタン

SALONE
弓削啓太

## 材料（2人分）

マカロニ……100g
鶏むね肉……½枚（150g）
しめじ……50g
にんにく……1片
粉チーズ……30g
牛乳……200㎖
強力粉……15g
オリーブオイル……30㎖
塩……2g

**トッピング**

パルメザンチーズ（ブロック）……20g
粗挽き黒こしょう……適量

## 作り方

1）鍋に湯1ℓを沸かし、塩小さじ2（分量外）を入れて、マカロニを袋の表示通りにゆでる。ゆで汁を取り分け、湯きりする。

2）しめじは石づきを除き、1㎝幅に切る。にんにくは包丁の腹で潰す。鶏肉は1㎝大に切り、塩をふってもみ込む。

3）フライパンにオリーブオイル15㎖を中火で熱し、マカロニの半量を入れて焼き色がつくまで焼く。粉チーズ10gを加えて炒め、チーズがからんだら取り出す。

4）続けてフライパンにオリーブオイル15㎖とにんにくを中火で熱し、香りが立ったら鶏肉に強力粉をまぶし、残りの強力粉もすべて入れて炒める。肉の色が変わったらにんにくを取り出し、しめじを加えて炒める。

5）牛乳を加えて沸騰させ、ゆでただけの残りのマカロニを加えたら弱火にし、**3**の焼いたマカロニと粉チーズ20gを加えて混ぜる。ゆで汁を加えて濃度を調整し、火から下ろす。

6）器に盛ってパルメザンチーズを削り、黒こしょうをかける。

 ※クラシルの公式YouTubeでは、料理名〈グラタンなのにオーブン要らず!? パスタ世界一が作るカリカリチーズ風味のマカロニグラタン〉で掲載！ 動画も検索してチェック！

## フライパンで
# 香ばしさを出す工夫



### マカロニは油で炒めてカリッとさせる

マカロニの半量をオリーブオイルで炒めてカリッとさせ、オーブンで20分焼いたときと同じような食感にします。

### チーズは加熱して香りを引き出す

炒めたマカロニにチーズを加えて炒め、オーブンなしで焦げたチーズの香りを引き出します。

### 仕上げにもチーズを加える

最後に残りのチーズを加えて、ゆで汁で濃度を調整し、濃厚なベシャメルソースに仕上げます。

＼まだある！／
## おいしく作るためのシェフポイント

### 牛乳で即席ベシャメルソースに

牛乳を沸騰させれば、ダマもなく自分好みの塩加減のベシャメルソースが簡単に作れます。

### ゆで汁でソースの濃度を調整する

マカロニにしっかりとソースがからみつくぐらいの濃度に仕上げましょう。

Column3 一流シェフの朝ごはん

# フレンチシェフのクロックマダム

LA BONNE TABLE
中村 和成

ポイントは手軽に作れるベシャメルソースです。ほかのレシピにあるように小麦粉はふるわなくていいですし、牛乳も温めなくてOK。失敗することなく誰にでも上手に作れるレシピにしました。
バターを溶かすときに焦がさないよう、気をつけましょう。
オーブンにパンを入れたら、ソースに焦げ目がつくくらいまで焼くと、香ばしく仕上がります。

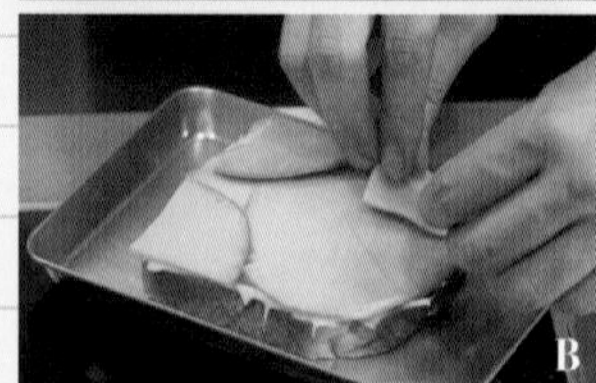

**A**バターを溶かして小麦粉を中弱火で炒めます。焼きたてのクッキーのような香りがしてきたらOK。 **B**ハムは2枚を切らずにそのまま置き、残りの2枚は切って角を埋めると、どこから食べてもハムが食べられます。置き方ひとつで、食べたときの幸福度アップ。

## 材料（1人前）

食パン（8枚切り）……………………2枚
ロースハム……………………………4枚
スライスチーズ（とろけるタイプ）……1枚
卵………………………………………1個
サラダ油 ……………………小さじ2
塩 ……………………………ひとつまみ

**ベシャメルソース**

牛乳 ………………………200mℓ
バター（無塩）………………20g
薄力粉 ………………………20g
塩……………………………ふたつまみ

## 作り方

1) オーブンを220℃に予熱する。ロースハムは2枚を4等分に切る。

2) ベシャメルソースを作る。鍋にバターを入れて弱火で焦げないようにゆっくりと溶かす。薄力粉を加えて、ゴムベラでかき混ぜながら中弱火で熱し、薄力粉に火が入って少しゆるくなるまで炒める。弱火にして牛乳を少し加え、よくかき混ぜる。牛乳を50mℓほど残して5回に分けて加え、その都度混ぜる。

3) 火を止め、ツヤが出るまで素早く練るように混ぜる。残りの牛乳を2〜3回に分けて入れ、その都度混ぜて濃度を調整し、塩をふる。

4) 食パン1枚にソースの$\frac{1}{3}$量をぬる。ハム2枚をのせたら、切ったハムを角に合わせて2枚ずつ重ね、食パンが見えなくなるように置く。スライスチーズをのせてソースの$\frac{1}{3}$量を塗る。もう1枚の食パンを重ね、残りのソースをぬる。

5) アルミホイルを敷いた天板にのせ、予熱したオーブンで焼き色がつくまで5分焼く。

6) フライパンにサラダ油を中火で熱し、卵を割り入れる。蓋をして、黄身が半熟になるまで弱火で1分30秒ほど焼く。

7) 皿にパンを盛って目玉焼きをのせ、塩をふる。

※クラシルの公式YouTubeでは、料理名〈フレンチシェフが教える とろっとクリーミーなクロックマダム〉で掲載！ 動画も検索してチェック！

# 4章 シェフワザ光る！家族大絶賛おかず

和食・洋食・中華の3ジャンルに分けて、
それぞれの人気レシピの
作り方をご紹介します。
卵焼きやシュウマイなど、
普段のおかずに活躍するレシピから、
ホテルやレストラン伝統の味まで！

# だしがきいた絶品お手軽おでん

日本橋ゆかり
**野永 喜三夫**

## 材料（2人分）

大根……150g
焼きちくわ……2本
ウインナーソーセージ……8本
さつま揚げ……4枚
はんぺん……1枚
こんにゃく（アク抜き済み）…2枚（240g）
ゆで卵……4個
A めんつゆ（3倍濃縮）……30㎖
白だし……30㎖
水……700㎖

## 作り方

1）大根は皮つきのまま1㎜幅の輪切りに、ちくわは食べやすい大きさに切る。ソーセージとさつま揚げは両面に5㎜幅で斜めに切り込みを入れる。はんぺんは6等分に切る。こんにゃくは表面をたたいてから食べやすい大きさに切り、両面に5㎜幅で斜めに切り込みを入れる。

2）土鍋に材料をすべて入れ、蓋をして中火で15分ほど煮る。

 ※クラシルの公式YouTubeでは、料理名〈和の匠が教える だしが効いた絶品お手軽おでんの作り方〉で掲載！ 動画も検索してチェック！

# 下ごしらえを丁寧にすれば あっという間にしみしみに

## 薄切りにした大根だから短時間で味がしみる

大根は、1㎜ほどの薄切りにすることで、味のしみたあのおでん大根の味に。皮つきのままでOK。

## さつま揚げとソーセージには包丁で切り込みを入れる

さつま揚げとソーセージから、おいしいだしが出てくるので、切り込みを入れてうま味を引き出します。

## こんにゃくはたたいてプリプリに

こんにゃくは、かたくても全体を軽くたたくとコシが抜けてプリッとした食感になります。

＼まだある！／

## おいしく作るためのシェフポイント

### 土鍋を使うと時短に

熱伝導率がよい土鍋を使うと、フライパンや鍋で作るよりも短時間で煮上がります。持っている方は土鍋で作ってみましょう。

### 水、めんつゆ、白だしの黄金比率でうまいだしに

700㎖の水に対して、3倍濃縮のめんつゆと白だしを各30㎖加えます。この黄金比率なら、短時間で味しみしみのおでんになります。

和食

効率よくさっと煮る

# 和食の匠の サバの味噌煮

日本橋ゆかり
野永 喜三夫

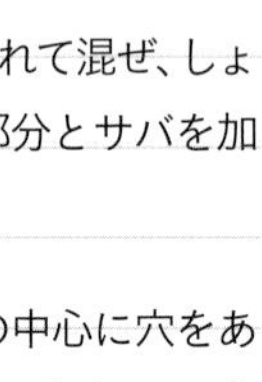

## 材料（4人分）

サバ（切り身）…………………… 4切れ
長ねぎ …………………………… 1本
しょうが（皮つき・薄切り）………… 20g
A 日本酒…………………… 200mℓ
　みりん……………………… 60mℓ
　味噌 ………………………… 60g
　水 ………………………… 200mℓ

## 作り方

1) 鍋に湯を沸かし、沸騰したらサバを3秒くぐらせて、冷水にとる。サバをなでて、血合いや鱗などを取り除く。濡らしてかたく絞ったタオルで水気を拭き取る。

2) 長ねぎの白い部分は1㎝幅の斜め切りにし、青い部分は7㎜幅の斜め切りにする。

3) フライパンにAを入れて混ぜ、しょうがとねぎの白い部分とサバを加える。

4) キッチンペーパーの中心に穴をあけて落とし蓋にし、中火で15分ほど煮る。

5) 煮汁が半分ほどになったら落とし蓋をはずし、サバに煮汁をかけながら煮詰める。

6) ねぎの青い部分を加え、照りととろみが出てきたら火を止める。

### おいしく作るための シェフポイント

**霜降りすると くさみが取れる**

熱湯にくぐらせると、魚の臭みが抜ける。

 ※クラシルの公式YouTubeでは、料理名〈和の匠が教える サバの味噌煮の作り方〉で掲載！ 動画も検索してチェック！

箸でスッと切れる

# ほっくりとろけるかぼちゃの煮物

日本橋ゆかり
野永 喜三夫

## 材料（2人分）

かぼちゃ ………………… ¼個（400g）

**合わせ調味料**

- 和風だし（顆粒）……………… 2g
- 砂糖 ………………… 大さじ2
- しょうゆ …………… 小さじ2
- 水 ……………………… 400mℓ

## 作り方

1）かぼちゃは種を除いて皮をところどころむき、一口大に切る。

2）フライパンに合わせ調味料を入れて混ぜ、かぼちゃを重ならないように入れる。

3）キッチンペーパーの中心に穴をあけて落とし蓋にし、ごく弱火で30分ほど煮る。

4）かぼちゃに火が通ったら、そのまま常温になるまで冷ます。

5）キッチンペーパーを絞って取り除き、スプーンで煮汁を回しかけながら中火で煮詰める。

### おいしく作るためのシェフポイント

**60～70℃で30分煮る**

いもやかぼちゃはじっくり弱火で煮ることで糖化して甘くなり、煮崩れしません。

※クラシルの公式YouTubeでは、料理名〈和の匠が教える、とろける“かぼちゃの煮物”の作り方〉で掲載！ 動画も検索してチェック！

# 2種のだし巻き卵

青華こばやし
小林 雄二

## 材料（4人分）

**家庭用のだし巻き卵**

卵……………………5個
大根おろし………100g
A かつおだし…90mℓ
　砂糖…………10g
　うすくちしょうゆ…………少々
　塩……………1g
白ごま油…………適量

**お弁当用のだし巻き卵**

卵……………………5個
大根おろし………100g
B かつおだし…50mℓ
　砂糖…………60g
　しょうゆ……20mℓ
　塩……………1g
白ごま油…………適量

## 作り方

**だし多めで甘さ控えめ 家庭用のだし巻き卵**

1）ボウルにAを入れて混ぜ、砂糖を溶かす。

2）別のボウルに卵を割り、箸で切るように混ぜる。1を加えて混ぜる。

3）卵焼き器を強火で熱し、白ごま油をキッチンペーパーに含ませて全体に広げたら、中火に落とす。おたま1杯分の卵液を流し入れ、全体に広げて焼く。フチが固まってきたら奥から手前に巻く。

4）巻けたら空いた部分に白ごま油をぬり、卵焼きを奥にずらして再び空いた部分に白ごま油をぬる。さらにおたま1杯分の卵液を流し、手前に巻く。卵液がなくなるまで同じようにくり返す。

5）焼けたら取り出し、巻きすでさっと形を整える。好みのサイズに切り、大根おろしと一緒に器に盛る。

**甘み引き立つ お弁当用のだし巻き卵**

1）ボウルにBを入れて混ぜ、砂糖を溶かす。

2）別のボウルに卵を割り、箸で切るように混ぜる。1を加えて混ぜる。

3）卵焼き器を強火で熱し、白ごま油をキッチンペーパーに含ませて全体に広げたら、中火に落とす。卵焼き器の半面に薄く広がるくらいの卵液を入れ、縦半分に広げて焼く。しっかりと焼き色がついたら、奥から手前に巻く。

4）巻けたら空いた部分に白ごま油をぬり、卵焼きを奥にずらして再び空いた部分に白ごま油をぬる。さらに同量くらいの卵液を流し、焼き色がついたら手前に巻く。卵液がなくなるまで同じようにくり返す。

5）焼けたら取り出し、巻きすでさっと形を整える。好みのサイズに切り、大根おろしと一緒に器に盛る。


※クラシルの公式YouTubeでは、料理名〈基本のだし巻き卵からお店の作り方まで、12年連続ミシュラン獲得 和食のプロに教えていただきました〉で掲載！ 動画も検索してチェック！

# 卵の扱い方でグッとおいしくなる

## だしに砂糖をしっかり溶かしておく

砂糖が溶け残らないよう、卵と合わせる前に調味料をよく混ぜておきましょう。

## 卵は泡立てず切るように混ぜる

箸を縦に動かして切るように混ぜると、卵白と卵黄が分離せずにしっかり混ざります。

## しっかり油をなじませる

卵焼き器にはあらかじめしっかり油をなじませておき、卵液を流す前に必ずキッチンペーパーでぬり直します。

＼まだある！／

## おいしく作るためのシェフポイント

### 巻いた卵の下にも卵液をくぐらせる

1回目は芯になるので丁寧に小さく巻き、次に卵液を流し入れるときは、巻いた卵を上げ、下に卵液を流し込んで焼きましょう。

### お弁当用はしっかり焼き色をつけて巻く

砂糖がたっぷり入った甘い卵焼きは、香ばしさが重要。焼き色がついてから巻き、切ったときに焼き色の渦が見えるように焼きます。砂糖が入ると焦げやすいので注意。

梅干しを使ったよだれ鶏風とゆで汁で作ったスープ

# うま味梅鶏とスープ

日本橋ゆかり
野永 喜三夫

## 材料（4人分）

鶏もも肉 ………………… 2枚（500g）
ニラ …………………… 1束（100g）
ごま油 …………………… 大さじ1
水 ……………………… 550mℓ
A｜梅干し ……………… 2個（35g）
｜白だし ……………………30mℓ

## 作り方

1）鶏肉は両面にフォークで穴を数ヶ所あける。ニラは軸を3㎝幅に切り、葉の部分を1㎝幅に切る。

2）フライパンにAと水300mℓを入れ、梅干しをほぐす。皮を上にして鶏肉を加え、中弱火にかける。沸騰したら10分煮込む。

3）鶏肉の上下を返し、さらに10分煮込む。肉に火が通ったら火を止め、常温になるまで冷ます。

4）鶏肉を取り出して、一口大に切り、器に盛る。ニラの葉をのせてごま油を回しかける。

5）スープを作る。4のフライパンに水250mℓを入れて中火で熱し、梅干しの種を除いて煮る。

6）ニラの軸をひとつかみ入れ、ニラに火が通るまで中火でさっと煮る。

 ※クラシルの公式YouTubeでは、料理名〈鶏もも肉で絶品“和風よだれ鶏”の作り方〉で掲載！ 動画も検索してチェック！

じゅわっと
# やわらかい鶏肉に



## うま味が出るように下処理する

鶏肉はフォークで両面を刺すと、うま味が出やすく、味もしみ込みやすくなり、縮み防止にもなります。

## ゆっくり時間をかけて煮る

急いで煮ると、たんぱく質が固まってかたくなってしまいますが、弱火でゆっくり煮るとやわらかく仕上がります。

## 常温まで冷ます

皮まで箸がスッと通るようになったら、常温まで冷ますと、ぷりぷりでジューシーな鶏肉になります。

まだある！

## おいしく作るためのシェフポイント

### 梅干しはなるべく塩分濃度が高いものを選ぶ

昔ながらのすっぱい梅干しのほうが、梅の塩気と香りのある味になるので、塩分の高いものを選んでみてください。

### スープも作れば二度おいしい

鶏肉を煮たスープには、肉のうま味がたっぷり溶け込んでいます。ニラを加えて、ニラがきれいに発色したら完成です。

炒めて冷ますから味がしみ込む

# ふっくら鶏そぼろ丼

## 材料（2人分）

**鶏そぼろ**

A
- 鶏ももひき肉……………200g
- めんつゆ（3倍濃縮）……大さじ3
- 水…………………100mℓ

**卵そぼろ**

B
- 卵…………………3個
- 砂糖………………大さじ1
- 白だし……………大さじ1

三つ葉…………………適量

ごはん…………………400g

## 作り方

1）三つ葉は1cm幅に切る。

2）フライパンにAを入れて、木ベラで混ぜる。全体が混ざったら中火にかけ、混ぜながら水分量が半分になるまで煮詰めて火を止める。常温になるまで30分ほどおく。

3）別のフライパンにBを入れて耐熱性のヘラで混ぜ、中火にかける。卵に火が入り、そぼろ状になるまで炒めて火を止める。常温になるまで30分ほどおく。

4）器にごはんを盛り、2と3をのせて三つ葉を飾る。

日本橋ゆかり
**野永 喜三夫**

**おいしく作るためのシェフポイント**

### だし汁にひき肉を混ぜてから着火

火をつける前に、だし汁にひき肉を混ぜるとダマになりにくくなります。中火でゆっくり火を入れるとしっとり仕上がります。


※クラシルの公式YouTubeでは、料理名〈和の匠が鶏そぼろを作るとこうなる〉で掲載！ 動画も検索してチェック！

## 材料（2人分）

米なす ……………………… 1個
長ねぎ（白い部分）………………½本
小ねぎ ……………………… 適量
サラダ油 ……………………… 200mℓ

**A**
- 和風だし（顆粒）………… 大さじ1
- 赤唐辛子 ……………………… 1本
- うすくちしょうゆ ………… 30mℓ
- みりん ……………………… 50mℓ
- 料理酒 ……………………… 50mℓ
- 水 ……………………… 900mℓ

**トッピング**
- とろろ昆布 ……………………… 3g
- 削り節 ……………………… 5g
- 赤唐辛子 ……………………… 適量

## 作り方

1）なすはヘタを除いて皮をむき、3等分に輪切りにする。箸で穴をあけ、3分ほど水にさらす。長ねぎは白い部分を千切りにして白髪ねぎにし、水にさらす。小ねぎは斜めに長く切り、水にさらす。

2）フライパンにサラダ油を熱し、**1**のなすを入れて170℃で揚げ焼きする。

3）断面に少し焦げ目がつき、中心までやわらかくなったら、なすを沸騰した熱湯に5分ほど浸す。

4）なすをキッチンペーパーにとり、箸でなすを押して水分を抜く。

5）鍋に**A**を入れてなすを加え、ぶくぶく踊らないほどの火加減で15分ほど煮る。出てきた油はおたまでこまめに取り、煮崩れしないように煮る。

6）器に盛り、とろろ昆布、ねぎ2種、削り節、千切りにした赤唐辛子をのせる。

**おいしく作るための シェフポイント**

### 米なすは味がしみ込むように準備

米なすは火が通りにくく味がしみ込みにくいので、味が含みやすくなるように穴を開けましょう。

ホテル椿山荘 東京
料亭「錦水」
**枇杷阪 仁**

※クラシルの公式YouTubeでは、料理名〈超一流ホテル"椿山荘"伝統の味「米茄子の鴫炊き」の作り方〉で掲載！ 動画も検索してチェック！

和食

10分以上じっくり焼いてから煮ると香ばしい

# とろける豚角煮

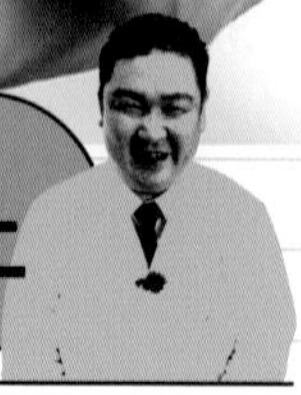

青華こばやし
**小林 雄二**

## 材料（作りやすい分量）

豚バラ肉（ブロック）……400g
小松菜……50g
長ねぎ（青い部分）……1本分
しょうが（薄切り）……2枚
塩……適量
サラダ油……適量

**煮汁**

水……1ℓ
日本酒……180mℓ
しょうゆ……180mℓ
砂糖……250g

**練りからし**

粉からし……適量
湯……適量

## 作り方

1）豚肉は、やや長方形になるよう4cm幅に切る。小松菜は3cmの長さに切る。

2）鍋にサラダ油を中火で熱し、豚肉の脂身の面に塩少々をふってから、脂身を下にして焼く。

3）表面にも塩少々をふり、全面がきつね色になるまで10〜15分焼く。

4）出てきた余分な脂を捨て、長ねぎとしょうがを加えて焼く。

5）煮汁の材料を加えて熱し、沸騰したらアクを取って弱火にする。

6）アルミホイルを2枚重ね、中心に穴をあけて落とし蓋にし、さらに蓋をして1時間ほど煮込む。

7）小松菜を加えて、弱火でさっと火を通したら火を止める。

8）練りからしを作る。器に湯を入れて温めてから湯を捨て、粉からしを入れたら湯を少しずつ加える。数本の箸を束ねて、とろみがつくまで練る。

9）7の肉と小松菜を器に盛り、からしを添える。

**おいしく作るためのシェフポイント**

**豚肉は、全面に焼き色がつくまで焼く**

焼き色がしっかりついていないと、白っぽい角煮になってしまいます。全面にこんがりと色がつくまで焼いてから煮ましょう。


※クラシルの公式YouTubeでは、料理名〈“ホロっと”とろける「豚角煮」をミシュラン常連シェフに教えていただきました〉で掲載！ 動画も検索してチェック！

## 材料（2人分）

カレイ（赤ガレイ）………2切れ（260g）
しめじ ……………………50g
えのき ……………………30g
しいたけ …………………2個（25g）

**煮汁**

- かつおだし ………………400mℓ
- 日本酒 ……………………100mℓ
- 塩 …………………………4g
- しょうゆ …………………適量

**トッピング**

- すだち ……………………適量

**雑炊**

- ごはん ……………………150g
- 卵 …………………………1個
- しょうゆ …………………適量

## 作り方

1）カレイは両面に塩適量（分量外）をふって10分おき、水洗いする。しめじとえのきは石づきを除き、食べやすくほぐす。しいたけは軸を除き、かさの部分に十字の切り込みを入れる。

2）鍋に煮汁の材料を入れる。カレイときのこ類を加えて落とし蓋をし、中火で15分ほど煮る。

3）器に2を盛りつけ、輪切りにしたすだちを添える。

4）雑炊を作る。鍋に残ったスープ200mℓを取り分け、しょうゆを加えて、沸かす。ごはんを加え、ぐつぐつしたら溶いた卵を流し入れて火を止める。

**おいしく作るためのシェフポイント**

**落とし蓋があれば蒸し器なしでOK**

煮汁にカレイときのこを入れ、アルミホイルで落とし蓋をして火をつければ蒸し器の代わりになります。

# カレイの酒蒸しと雑炊

魚ときのこの相乗効果でうま味倍増！

日本料理 荏原
**荏原 正典**

※クラシルの公式YouTubeでは、料理名〈たった15分煮るだけ！の激旨カレイの酒蒸しを達人に教えてもらいました〉で掲載！ 動画も検索してチェック！

和食

鶏肉を焼きつけると劇的に鍋がおいしくなる

# 最高峰の鶏鍋

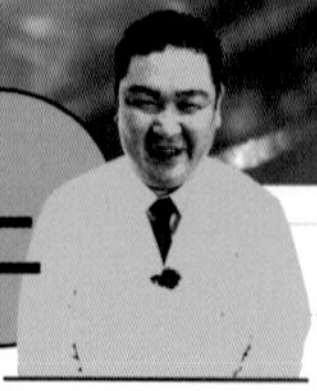

青華こばやし
**小林 雄二**

## 材料（2人分）

鶏もも肉……………………250g
長ねぎ ………………………1本
しいたけ ……………………3個
白菜……………………¼個（500g）
塩、サラダ油 ……………… 各適量

**スープ**

鶏白湯スープ（鶏白湯スープの素18g＋水）
……………………300㎖

## 作り方

1）鶏肉は軟骨や筋を除き、皮に塩をふる。

2）長ねぎは5㎝幅に、しいたけは5㎜幅に切る。白菜は4㎝幅に切り、芯と葉に分ける。

3）フライパンにサラダ油をひき、中火にかける。熱くなったら、鶏肉の皮を下にして焼く。焼き色がついてきたら上下を返してさっと身を焼き、もう一度返して皮を焼く。

4）皮がパリッと焼けたら取り出し、キッチンペーパーの上に身を下にして置く。粗熱が取れたら一口大に切る。

5）そのままのフライパンに長ねぎを入れ、弱火でじっくりと焼く。

6）長ねぎを寄せ、あいている部分にしいたけを加えて弱火で焼く。火が通ったら火を止める。

7）土鍋にスープを入れて強火で熱し、白菜の芯を入れて煮立てる。

8）沸騰して、白菜が透明になってきたら、残りの白菜とねぎ、しいたけ、鶏肉を加える。蓋をして5分ほど煮る。

### おいしく作るための シェフポイント

**鶏肉は一度焼いてから煮る**

皮は茶色く焼き、身は軽く火が通る程度でOK。あとで煮るので表面をさっと焼く程度にします。

 ※クラシルの公式YouTubeでは、料理名〈劇的に鍋がおいしくなる最高峰の「鶏鍋」の作り方〉で掲載！ 動画も検索してチェック！

青華こばやし
**小林 雄二**

# 錦糸卵のそうめん

## 材料（2人分）

そうめん……………………………90g

**つゆ**

- めんつゆ（2倍濃縮）………180mℓ
- 水……………………………180mℓ

**錦糸卵**

- 卵……………………………3個
- 塩、白ごま油……………各適量

**トッピング**

- 白いりごま…………………適量

## 作り方

1) ボウルに卵を割り入れて溶き、塩ひとつまみを加えてよく混ぜる。

2) フライパンに白ごま油を強火で熱し、温まったら中火にする。卵液を少し多めに入れ、フライパンを1周まわしてから、余分な卵液をボウルに戻す。

3) 湯気が落ち着いたら蓋をして、15秒ほど焼いてすぐ取り出す。同じように計3枚作る。粗熱が取れたら重ねて折りたたみ、端から細く切る。

4) 鍋に湯を沸かしてそうめんを入れ、混ぜながら袋の表示通りにゆでる。湯をきって流水で冷やし、水気をきる。

5) 別のボウルにめんつゆと水を入れ、混ぜる。

6) 器2つにそうめんと**3**の錦糸卵を半量ずつ盛りつけ、**5**のつゆをかける。白いりごまをふる。

**おいしく作るためのシェフポイント**

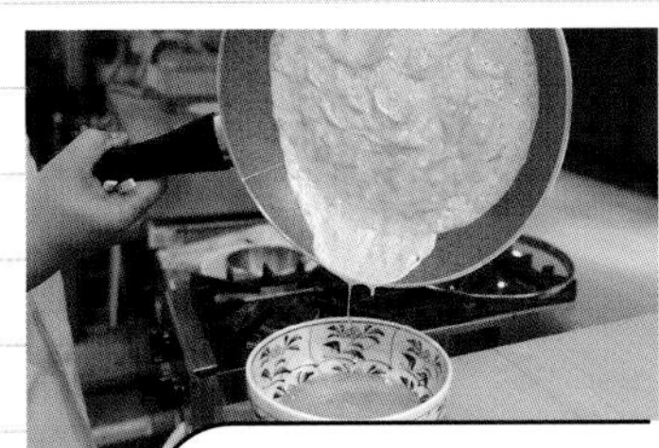

**余分な卵はボウルに戻して薄く焼く**

フライパンに卵を広げたら、いったんボウルに戻し入れると、錦糸卵が薄く作れます。

**白と黄色の二色で涼しげ!**

※クラシルの公式YouTubeでは、料理名〈白と黄色の二色そうめんで涼しげな夏に…、名シェフお墨付きの簡単な錦糸卵テクニック教えます〉で掲載！ 動画も検索してチェック！

和食

たっぷり入れた三つ葉で上品な丼に

# 卵とじ牛丼

鈴なり
村田 明彦

## 材料（4人分）

牛こま切れ肉 ……………………200g
卵 ……………………………………4個
玉ねぎ ………………………1個（200g）
しらたき（黒）……………………100g
三つ葉 ……………………………20g
オイスターソース …………小さじ1
ごはん ……………………………800g
A めんつゆ（4倍濃縮）…………60㎖
　砂糖 ………………………小さじ2
　水 ………………………………200㎖

## 作り方

1）玉ねぎは8等分のくし形切りに、しらたきは食べやすい長さにちぎる。三つ葉は1㎝幅に切る。牛肉は5㎝幅に切る。

2）フライパンに玉ねぎとしらたき、Aを入れ、蓋をして中火で5分ほど煮る。

3）玉ねぎが半透明になったら、牛肉を加えて中火で煮る。肉の色が変わったらオイスターソースを加えて混ぜ、さらに10分ほど煮詰める。

4）溶いた卵を半量を回し入れ、卵が固まってきたら、残りの半量も加える。

5）三つ葉をちらし、蓋をして10秒加熱する。

6）器にごはんを盛り、5をのせる。好みでしば漬けを添え、粉山椒をふっても。

### おいしく作るためのシェフポイント

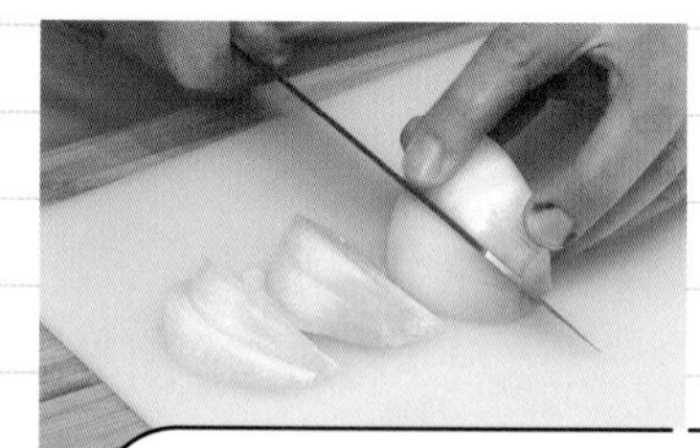

**玉ねぎは繊維に沿ってくし形切りに**

玉ねぎは繊維を断つとやわらかく、繊維に沿って切るとシャキシャキした歯応えが残ります。


※クラシルの公式YouTubeでは、料理名〈最高に美味しい「卵とじ牛丼」の作り方を予約の取れない名店に教えてもらいました〉で掲載！ 動画も検索してチェック！

## 材料（2人分）

牛バラ肉（薄切り）……………200g
ごぼう …………………½本（100g）
ごはん ……………………………400g

A
- みりん………………………50mℓ
- しょうゆ ……………………30mℓ
- 八丁味噌 ……………… 小さじ1
- 和風だし（顆粒）………… 小さじ⅓
- 水 ……………………………70mℓ

トッピング
- 温泉卵………………………2個
- 三つ葉…………………………5g

## 作り方

1）鍋にAを入れて味噌を溶く。ごぼうは縦半分に切り、3cmの斜め薄切りにして鍋に入れる。三つ葉は1cm幅に切る。牛肉は一口大に切って鍋に加える。

2）鍋に火をつけて弱中火で煮る。肉をほぐし、肉の色が変わったら弱火にして5分ほど煮る。

3）丼にごはんを盛り、2と温泉卵、三つ葉をのせる。

おいしく作るための
シェフポイント

### ごぼうの香りと肉のうま味を引き出す

中火よりも弱い火で煮ることで、だしに食材のうま味がしっかり出ていきます。

日本橋ゆかり
**野永 喜三夫**

# ごぼう香る極うま牛丼

八丁味噌で
何時間も煮込んだ味わいに

※クラシルの公式YouTubeでは、料理名〈和の匠が教える"極旨牛丼の作り方"〉で掲載！ 動画も検索してチェック！

とろとろジュワーでお肉よりおいしい！

# なすのステーキ丼

LA BONNE TABLE
中村 和成

## 材料（1人分）

なす……………………3本（280g）
玉ねぎ（みじん切り）………1/6個分（20g）
九条ねぎ（小口切り）……………10g
にんにく（粗みじん切り）……1/2片分（5g）
赤唐辛子……………………1本
片栗粉……………………30g
削り節……………………適量
白ごま油……………………50g
バター（無塩）……………20g
塩……………………ひとつまみ
ごはん……………………180g
A 料理酒……………大さじ2
　みりん……………大さじ3
　しょうゆ…………大さじ2
卵……………………1個

## 作り方

1）半熟卵を作る。鍋に湯を沸かし、卵を入れて中火で7分ゆでる。流水で冷やし、殻をむく。

2）なすはヘタを除いて縦半分に切り、5㎜幅で格子状に切り込みを入れる。なすの断面に片栗粉をまぶす。

3）フライパンを強火にかけ、白ごま油を入れて、なすの断面を下にして焼く。焼き色がついたら上下を返し、塩をふる。なすに火が通るまで1分ほど焼く。

4）もう一度返して、断面にしっかり焼き色がつくまで強火で焼いたら、上下を返し、なすを取り出す。

5）キッチンペーパーで余分な油を拭き取り、バターと玉ねぎ、にんにくを入れて中火で炒める。にんにくの香りが立ったらAを加え、強火にする。

6）とろみがついたら赤唐辛子を半分にちぎって入れ、さっと混ぜて火を止める。

7）なすを戻し入れ、調味料にからめたら中火にかけ、ひと煮立ちしたら火から下ろす。

8）器にごはんを盛り、なすと半熟卵を盛る。九条ねぎと7のソースをかけ、削り節をのせる。


※クラシルの公式YouTubeでは、料理名〈全ての"美味しい"を吸収したナスの破壊力！茄子のステーキ丼〉で掲載！ 動画も検索してチェック！

# やわらかジュワーッななすは**下処理**にアリ

## なすに格子状の切り込みを入れる

ヘタに近い部分はかたいので、細かめに切り込みを入れます。なすの中に油がしみ込みやすくなります。

## なすの断面に片栗粉をつけるとカリッとする

片栗粉をたっぷりとつけ、油がしみ込みやすいよう、断面のほうから焼きましょう。

## なすにソースを吸わせる

バターで作ったソースを、なすにしっかり吸わせることで、食べたときジューシーになります。

＼まだある！／

## おいしく作るためのシェフポイント

### にんにくは芽の部分も一緒に使う

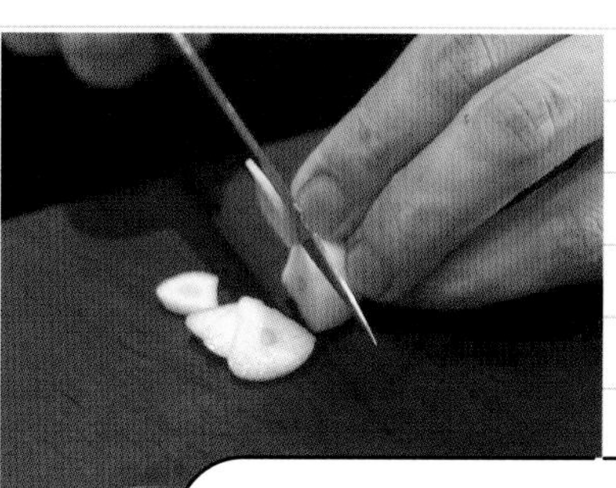

にんにくは芽の部分がかたくて焦げやすく、取り除く場合もありますが、食感のアクセントになるので、芽も含めてみじん切りするのがおすすめです。

### なすのヘタは大きく切らずにそぐ

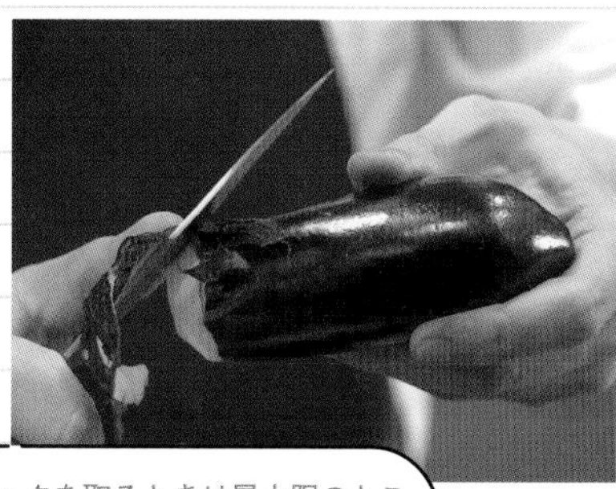

ヘタを取るときは最小限のところで切り、ガクを皮むきするようにくるくるとむいて取ります。ヘタに近い部分はかたく、身のほうとは歯触りが違うので、あえて残すのがポイント。

和食

少量のいいお肉で作ると一気に高級感

# ちょっと贅沢な すき焼き丼

LA BONNE TABLE
中村 和成

## 材料（1人分）

牛ロース肉（すき焼き用）…………50g
卵……………………………2個
春菊…………………………20g
長ねぎ………………………15g
しいたけ……………………1個
ごはん………………………180g

**たれ**

しょうゆ、みりん、料理酒
………………各大さじ1強

## 作り方

1）春菊は若葉だけを手でちぎり、トッピング用に取り分ける。残りは2cm幅に切る。長ねぎは斜め薄切りにする。しいたけは軸を切ってから手で細かく裂き、かさの部分も一口大に裂く。

2）ボウルに卵を1個割り入れ、もう1個は卵白だけを同じボウルに入れて、箸で軽く溶く。卵黄はトッピング用にとっておく。

3）フライパンにたれの材料としいたけを入れて中火にかける。沸騰したら弱火にし、牛肉を加えて煮る。肉に火が入ったら火を止め、肉をバットに取り出す。

4）フライパンを再び中火にかけ、沸いてきたら長ねぎと春菊を入れる。野菜に火が通り、たれが煮詰まったら、**2**の卵を回し入れる。

5）中火のままフライパンを軽くゆすり、卵が半熟になったら火を止めて、肉を戻し入れる。

6）器にごはんと**5**を盛り、溶いた卵黄をかけ、春菊の若葉をのせる。

 ※クラシルの公式YouTubeでは、料理名〈シェフが本気で教える"ちょっと贅沢な" すき焼き丼の作り方〉で掲載！ 動画も検索してチェック！

# 贅沢感の演出は香りの使い方と肉の質で！

## 春菊の若葉はまるでハーブ

春菊は、中心にあるやわらかい葉の香りがよいので、トッピング用に分けておきます。

## すき焼き用のいい肉をちょっとだけ買う

安い肉をたっぷり使うより、高い肉を少量使うほうが満足度の高い仕上がりになります。

## お肉に火が通ったらすぐに取り出す

火が入りすぎてかたくならないよう、お肉の色が変わったらすぐに取り出してから、野菜を煮ます。

＼まだある！／

## おいしく作るためのシェフポイント

### 野菜から水分が出るのを待つ

調味料の分量が少なく感じるかもしれませんが、野菜から水分が出てくるので、これで大丈夫。さっと煮ていきましょう。

### しいたけの軸は繊維に沿って裂く

かさと軸は、味わいや食感が違うので、どちらも入れて。かさの部分も包丁ではなく手で裂くことで、繊維が粗くなって独特の食感が生まれ、ソースがしみ込みやすくなります。

中弱火でじっくり煮て
30分冷やして味しみしみに

# さっぱり豚丼

日本橋ゆかり
野永 喜三夫

## 材料（2人分）

豚バラ肉（薄切り）……………160g
玉ねぎ …………………⅔個（100g）
ごぼう …………………⅓本（60g）
ポン酢（ゆず）……………… 160mℓ
めんつゆ（2倍濃縮）……………20mℓ
ごはん ……………………400g

**トッピング**

紅しょうが ………………適量

## 作り方

1）フライパンにポン酢、めんつゆを入れて調味液を作る。

2）玉ねぎは1cm幅のくし形切りに、ごぼうは縦半分に切って斜め薄切りにする。豚肉は4cm幅に切る。それぞれ切ったらすぐに**1**のフライパンに入れて中火弱にかける。

3）豚肉と玉ねぎをほぐしたら、玉ねぎが透き通るまで中火弱で10分ほど煮る。火を止めて30分ほど常温で冷ます。

4）再び中火にかけて、ひと煮立ちさせる。器にごはんを盛り、**3**と紅しょうがをのせる。

### おいしく作るための シェフポイント

**じっくり煮ると素材のうま味が引き出される**

中火よりも弱い火でじっくり煮ることで、豚肉のうま味がつゆに溶け出してくると同時に、ごぼうや玉ねぎの香りも出てきます。



※クラシルの公式YouTubeでは、料理名〈野永喜三夫が教える ポン酢を使ったさっぱり豚丼〉で掲載！ 動画も検索してチェック！

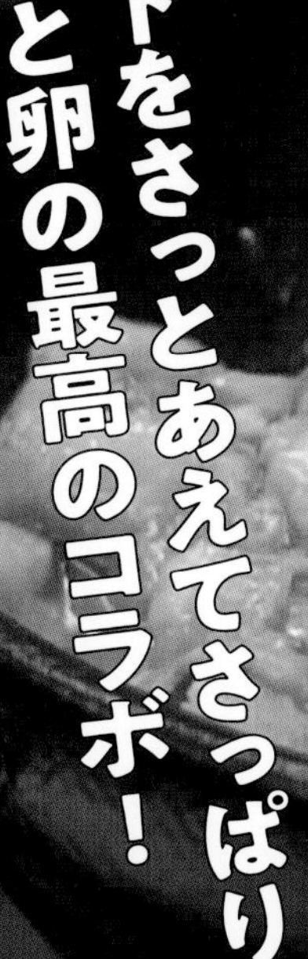


# 赤の他人丼

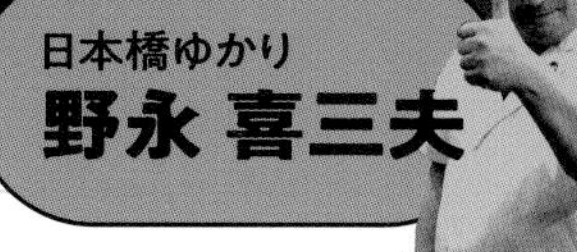


## 材料（2人分）

豚バラ肉（薄切り）……………300g
卵……………………………4個
ミニトマト……………8個（80g）
三つ葉………………………適量
めんつゆ（2倍濃縮）…………80mℓ
水……………………………80mℓ
ごま油………………………大さじ1
ごはん………………………400g

## 作り方

1）ミニトマトは4等分に切り、豚肉は4cm幅に切る。三つ葉は2cmの長さに切る。卵は割りほぐす。

2）フライパンに豚肉とめんつゆ、水を入れて中火にかけ、ほぐしながら煮る。

3）豚肉に火が通ったら、ミニトマトを加える。

4）「の」の字を書くように卵を3回に分けて、その都度煮汁と卵をなじませながら回し入れる。卵が半熟になったら火を止め、ごま油を回しかける。

5）器にごはんを盛り、4と好みで三つ葉をのせる。

### おいしく作るためのシェフポイント

**ミニトマトを使うと水分が出ない**

普通サイズのトマトよりも、ミニトマトのほうが水分が少なくて、味が薄まりにくい特徴が。プリッとした食感が豚肉とよく合います。

※クラシルの公式YouTubeでは、料理名〈和の匠が教える、豚肉と卵の最高のコラボ“赤の他人丼”の作り方〉で掲載！ 動画も検索してチェック！

和食

お好みで最後にバターを絡めてもよく合う！

# 鶏肉の照り焼き

日本橋ゆかり
野永 喜三夫

## 材料（2人分）

鶏もも肉……………………300g
長ねぎ…………………1本（120g）
水………………………大さじ1
A 日本酒………………大さじ1
しょうゆ……………大さじ1
みりん………………大さじ2

## 作り方

1）鶏肉は一口大に切る。長ねぎは白い部分を3cm幅の斜め切り、青い部分は小口切りにする。

2）フライパンに水を入れ、皮を下にして鶏肉を加える。ねぎは白い部分だけを鶏肉の上にのせて蓋をし、中火にかける。

3）8分ほど蒸したら蓋をはずし、水分を飛ばしながらしっかり焼き色がつくまで焼く。

4）火を止めてAを加え、中火にかける。煮詰めてとろみがついたら、ねぎの青い部分を加え、さっと炒める。

おいしく作るための
シェフポイント

蒸してから
焼きつける

はじめに蒸して肉をやわらかくしてから、水分を飛ばして焼き、香ばしさを出します。

 ※クラシルの公式YouTubeでは、料理名〈老舗名門店三代目・野永喜三夫が教える本当においしい「鶏の照り焼き」〉で掲載！ 動画も検索してチェック！

## 材料（4人分）

ブリ（切り身）………………… 4切れ
ごぼう ……………………½本（100g）
しょうが（千切り）……………… 20g
木の芽 ……………………………適量
A
- 日本酒…………………………… 200mℓ
- しょうゆ ……………………大さじ3
- みりん…………………………大さじ3
- 砂糖 ……………………………大さじ1
- 水 ……………………………… 200mℓ

## 作り方

1）ごぼうは縦4等分に切り、3cm長さに切る。

2）深めのフライパンで湯を沸かし、ブリの表面が白くなるまで3秒ほどゆでる。すぐに冷水に浸し、鱗や血合いなどを指でこそげ取り、キッチンペーパーで拭く。

3）フライパンにAとブリ、ごぼうを入れる。キッチンペーパーの中心に穴をあけて落とし蓋にし、中火で15分ほど煮る。

4）味を確認し、煮汁が半分くらいになるまで中火で煮詰める。

5）器に盛り、しょうがと木の芽を添える。

### おいしく作るためのシェフポイント

**くさみを取るだけではなく、香りづけの効果も**

ブリのくさみは、霜降りして取るのも大切ですが、香味野菜を一緒に煮るのがおすすめ。ごぼうのいい香りをブリに移すことで、くさみなく仕上がります。

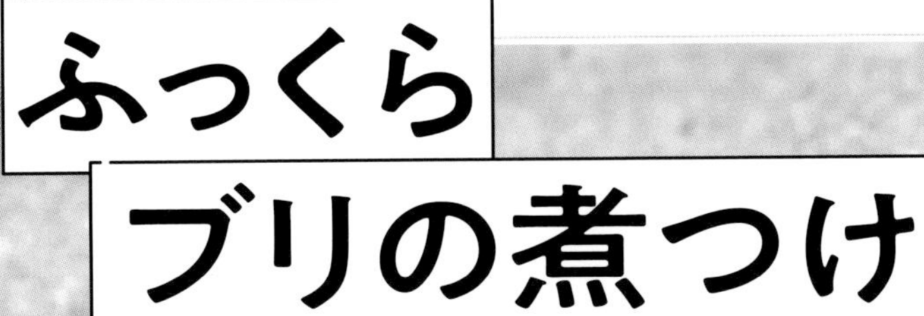

# ふっくら ブリの煮つけ

日本橋ゆかり
**野永 喜三夫**

**香味野菜と煮詰めて香りよく仕上げる**

※クラシルの公式YouTubeでは、料理名〈和の匠のフライパンで作れる“しっとりやわらか”ブリの煮付けの作り方〉で掲載！ 動画も検索してチェック！

味噌とめんつゆで作る辛くない麻婆

# うま味凝縮 和風麻婆なす

日本橋ゆかり
野永 喜三夫

## 材料（2人分）

豚ひき肉……150g
なす……小5本（315g）
長ねぎ……1/3本（40g）
しょうが（粗みじん切り）……20g
ごま油……大さじ2

**合わせ調味料**

めんつゆ（3倍濃縮）……大さじ2
味噌……大さじ2
片栗粉……小さじ2
水……大さじ4

## 作り方

1）なすはヘタを除き、縦半分に切ってから7㎜の斜め切りにする。長ねぎは粗みじん切りにして白い部分と青い部分に分ける。

2）合わせ調味料を作る。ボウルに味噌と片栗粉を入れて、めんつゆを少しずつ加えて混ぜ、味噌が溶けたら水を加えて混ぜておく。

3）フライパンに豚肉としょうが、長ねぎの白い部分を入れ、中火で炒める。

4）肉の色が変わってきたら、なす、ごま油大さじ1を加え、中火で炒める。なすがしんなりしたら、火を止める。

5）ジュウジュウという音がやんだら合わせ調味料を回し入れ、再び中火にかけて混ぜながら炒める。

6）全体に味がなじみ、とろみがついたら長ねぎの青い部分と、ごま油大さじ1を加えて炒める。


※クラシルの公式YouTubeでは、料理名〈ご飯をかき込みたくなる和風麻婆茄子の作り方〉で掲載！ 動画も検索してチェック！

# フライパンひとつで簡単！

## 冷たいフライパンに肉を入れる

先に肉を入れてから火をつけてゆっくり加熱すると、肉がパラパラに炒められます。

## 豚肉から出た脂をなすに吸わせる

なすはすぐに脂を吸収するので、炒めながら肉の脂をまとわせ、吸わせてうま味を閉じ込めます。

## とろみづけで失敗しない！

味噌とめんつゆで辛くない麻婆が完成。片栗粉も合わせ調味料に混ぜておくと、失敗なくとろみがつけられます。

＼まだある！／

## おいしく作るためのシェフポイント

### 一度火を止めて音がしなくなってから調味料を加える

調味料を加えるときに火がついていると跳ねるので、一度フライパンを少し冷ましてから入れましょう。

### 最後の仕上げで引き立つ色と香り

ねぎの青い部分は、最後に加えると色がきれいなままで盛りつけられます。ごま油も最後にあらためて加えることで、香りが一層引き立ちます。

## 材料（2人分）

じゃがいも（メークイン）…… 2個（250g）
納豆………………………… 2パック
釜揚げしらす ………………… 40g
納豆のたれ ………………… 2袋
米粉 ………………………… 大さじ1
ごま油 ……………………… 大さじ4
**トッピング**
小ねぎ（小口切り）………… 20g
焼きのり ………………… 適量
納豆に付属のからし ………… 適量

## 作り方

1）じゃがいもは皮をむき、スライサーで細切りにする。

2）ボウルにじゃがいもと納豆、釜揚げしらす、納豆のたれ、米粉を入れて混ぜる。

3）フライパンにごま油大さじ2を中火よりやや弱火で熱し、**2**の生地を広げて蓋をして5分ほど焼く。

4）焼き色がついたら、ごま油大さじ2を鍋肌に沿って回し入れ、上下を返す。焼き色がつくまで弱火で3分ほど焼き、器に盛る。

5）小ねぎとちぎったのりをのせ、からしを添える。

鈴なり
**村田 明彦**

# 和風しらすガレット

納豆のうま味としらすの塩味がマッチ

ガレットの要
# 生地作りのポイント

## じゃがいもはメークインがおすすめ

男爵だともちもちした食感になるため、パリッと焼けるメークインを使います。包丁よりスライサーが便利。

## 米粉を混ぜてつなぎにする

グルテンが出ない米粉のほうが、小麦粉よりも混ぜやすいです。じゃがいもにしっかりからむように混ぜて。

## 生地は中火よりやや弱火で焼く

中火だとすぐに焦げてしまうので、やや弱火で焼きます。フチがぷちぷちしてきたら、上下を返します。

＼まだある！／
## おいしく作るためのシェフポイント

### ヘラを使って平らにならす

箸だと平たくならないので、ヘラを使って生地を平らにしていきます。あまり押しつけず、広げていきましょう。

### 油は鍋肌から回し入れる

片面が焼けて色づいたら、ごま油を鍋のフチに沿わせるように回し入れます。油を入れたら、上下を返しましょう。

※クラシルの公式YouTubeでは、料理名〈ガレットに革命を起こす この発想は無かった 和食の一流 村田シェフが編み出した和風ガレットの極意〉で掲載！　動画も検索してチェック！

鶏の脂から出るうま味を炊き上げる

# 炊き込みごはん

日本橋ゆかり
野永 喜三夫

## 材料（4人分）

- 鶏もも肉……………………150g
- にんじん……………………¼本（50g）
- ごぼう……………………¼本（50g）
- しいたけ……………………2個
- 三つ葉……………………適量
- 米……………………2合
- めんつゆ（3倍濃縮）……………………80mℓ
- 水……………………400mℓ

## 作り方

1）にんじんは皮つきのまま5㎜幅のいちょう切りに、ごぼうは縦半分に切り斜め薄切りにする。しいたけは石づきを除き、軸は縦に裂く。かさは5㎜幅に切る。三つ葉は根元を切り落とし、3㎝幅に切る。鶏肉は1㎝角に切る。米は研ぐ。

2）フライパンに皮を下にして鶏肉を入れ、中火にかける。

3）皮に焼き色がついたら、火を止めて音が消えるまでおく。にんじん、ごぼう、しいたけ、めんつゆ、水を加えて混ぜ、中火で5分ほど煮る。ひと煮立ちしたら火を止める。

4）土鍋に米とフライパンの中の汁を入れて、上に残りの具をのせる。蓋をして強火で7～8分炊く。

5）土鍋の汁が中心までしっかり沸騰したら、ごく弱火にして10分炊く。強火にして30秒ほど熱し、火を止めて蓋をしたまま10分蒸らす。

6）器に盛り、三つ葉をちらす。

### おいしく作るためのシェフポイント

**鶏肉はカリカリになるまで焼く**

鶏肉はゆっくり焼きながら脂を出し、皮がカリカリになるまで焼きます。脂はうま味なので、めんつゆと合わせて炊くと隠し味に。

 ※クラシルの公式YouTubeでは、料理名〈和の匠が教える めんつゆだけで簡単極ウマ！具だくさん五目炊き込みご飯の作り方〉で掲載！ 動画も検索してチェック！

## 材料（2人分）

豚バラ肉（薄切り）……………… 50g
なす…………………… 2本（160g）
オクラ（薄切り）…………… 3本（25g）
和風だし（顆粒）…………… 小さじ1
白ごま油 ……………………… 適量
塩、粗挽き黒こしょう ……… 各適量
水 ……………………………… 80mℓ

青華こばやし
**小林 雄二**

## 作り方

1）なすはヘタを除いて皮を縞目にむき、1cmの輪切りにする。豚肉は3cm幅に切って、片面に塩、黒こしょうをふる。

2）フライパンに白ごま油を強火で熱し、豚肉の塩、黒こしょうをふっていない面にもふり、中火で焼く。豚肉に焼き色がついたら端に寄せてなすを加え、両面に塩をふって中火で炒める。

3）なすの両面に焼き色がついてしんなりしたら、オクラと和風だし、水を加えて中火で炒める。水分が飛んだら火を止める。

**おいしく作るための シェフポイント**

**なすは両面に塩をふる**
なすに塩をふると、火の通りが早くなります。肉の脂をなすがしっかり吸って、焼き色もつきやすくなります。

# なすの豚バラ炒め

しっとりやわらかな なすが絶品

※クラシルの公式YouTubeでは、料理名〈お手軽なす3選！短時間でできる焼き・漬物・炒め物教えます〉で掲載！ 動画も検索してチェック！

# 濃厚トマ味噌炒め

日本橋ゆかり
**野永 喜三夫**

ケチャップ＋味噌で
和と洋が融合！

## 材料（2人分）

豚バラ肉（薄切り）……………200g
なす……………………4本（250g）
トマト…………………2個（250g）
小ねぎ（小口切り）……………適量
粉チーズ……………………適量
ケチャップ………………大さじ4
味噌……………………大さじ1

## 作り方

1）なすはヘタを除き、縦半分に切って7㎜幅の斜め切りにし、トマトは8等分のくし形切りにする。豚肉は3〜4㎝幅に切る。

2）豚肉となすをフライパンに入れて中火で炒める。なすに焼き色がついたら火を止め、ケチャップと味噌を混ぜ合わせて加える。

3）再び中火にかけ、トマトを加える。トマトがやわらかくなったら火を止める。

4）器に盛り、小ねぎと粉チーズをかける。

### おいしく作るための シェフポイント

**豚肉の脂をなすに吸わせてジューシーに**

油をひかず、肉の脂をなすにまとわせることで、うま味のある炒め物に。なすに香ばしく焼き色がつくまで、出てきた脂を混ぜながら炒めましょう。



※クラシルの公式YouTubeでは、料理名〈ナスと豚バラがとろけて本当に美味しい、濃厚トマ味噌炒めの作り方〉で掲載！ 動画も検索してチェッ

付属の粉末ソースを使ってグレードアップ

# カリカリあんかけ焼きそば

日本橋ゆかり
野永 喜三夫

## 材料（2人分）

| | |
|---|---|
| 焼きそば麺 | 2玉 |
| 豚こま切れ肉 | 200g |
| カット野菜 | 230g |
| 焼きそばの粉末ソース | 1袋 |
| A 白だし | 40mℓ |
| A 片栗粉 | 大さじ1 |
| ごま油 | 大さじ2 |
| 水 | 400mℓ |
| **トッピング** | |
| 削り節 | 1パック |

## 作り方

1) 豚肉は3㎝幅に切る。容器に粉末ソース半量とA、水を入れて混ぜ、合わせ調味料を作る。

2) フライパンに焼きそば麺を入れてごま油大さじ1を回しかけたら中火で熱し、麺をほぐして焼く。焼き色がついたら上下を返して両面に焼き色をつける。

3) あんを作る。別のフライパンに豚肉と残りの粉末ソースを入れて混ぜ、中火で炒める。肉に火が通って焼き色がついたら、カット野菜を加えて炒める。

4) 野菜がしんなりしてきたら火を止める。ジューッという音がしなくなるまで少しおいてから、1の合わせ調味料をよく混ぜて加え、中火強にかける。

5) とろみがついたらごま油大さじ1をかける。

6) 器に麺を盛り、あんをかけて削り節をのせる。

### おいしく作るためのシェフポイント

**野菜に火が通る前に火を止める**

火を止めると、食材の水分で蒸し焼きのようになります。音がしなくなるまで混ぜてから合わせ調味料を加えましょう。

※クラシルの公式YouTubeでは、料理名〈カリカリ麺ととろっとあんかけが最高に旨い！和風あんかけ焼きそばの作り方〉で掲載！ 動画も検索してチェック！

和食

オクラの粘り気だけで
あんを作る

# 鶏のみぞれ オクラあんかけ

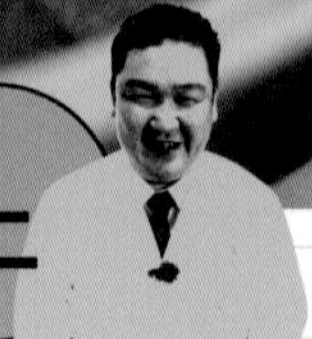

青華こばやし
小林 雄二

## 材料（2人分）

鶏もも肉 ……………… 1枚（300g）
卵 ……………………………… 1個
大根おろし（軽く水気をしぼる）
…………………… ¼本分（200g）
オクラ ………………………… 6本
だし汁（かつお）……………… 200mℓ
うすくちしょうゆ……………… 適量
塩 ……………………………… 適量

## 作り方

1）オクラはガクを除き、薄切りにする。卵は割りほぐす。

2）鶏肉は一口大に切り、皮に塩をふる。

3）フライパンを強火で熱し、煙が出てきたら弱火にし皮を下にして鶏肉を焼く。焼き色がついたら上下を返して焼き、器に盛る。

4）あんを作る。鍋にだし汁を中火で煮立て、大根おろしを加えて弱火にし、塩で味をととのえる。風味が足りない場合は、うすくちしょうゆを1滴たらす。

5）オクラを加えて強火で一度煮立たせ、オクラに火が通ったら弱火にし、溶き卵を加えて強火で30秒ほど加熱し、**3**にかける。

### おいしく作るための シェフポイント

**皮から焼いて ふっくら仕上げる**

皮から焼くと身の水分やうま味が抜けにくくなるので、8割くらい火が入るまで、動かさずそのまま焼きましょう。

 ※クラシルの公式YouTubeでは、料理名〈12年連続ミシュランの舌が唸る鶏のみぞれあんかけ〉で掲載！ 動画も検索してチェック！

# 絶品すきしゃぶ鍋

日本橋ゆかり
**野永 喜三夫**

すき焼きとしゃぶしゃぶのいいとこ取り

## 材料（2～3人分）

豚バラ肉（薄切り）……………500g
白菜……………………………4枚
長ねぎ…………………………1本
**スープ**
めんつゆ（3倍濃縮）………100mℓ
白だし…………………………100mℓ
水……………………………1.2ℓ

## 作り方

1）白菜は軸を1mmの薄切りに、葉は1.5cm幅の斜め切りにする。長ねぎは縦半分に切ってから斜め薄切りにする。豚肉は半分に切る。

2）鍋にスープの材料を入れ、強火にかける。沸騰したら、白菜の軸、葉、ねぎの順に加える。ひと煮立ちしたら豚肉を加えて、火が通ったら野菜を巻いて食べる。

### おいしく作るためのシェフポイント

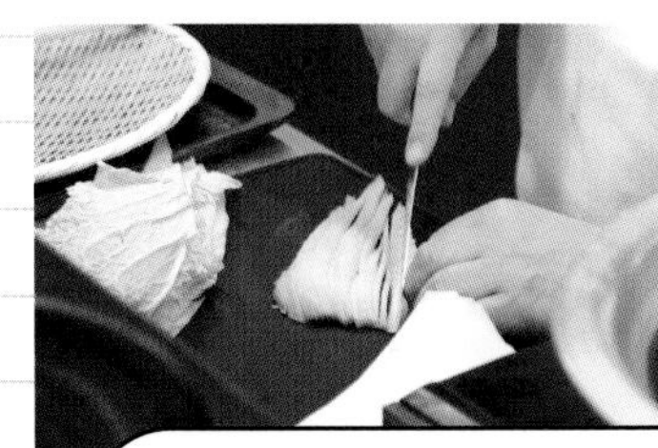

**さっと煮てシャキシャキ野菜をいただく**

白菜の軸やねぎは薄く切ることで、肉と同じ時間で火が通り、シャキシャキの歯応えに仕上がります。

※クラシルの公式YouTubeでは、料理名〈すき焼きとしゃぶしゃぶの良いところ取り 絶品鍋の作り方〉で掲載！ 動画も検索してチェック！

和食

めんつゆとケチャップで
和風のラタトゥイユ

# 鶏肉と夏野菜のトマト煮

日本橋ゆかり
**野永 喜三夫**

## 材料（2人分）

鶏もも肉……………………1枚（350g）
なす…………………………3本（250g）
きゅうり……………………2本（200g）
にんにく（粗く刻む）……………………3片

A
- ケチャップ……………大さじ6
- めんつゆ（3倍濃縮）……大さじ1
- 中濃ソース……………大さじ2
- 水…………………………150mℓ

**トッピング**
- 粉チーズ……………………適量
- 小ねぎ（小口切り）……………適量

## 作り方

1）鶏肉は一口大に切る。きゅうりとなすは乱切りにする。

2）フライパンに鶏肉の皮を下にして入れ、中火にかけて7分焼く。

3）皮に焼き色がついたらにんにくを加え、香りが肉に移ったら、なすときゅうりを加えて炒める。

4）全体に油が回ったらAを加える。肉に火が通り、汁気が半量くらいになるまで中火で煮詰める。

5）器に盛り、小ねぎと粉チーズをかける。

**おいしく作るための**
**シェフポイント**

### 鶏肉はまずは皮に焼き色をつける

鶏肉は皮を下にして焼き、脂を出します。にんにくは鶏肉に焼き色がついてから加えると焦げません。鶏から出たおいしい脂で野菜を炒めて。


※クラシルの公式YouTubeでは、料理名〈油いらずでやわらかジューシーな「鶏もも肉と夏野菜のトマト煮」の作り方〉で掲載！ 動画も検索してチェック！

## 材料（1人分）

サーモン……150g
アボカド……1個
大葉……4枚
焼きのり（カット）……3枚
ごはん……200g

**たれ（作りやすい分量）**

しょうゆ……50mℓ
白ごま油……5g
水……30mℓ

**スクランブルエッグ**

卵……1個
サラダ油……適量

**トッピング**

白いりごま……適量
わさび……適量

## 作り方

1）サーモンは半量を5mm幅の薄切りに、残りは1cm角に切る。アボカドは種を除き半分を斜め薄切りにし、残りを1cm角に切る。大葉は5mm角に切り、たれの材料はボウルで混ぜておく。

2）フライパンにサラダ油を強火で熱し、ボウルに溶いた卵を流し入れて菜箸でかき混ぜながら炒める。そぼろ状になったら取り出す。

3）2種類の形に切ったサーモンそれぞれに、たれを大さじ1くらいかけておく。

4）丼にごはんを盛って大葉を敷き、のりを手でちぎってのせる。丼の半分に、斜め切りしたサーモンとアボカドを並べ、残り半分に1cm角に切ったサーモンとアボカドを盛りつける。

5）卵をちらし、ごまをふってたれを好みの量かけてわさびを添える。

**おいしく作るためのシェフポイント**

**刺身は切り方が重要！**

サーモンは切り方で味や食感が変わるので2通りの切り方をして、味の違いを楽しんでみましょう。

# サーモンアボカド丼

青華こばやし
**小林 雄二**

**スクランブルとサーモンのハーモニーが最高**

※クラシルの公式YouTubeでは、料理名〈ミシュラン12年連続シェフが教える、ちょっとした工夫で絶品になる「サーモンアボカド丼」の作り方〉で掲載！ 動画も検索してチェック！

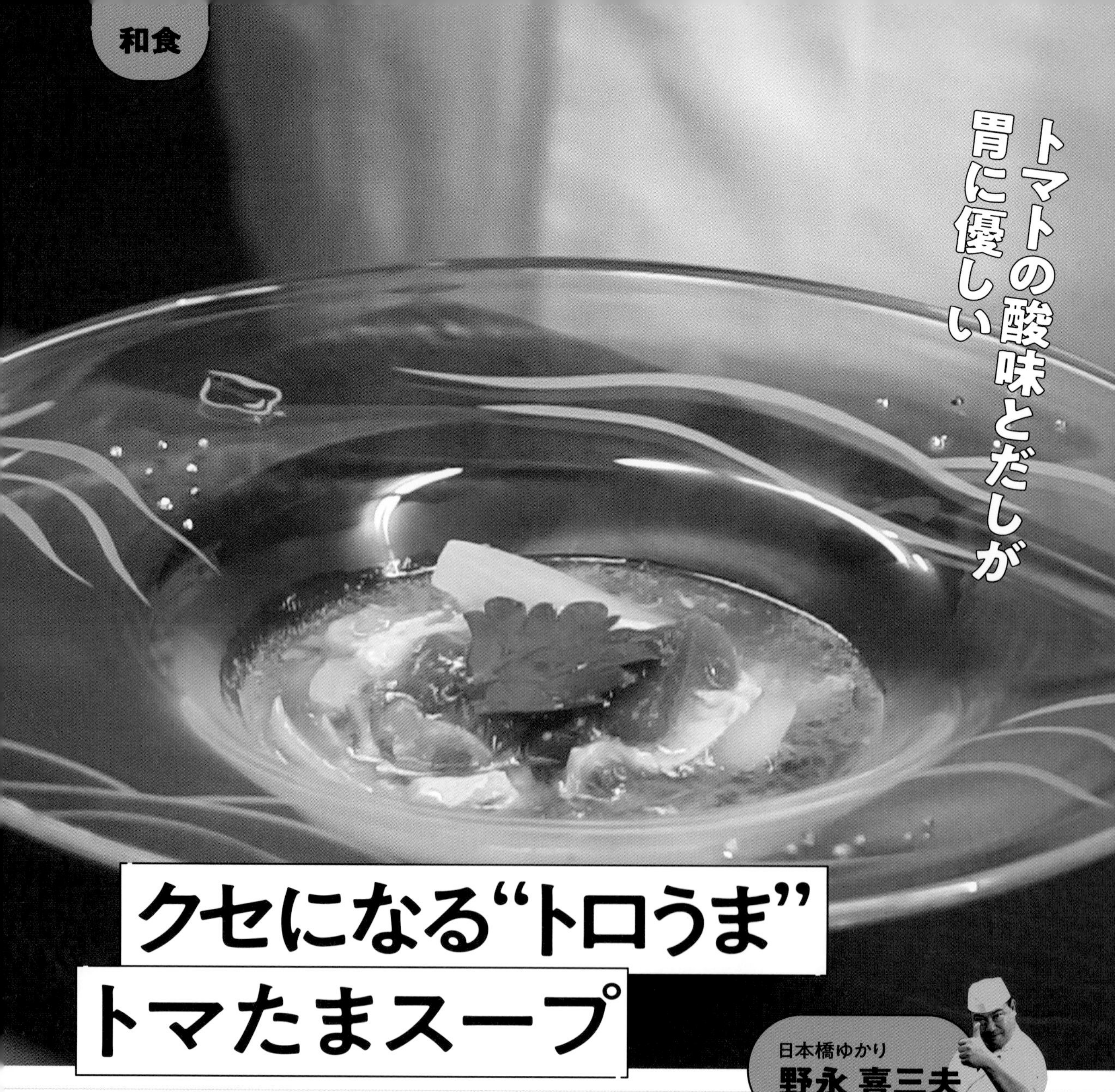

トマトの酸味とだしが
胃に優しい

# クセになる"トロうま"トマたまスープ

日本橋ゆかり
**野永 喜三夫**

## 材料(4人分)

卵……………………………2個
玉ねぎ …………………1個(150g)
トマト …………………1個(150g)
三つ葉の葉……………………4枚
A 白だし…………………90mℓ
 片栗粉………………大さじ1
 水(※) ………………720mℓ
ごま油 ………………大さじ1

※白だしと水は1：8の割合で使用しています。白だしは種類によって味が異なるので、パッケージに記載されている分量を目安にしましょう。

## 作り方

1) 玉ねぎとトマトは1cm幅のくし形切りにし、トマトはさらに横半分に切る。ボウルに卵を割りほぐす。

2) フライパンにAを入れてよく混ぜる。玉ねぎとトマトを加えて中火にかけ、片栗粉がダマにならないよう、よく混ぜながら煮る。

3) 沸騰してとろみがついてきたら、卵を回し入れる。ひと煮立ちしたら火を止めて、ごま油を加える。

4) 器に盛り、三つ葉をのせる。

 ※クラシルの公式YouTubeでは、料理名〈和の匠が教える クセになる"トロうま"極旨スープの作り方〉で掲載！ 動画も検索してチェック！

## コツを守ってとろふわに！

### 片栗粉は先に入れる

水溶き片栗粉を後入れするとダマになりやすいので、だしに片栗粉を溶くと失敗しません。

### 玉ねぎは放射状に切る

繊維に沿って切ると煮崩れせず、玉ねぎがやわらかくなりすぎないので、食感を楽しめます。

### 卵はスープがしっかり沸いてから入れる

卵は沸騰したところに回し入れると、ふわふわのかき卵になりますよ。

＼まだある！／

## おいしく作るためのシェフポイント

### 最後にごま油を入れて香りよく仕上げる

香りのよいスープに仕上げるため、火を止めて最後にごま油を加えましょう。

### 暑い季節には冷たくしてもおいしい

熱々のスープをいただくのはもちろん、冷蔵室でしっかり冷やして食べてもおいしいので、どちらも味わってみてください。

和食

残ったゆで汁でスープもできる！

# 豚バラ味噌マヨあえとスープ

日本橋ゆかり
野永 喜三夫

## 材料（4人分）

豚バラ肉（薄切り）……200g
キャベツ……¼個（250g）
ごぼう……1本（200g）
塩……10g
味噌……30g
マヨネーズ……100g
水……1ℓ
**スープ用**
卵……1個
ごま油……大さじ1
穂じそ……適量

## 作り方

1）キャベツは3㎝角に切り、芯に近い部分は細切りにする。ごぼうは皮つきのまま、縦半分に切り、斜め薄切りにする。豚肉は3㎝幅に切る。

2）フライパンに水と塩を入れて中火にかけ、沸騰したらごぼうを加えて煮る。

3）ごぼうが透き通ってきたら豚肉を加え、ほぐしながら中火で煮る。肉に火が通ったらキャベツを加え、やわらかくなったら火を止める。

4）3をざるに上げ、スープと具に分ける。

5）フライパンに味噌とマヨネーズを入れて混ぜ、4の具を戻し入れる。よく混ぜて器に盛り、穂じそをのせる。

6）スープを作る。4のスープを別のフライパンに入れて中火にかけ、アクを取り除いたら弱火に落とす。

7）スープがひと煮立ちしたら、溶き卵を回し入れる。卵が固まってきたら火を止め、ごま油を回しかける。

### おいしく作るためのシェフポイント

**野菜と肉のゆで汁をスープとして再利用！**

うま味が出たゆで汁を捨ててしまうのはもったいない！溶き卵をさっと入れるだけで、立派な中華スープになるので、ぜひ試してみてください。


※クラシルの公式YouTubeでは、料理名〈和の匠のキャベツとごぼうの豚バラ味噌マヨ和えの作り方〉で掲載！ 動画も検索してチェック！

## 材料（1人分）

**ビヤやっこ**

絹ごし豆腐……………………½丁

**ジュレ**

- ビール…………………200mℓ
- 黒ビール………………200mℓ
- 和風だし（顆粒）……………5g
- 粉ゼラチン……………………5g
- 塩…………………………5g

**トッピング**

- 削り節、おろししょうが、小ねぎ（小口切り）………各適量

**ビールの漬け物**

にんじん………………½本（100g）
きゅうり………………1本（100g）
大根……………………⅛本（100g）

**ビール調味液**

A
- ビール…………………200mℓ
- 和風だし（顆粒）……………2g
- 塩…………………………5g

**黒ビール調味液**

B
- 黒ビール………………200mℓ
- 和風だし（顆粒）……………2g
- 塩…………………………5g

## 作り方

**ビヤやっこ**

1）フライパンにジュレの材料を入れて中火にかける。

2）粉ゼラチンが溶けて、湯気が出るまで混ぜながら加熱したら、常温になるまで冷ます。

3）ジッパーつき保存袋に**2**を入れて空気を抜き、口を閉じる。固まるまで、冷蔵室で2時間ほど冷やす。

4）器に絹ごし豆腐を盛り、**3**をかける。トッピングをのせる。

**ビールの漬け物**

1）ジッパーつき保存袋に**A**を入れ、口を閉じてふる。別のジッパーつき保存袋には**B**を入れ、口を閉じてふる。

2）にんじんと大根は皮つきのまま、きゅうりは両端を落として、それぞれ1cm角のスティック状に切る。

3）**1**の保存袋に野菜を半量ずつ入れ、冷蔵室で一晩漬ける。

**おいしく作るためのシェフポイント**

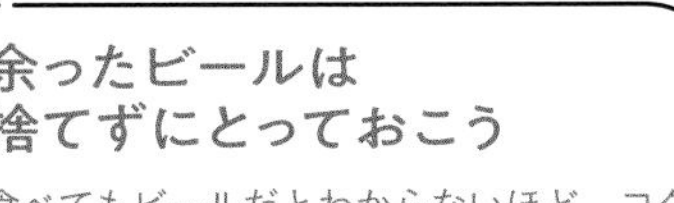


食べてもビールだとわからないほど、コクとうま味を感じるおつまみに。気が抜けてしまったビールでも作れるので、残しておくと素敵なおつまみに変身しますよ！

日本橋ゆかり
**野永 喜三夫**

**ビールで調味料が作れる！**

※クラシルの公式YouTubeでは、料理名〈和の匠が教える ビールを出汁にして作る最高のおつまみ〉で掲載！ 動画も検索してチェック！

洋食

最後にまとわせるバターがコクと香りを引き立てる

# ローストビーフの玉ねぎにんにくソースがけ

LA BONNE TABLE
中村 和成

## 材料（2人分）

牛もも肉（ブロック）……………250g
バター（無塩）…………………… 10g
サラダ油 ……………………… 適量
塩、粗挽き黒こしょう ……… 各適量

**ソース**

玉ねぎのすりおろし………100g
おろしにんにく …………… 10g
A 日本酒…………………… 100g
みりん…………………… 100g
赤ワイン ………………… 50g
しょうゆ ………………… 50g

**トッピング**

塩、粗挽き黒こしょう … 各適量
貝割れ菜 ………………… 適量

## 作り方

1）オーブンは250℃に予熱する。牛肉は常温に30分おき、キッチンペーパーで水分を拭き取る。

2）フライパンにサラダ油を強火で熱し、牛肉を入れて焼く。全体に焼き色がついたら取り出す。

3）2を予熱したオーブンに入れ、3分焼く。焼けたら取り出し、アルミホイルに包んで6分おく。

4）ソースを作る。フライパンに残った余分な油を捨てて、キッチンペーパーで拭く。Aを入れて中火で3分ほど熱する。玉ねぎとにんにくを加え、中火で10分煮詰める。

5）肉をアルミホイルから取り出し、肉汁は4に加え、肉は再度予熱したオーブンで3分焼く。取り出して再びアルミホイルに包み、6分おく。肉汁は4に加える。

6）ソースにとろみがつくまで中火のまま煮詰めたら、取り出す。

7）フライパンをきれいにして中火で熱し、バターと肉を入れる。バターの色が変わりはじめたら火を止めて、肉によくからめる。

8）塩と黒こしょうをふって取り出し、5分ほどおく。

9）肉を好みのサイズに切り、温めたソースをかける。

10）フライパンに残ったバターを温めてからかけ、塩とこしょうをふって貝割れ菜をのせる。


※クラシルの公式YouTubeでは、料理名〈名店フレンチシェフのハンパない技術で作るローストビーフ〉で掲載！ 動画も検索してチェック！

# フライパンとオーブン両方で肉を焼く

## サラダ油で肉の周囲を焼き固める

肉汁が出ていかないよう、肉のまわりをしっかり焼いて閉じ込めます。

## 焼いた時間の2倍休ませる

肉にアルミホイルを巻き、熱を反射させて余熱で火を入れます。休ませながら火入れしていくのがポイントです。

## バターが溶ける前に肉にまとわせる

フライパンにバターを溶かしたら、肉を焼いて水分を蒸発させながら、バターの風味を肉にまとわせます。

＼まだある！／

## おいしく作るためのシェフポイント

### フライパンにはうま味だけ残す

肉を焼いたフライパンに残った油は捨ててさっと汚れを拭き、うま味だけを残しておきます。これを活用してソースに仕上げましょう。

### 肉汁はソースに加える

アルミホイルに残った肉汁はその都度ソースに加えて、無駄なく使います。

洋食

しっかり焼き色をつけると
ソースがおいしくなる

# チキン カチャトーラ

ピアットスズキ
鈴木弥平

## 材料（2人分）

鶏もも肉（骨つき）……2本
にんにく……1片
セロリ（みじん切り）……½本分（70g）
にんじん（みじん切り）……¼本分（50g）
玉ねぎ（粗みじん切り）……½個分（70g）
アンチョビフィレ……2枚
ローズマリー……1本
オリーブオイル……20g
白ワイン……90㎖
赤ワインビネガー……10g
トマト缶（ホール）……120g
塩、粗挽き黒こしょう……各適量
水……90㎖

### おいしく作るためのシェフポイント

**鶏肉の脂で肉を焼く**

フッ素樹脂加工のフライパンなら油をひかず、鶏肉を焼いて脂を出して、うま味のある脂で肉を焼きましょう。

## 作り方

1) にんにくは半分に切り、包丁の背で潰す。鶏肉は関節の部分に切り込みを入れて半分に切り、塩、黒こしょうをふって水分が出るまでもむ。

2) 鍋にオリーブオイルとにんにくを中火で熱し、にんにくが色づいたら火を止める。セロリ、にんじん、玉ねぎを加えて、弱火で20分ほど野菜が透き通るまで炒める。

3) フライパンを弱火で熱し、油をひかずに鶏肉の皮を下にして入れる。フライパンが温まったら、火から下ろす。フライパンの温度が下がったらまた弱火にかけ、脂が出るまで加熱する。

4) 焼き色がついたら、上下を返して身の部分をさっと焼く。

5) 再び皮を中火で焼き、焼き色がついたら火を止めて白ワインを加える。

6) アルコール分が飛んだら、鶏肉を**2**の鍋の中に入れる。アンチョビとトマト缶を加え、沸騰したら水、ローズマリー、赤ワインビネガーも加えて20分ほど煮る。

7) 鶏肉がやわらかく煮えたら器に盛る。鍋に残ったソースに塩を加えて味をととのえ、煮詰めてから鶏肉にかける。


※クラシルの公式YouTubeでは、料理名〈至極の鶏肉のトマト煮込み料理「チキンカチャトーラ」の作り方〉で掲載！ 動画も検索してチェック！

## 材料（4人分）

なす……………………… 6本（350g）
フルーツトマト ……………… 4個
にんにくのオイル漬け ………… 適量
トマト缶（カット）……………… 200g
オレガノ（乾燥）…………… 小さじ2
イタリアンパセリ（みじん切り）…… 適量
塩、オリーブオイル、水…… 各適量

## 作り方

1）なすはヘタを除いて、縦半分に切って2cm幅に切り、トマトは8等分に切る。

2）強火で熱したフライパンにオリーブオイルをひき、なすを炒める。全体に油が回ったら塩をふる。

3）なすがしんなりしてきたら火を止め、なすを寄せてあいた所にオリーブオイルとにんにくのオイル漬けを加えて余熱で火を通す。

4）トマトとトマト缶を入れて強火で炒め、オレガノを手でもみながら加える。

5）中火にし、水大さじ2と塩を加えて、味をととのえる。仕上げにオリーブオイル、イタリアンパセリを加えて、さっと混ぜる。

おいしく作るための
シェフポイント

オレガノは
手でもみながら加える

両手でもむようにしてオレガノを潰すと、香りがより立って華やかに。たっぷり加えましょう。

ACQUAPAZZA
日髙 良実

# なすとトマトの絶品ソテー

オレガノたっぷりで
香り豊か

※クラシルの公式YouTubeでは、料理名〈イタリアンの巨匠が40年以上愛してやまない、本当においしいナスとトマトの絶品ソテー〉で掲載！ 動画も検索してチェック！

## 材料（4人分）

**牛肉の煮込み**

- 牛すじ肉（大きいものは食べやすいサイズに切る）‥500g
- にんにく ……………3片
- タイム………………4本
- バター（無塩）………40g
- 薄力粉………………15g
- 白ワイン、水…各250mℓ
- オリーブオイル ……適量

**野菜の煮込み**

- ウィンナーソーセージ …………………90g
- 玉ねぎ………1個（150g）
- にんじん ……½本（60g）
- セロリ………⅓本（50g）
- ホワイトマッシュルーム …………5個（50g）
- トマト………1個（250g）
- タイム………………3本
- 白味噌………………50g
- トマトペースト ……100g
- パプリカパウダー …………ふたつまみ
- 白ワイン ………250mℓ
- オリーブオイル、水… 各適量

サワークリーム …………40g
ブランデー、塩、
粗挽き黒こしょう … 各適量
ごはん …………………800g

**トッピング**

- パセリ（みじん切り）、パプリカパウダー……… 各適量

## 作り方

1）牛肉の煮込みを作る。牛肉に塩をふる。鍋に白ワインと水、タイム、にんにくを入れて中火で煮る。水が足りなくなったら加えて、濃度を調整する。

2）フライパンにオリーブオイルを中火強で熱し、牛肉を入れて焼く。焼き色がついたら上下を返す。

3）焼き色がついたら、薄力粉を加えて弱火で炒める。粉気がなくなったらバターを加えて混ぜ、1の鍋に入れる。

4）ときどき混ぜながら、弱火で30分〜1時間ほど煮込む。水分が足りなくなったら水（分量外）を加え、焦げないように煮る。牛肉がやわらかくなったら、にんにくを潰して火を止める。

5）野菜の煮込みを作る。ソーセージは1cm幅に切る。玉ねぎは1cm幅のくし形切りに、にんじんは5mm幅の斜め切りにする。セロリは1cm幅の斜め切りに、ホワイトマッシュルームは半分に切る。トマトは2cm角に切る。

6）バターが残っている3のフライパンに、トマト以外の5の野菜とオリーブオイルを入れて中火で炒める。油がまわったら野菜を端に寄せて弱火にし、あいたところに白味噌とトマトペーストを加えて炒める。

7）水分が飛び、野菜に焼き色がついてきたら、野菜の頭が少し出るくらいの水を加え、トマトとパプリカパウダーを加えて中弱火で煮込む。

8）野菜がしんなりしたら、ソーセージ、白ワイン、タイムを加えて弱火で煮込む。

9）4の牛肉の煮込みを、8の野菜の煮込みに加える。弱火にかけてふつふつしてきたら、サワークリームを加えてよく混ぜる。黒こしょうとブランデーを加え、ひと煮立ちしたら塩で味をととのえる。

10）器にごはんと9を盛り、パプリカパウダーとパセリをふる。

# 至高のビーフストロガノフ

トマトたっぷりが帝国ホテル流

帝国ホテル 東京
料理長
**杉本 雄**

## 焼けた肉の香りが
# 最高の調味料に！

### 焼き色をつけて香りを引き出す

あとで煮込むので、火を通すというよりは焼き色重視。焼き色をつけると仕上がりの香りもよくなります。

### バターは絶対に焦がさない

牛肉を炒めているときにバターが焦げてしまうと、その香りが強く残ってしまうので、気をつけましょう。

### 肉が焦げないよう濃度調整を

肉を煮込むときは焦げつきやすいので、水を適度に加えて焦げないように注意しましょう。

まだある！
## おいしく作るためのシェフポイント

### トマトが多いのは帝国ホテル風

8代目料理長が昭和初期に、パリのホテルリッツで、たっぷりトマトが入ったビーフストロガノフを学んだところから、このスタイルになりました。

### 面倒でもふたつの鍋で煮込む

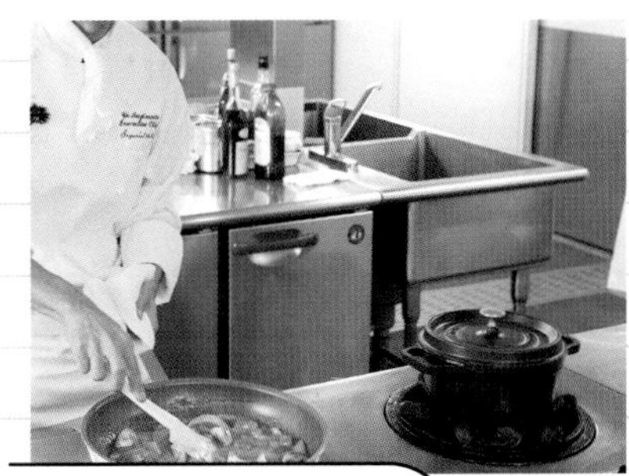

肉と野菜を一緒に煮込んでしまうと、肉に火が通る頃には野菜が煮崩れしてしまうので、別々に煮込み、最後に合わせます。

※クラシルの公式YouTubeでは、料理名〈5つ星ホテル伝統のレシピ　トマトの旨味と牛肉がとろける"至高のビーフストロガノフ"の作り方〉で掲載！　動画も検索してチェック！

洋食

蒸した甘みが優しい味に

# 素材のおいしさを引き出す かぼちゃのポタージュ

ブラッスリー ポール・ボキューズ 銀座
**星野 晃彦**

## 材料（2人分）

かぼちゃ……………………¼個
バター（無塩）……………………30g
牛乳……………………100mℓ
生クリーム……………………100mℓ
グラニュー糖……………………20g
塩……………………5g
水……………………400mℓ

**トッピング**

クルトン……………………適量
イタリアンパセリ（みじん切り）適量

**おいしく作るための シェフポイント**

**かぼちゃは蒸してからソテーする**

かぼちゃは蒸すと甘みが出てやわらかい味になります。丸ごと蒸すのが難しければ、切ってから蒸してもOK。

## 作り方

1）かぼちゃは丸ごと1個を1時間ほど蒸して、火を通しておく。¼個分切り出し、皮つきのまま一口大に切る。

2）鍋にバターを入れて中火にかけ、溶けてきたらかぼちゃを入れてスプーンで軽く潰す。

3）塩とグラニュー糖を加えて弱火で炒め、全体がなじんだら水を加えて中火で煮込む。

4）沸騰したら中火で1分ほど熱し、火を止める。生クリーム50mℓを入れて混ぜ、粗熱を取る。

5）常温まで冷めたら、ミキサーに入れてなめらかになるまで攪拌する。

6）別の鍋にざるで濾して入れ、中火にかける。生クリーム50mℓと牛乳を加え、泡立て器で混ぜて濃度を調整する。味を見て塩や砂糖、水など（分量外）でととのえる。

7）器に盛り、クルトンとイタリアンパセリをちらす。

 ※クラシルの公式YouTubeでは、料理名〈ハンパなくとろける！絶対作りたくなる濃厚なかぼちゃのポタージュ〉で掲載！ 動画も検索してチェック！

## 材料（4人分）

じゃがいも……2個（300g）
ポワロ（縦半分に切り、薄切り・長ねぎでも可）………200g
玉ねぎ（薄切り）….1個（100g）
牛乳………………175g
生クリーム…………75mℓ
揚げ油………………適量
塩、オリーブオイル…各適量
チキンブイヨン（液体）100mℓ
水………………100mℓ

**トッピング**

あさつき（小口切り）・適量
オリーブオイル…適量
粗挽き黒こしょう・適量

## 作り方

1）じゃがいもは皮をむき、厚めにスライスする。

2）ブイヨンを作る。鍋にじゃがいもの皮とチキンブイヨン、水を入れて中火で15分ほど煮る。

3）別の鍋にオリーブオイルを中火で熱し、ポワロと玉ねぎを炒めて油がまわったら、塩をふる。ごく弱火にして蓋をし、ときどき混ぜながら6分ほど煮込む。水分が少なくなったら水を足す。野菜がしんなりしたら、じゃがいもを加えて塩をふる。

4）**2**のブイヨンをざるで濾しながら**3**に加え、中火にして煮る。沸騰したら弱火にして蓋をし、混ぜながら煮る。じゃがいもの皮は、揚げ油で揚げ焼きする。

5）水分が少なくなったら水を足し、じゃがいもが簡単に崩れるほどやわらかくなったら火を止める。

6）じゃがいもが熱いうちにざるで濾してボウルに入れ、氷に当てながら混ぜてしっかり冷やす。冷えたら泡立て器で混ぜて牛乳の半量を加える。なめらかになるまで混ぜたら生クリームを加え、残りの牛乳を少しずつ加えて濃度を調整する。

7）塩で味をととのえ、器に盛る。**6**の揚げたじゃがいもの皮とあさつきをのせたら、黒こしょうをふり、オリーブオイルをかける。

### おいしく作るためのシェフポイント

**粘りが出ないように冷やして作る**

じゃがいものペーストができたら、冷たくなるまでしっかり冷やすと、粘り気のないさらりとしたスープが出来上がります。

# じゃがいもまるごとポタージュ

**じゃがいもの皮の香りを移したブイヨンで作る！**

帝国ホテル 東京
料理長
**杉本 雄**

※クラシルの公式YouTubeでは、料理名〈帝国ホテル料理長直伝　じゃがいもを丸ごと使った、至高のポタージュの作り方〉で掲載！ 動画も検索してチェック！

15分で何時間も煮込んだような深い味わい

# 味わいポトフ

LA BONNE TABLE
中村 和成

## 材料（2人分）

ウインナーソーセージ……………120g
ベーコン（ブロック）……………100g
白菜……………………………100g
玉ねぎ ………………½個（120g）
にんじん ………………1本（100g）
じゃがいも ……………2個（150g）
にんにく ………………………1片
えのきたけ ……………………40g
しめじ …………………………40g
ミニトマト ……………6個（60g）
赤唐辛子 ………………………1本
おろししょうが ………………10g
ローリエ ………………………1枚
白ワイン ……………………40mℓ
水 ……………………………800mℓ
塩 ………………………………適量
オリーブオイル …………大さじ2

**トッピング**

イタリアンパセリ（みじん切り）
……………………………適量
粗挽き黒こしょう ……………適量
オリーブオイル ………………適量

## 作り方

1）白菜は芯を5㎝幅、葉を10㎝幅に切る。玉ねぎは縦半分に切ってはがし、大きさを揃える。にんじんは乱切りに、じゃがいもは4等分に切る。にんにくは縦半分に切る。きのこ類は食べやすい大きさにほぐす。ベーコンは半分に切る。

2）鍋を中火で熱し、オリーブオイルとにんにくを入れる。にんにくの香りが立ってきたら、ソーセージとベーコンを入れて焼く。

3）ソーセージとベーコン全体に焼き色がついたら取り出す。

4）同じ鍋に**1**の野菜を入れて塩ふたつまみをふり、中火で炒める。全体に油がまわったらきのこ類を加えて蓋をし、弱火にして3分ほど蒸し焼きにする。

5）野菜がしんなりしてきたらローリエと赤唐辛子を割って加えて混ぜ、蓋をして弱火で2分ほど蒸し焼きにする。

6）白ワインを加えて強火にし、水とミニトマト、しょうがを加え、ソーセージとベーコンを戻し入れる。

7）蓋をして沸騰したら弱火にし、5分ほど煮込む。塩で味をととのえ、蓋をして弱火で5分ほど煮込む。

8）器に盛り、イタリアンパセリと黒こしょうをちらし、オリーブオイルを回しかける。



※クラシルの公式YouTubeでは、料理名〈一流シェフの技 "蓋をして15分"で何時間も煮込んだようなコク深い味わいの「ポトフ」の作り方〉で掲載！ 動画も検索してチェック！

## 材料（2人分）

鶏もも肉……………………1枚
アンチョビフィレ……………10g
しめじ……………………150g
玉ねぎ（薄切り）…………1個（250g）
にんにく（みじん切り）………1片分
チキンブイヨン（液体）………300mℓ
イタリアンパセリ（粗みじん切り）……5g
パン粉……………………30g
塩、粗挽き黒こしょう………各適量
オリーブオイル……………大さじ1

**トッピング**

粉チーズ…………………20g
オリーブオイル………小さじ2
イタリアンパセリ（粗みじん切り）……………適量

## 作り方

1）オーブンは220℃に予熱する。しめじは石づきを除く。鶏肉は一口大に切り、両面に塩と黒こしょうをふる。

2）フライパンを中火で熱し、オリーブオイルをひく。フライパンが温まったら鶏肉を皮を下にして入れ、強火で焼く。焼き色がついたら、上下を返して強火のまま20秒ほど焼き、取り出す。

3）同じフライパンにしめじを入れて中火で炒める。焼き色がついたら塩と黒こしょうをふってさっと炒めて取り出す。

4）同じフライパンに玉ねぎを入れ、オリーブオイルを加えて強火で炒める。薄く色づいてきたら、中火にしてアンチョビフィレ、にんにくを加えて炒める。

5）玉ねぎがしんなりしてきたら弱火にする。鶏肉としめじを戻し入れ、チキンブイヨンを入れて煮る。

6）イタリアンパセリを加え、強火で煮る。沸騰したら蓋をして中火で15分ほど煮る。蓋をはずし、パン粉を加えて混ぜ、水分が少なくなったら火を止める。

7）耐熱皿に流し入れて粉チーズをかけ、オリーブオイルを回しかけたら予熱したオーブンで10分ほど焼く。イタリアンパセリをちらす。

# 鶏肉の猟師風煮込み

マルケ料理専門店 aniko
井関 誠

※クラシルの公式YouTubeでは、料理名〈ミシュラン掲載店が教える想像の上をいくおいしさ。鶏肉の猟師風煮込みの作り方 カチャトーラ〉で掲載！ 動画も検索してチェック！

## 材料（2人分）

じゃがいも……………… 2個（250g）
**生サワークリームオニオン**
- サワークリーム…………… 50g
- 玉ねぎ…………………… 10g
- ディル（みじん切り）………… 2本
- レモン汁……………… ⅙個分
- バター（無塩）……………… 5g
- 塩……………………… 適量

塩、粗挽き黒こしょう、
オリーブオイル…………… 各適量
粗塩…………………… ひとつまみ

### おいしく作るための シェフポイント

**デンプンを利用することで固まる**

じゃがいもはしっかり水気を絞るとデンプンが接着剤になり、ボロボロせず生地のように焼くことができます。

## 作り方

1）じゃがいもは千切りにし、塩をふる。水気をしっかり絞って、しんなりするまでもんでひとまとめにする。玉ねぎは粗くみじん切りにして塩ひとつまみをふり、しんなりしたらさらに細かくみじん切りにする。

2）生サワークリームオニオンを作る。ボウルにサワークリームと玉ねぎ、ディルを入れて混ぜる。レモン汁を加え、塩で味をととのえる。

3）フライパンを強火で熱し、オリーブオイルをひく。温まったら中火にし、じゃがいもを入れて平らにならす。弱火にして蓋をし、3分ほど焼く。

4）じゃがいもに焼き色がついたら火を止めて取り出す。

5）同じフライパンにあらためてオリーブオイルをひき、中火にかける。フライパンが温まったら、4の上下を返して戻し入れる。再び蓋をし、弱火で3分ほど焼く。両面に焼き色がついたら、火を止めて余熱で3分ほど蒸らす。

6）蓋を取って強火にかけ、フライパンのフチにバターをのせて全体になじませる。

7）器に盛り、黒こしょうをふって2をのせる。粗塩をふる。

# 生サワークリームオニオンのガレット

LA BONNE TABLE
**中村 和成**

ディルの香りがさわやか


※クラシルの公式YouTubeでは、料理名〈このじゃがいもガレット、一度でいいから試して欲しい〉で掲載！ 動画も検索してチェック！

ごはんにたっぷりかけて

# 10分で絶品コンビーフ丼

三國 清三

## 材料（2～4人分）

コンビーフ……………………2缶
玉ねぎ（薄切り）…………1/2個分（70g）
にんにく（薄切り）……………1片分
A 牛乳……………………100mℓ
　トマトジュース……………200mℓ
　デミグラスソース…………50g
バター……………………10g
ごはん……………………適量
塩、こしょう………………各適量

## 作り方

1）フライパンにバターを中火で熱し、玉ねぎを炒める。玉ねぎがしんなりしたらにんにくを加え、茶色くなるまで炒める。

2）Aを加え、とろみが出るまで2～3分煮る。

3）コンビーフを崩しながら加え、火を止めて、塩とこしょうで味をととのえる。器に盛ったごはんにかける。

おいしく作るためのシェフポイント

### 牛乳を加えると分離するのでよく混ぜて

Aを加えて分離してきたら泡立て器で混ぜると、乳化して味ムラのないトマトクリームに。

※クラシルの公式YouTubeでは、料理名〈三國清三シェフが教える 10分でできる絶品丼レシピ コンビーフ丼〉で掲載！ 動画も検索してチェック！

どんな魚でも作れる！

# 最高峰のアクアパッツァ

ACQUAPAZZA
日髙 良実

## 材料（2人分）

カレイ（切り身・骨つき）…………200g
アサリ（砂抜きしたもの）…………170g
ミニトマト……………………6個
イタリアンパセリ（みじん切り）….適量
オリーブオイル………………50mℓ
塩………………………小さじ½
水………………………400mℓ

## 作り方

1）カレイは両面に切り込みを1本ずつ入れてまんべんなく塩をふる。10分ほどおいてから、キッチンペーパーで水気を拭く。

2）アサリは貝同士をこすり合わせて洗う。ミニトマトは横半分に切る。

3）フライパンを強火で熱してオリーブオイル大さじ1（分量外）をひき、カレイの皮を下にして入れる。弱火にしてフライ返しで押さえながら3分ほど焼く。

4）焼き色がついたら上下を返し、両面に焼き色がついたら強火にしてひたるくらいの水を加える。カレイに煮汁をかけながら2分ほど煮て、火が通ってきたらアサリを加える。

5）煮汁が少なくなったら、水（分量外）を足して調整し、アサリの殻が開いたらトマトを加える。

6）さっと煮込んだら、オリーブオイルを煮汁全体にかけ、白っぽく乳化するまで強火で煮込む。

7）弱火にして、イタリアンパセリを加える。

 ※クラシルの公式YouTubeでは、料理名〈スーパーの切り身魚で　最高峰のアクアパッツァを巨匠・日髙シェフが伝授〉で掲載！ 動画も検索してチェック！

# スープもおいしく仕上げるには強火で煮込む

## 皮にしっかり焼き色をつける

イタリアのアクアパッツァは焼き色をつけませんが、魚の皮を焼くとうま味がたくさん出るのでしっかり焼きつけて。

## 強火でしっかり煮詰めていく

魚本来の味を引き出すため、ワインなどは入れずに水だけで煮ていきます。

## 魚のうま味の出たスープを乳化させて仕上げる

スープの1/3量程度のオリーブオイルを加えて乳化させることで、とろりとしたスープに仕上がります。

＼まだある！／

## おいしく作るためのシェフポイント

### トマトはドライにするとプロ仕様に

ミニトマトを100℃程度のオーブンで２時間ほど焼くとドライに。うま味が凝縮されたドライトマトを使うとより本格的な味に仕上がります。

### スープをおいしくいただく料理

アクアパッツァは、「風変わりな水」という意味。強火で煮立てることでスープがおいしくなるので、魚介など具材はもちろん、うま味いっぱいのスープも楽しんでください。

洋食

夏野菜をたっぷり入れて

# ロマーニャ風 鶏肉の煮込み

byebyeblues TOKYO
永島 義国

## 材料（2人分）

鶏もも肉（ぶつ切り・骨つき）……500g
ミニトマト……20個（200g）
パプリカ（赤・黄）……各1個
バジル……8g
にんにく……1片
白ワイン……40㎖
オリーブオイル……60㎖
塩……適量
水……60㎖

**トッピング**

| バジル……1枚

## 作り方

1）ミニトマトは横半分に切り、パプリカは半量を縦1㎝幅に、残りは2㎝角に切る。

2）フライパンを中火にかけてオリーブオイル20㎖を入れ、鶏肉の皮を下にして焼く。焼き色がついたら塩4g（肉の0.8%程度）をふり、上下を返す。両面に焼き色がついたらバットに取り出す。

3）フライパンに残った脂は拭き取り、にんにくとオリーブオイル40㎖を入れて中火にかける。にんにくが色づき、香りが立ったら鶏肉を戻し入れてオイルをからめる。

4）火を止めて白ワインを加えて蓋をし、再度中火にかけて2分ほど焼く。上下を返して再度蓋をし、2分ほど焼く。

5）パプリカは皮を下にして加え、塩小さじ⅔をふって蓋をして焼く。3分おきに上下を返しながらパプリカに焼き色がつくまで10分ほど焼く。

6）ミニトマトを加えて塩ひとつまみをふり、蓋をして中火で5分ほど焼く。

7）バットに残った鶏肉の肉汁と水を鍋に加える。蓋をして5分ほど煮込み、水（分量外）を加えて濃度を調整しながら煮詰める。

8）煮詰まってとろみがついたらバジルをざく切りにして加え、中火で軽く煮詰める。器に盛り、バジルを添える。

 ※クラシルの公式YouTubeでは、料理名〈イタリアン歴30年の凄腕シェフ直伝 鶏肉の旨味が詰まった煮込み料理〉で掲載！ 動画も検索してチェック！

# 肉のうま味を野菜にしみ込ませる



## パプリカは2通りの切り方で味わいを変える

縦に切ったパプリカはソースの味がしみ込みやすく、横に切ると食感が楽しめます。

## 骨つきの肉を使う

骨からいいうま味が出るので、骨つき肉を使いましょう。手羽元や手羽先でもOK。

## うま味までこそげ取らない

鶏肉から出た脂はくさみの原因になるので拭きますが、同時にうま味も出るので脂だけをざっと拭きましょう。

＼まだある！／
### おいしく作るためのシェフポイント

## 白ワインを加えると芳醇で豊かな味に

白ワインで蒸すと香りがよく、鶏肉にもきれいな焼き色がつきます。出たうま味をパプリカにしみ込ませるように蒸し煮にしていきます。

## とろりとしたソースのような仕上がりを目指す

それぞれの食材から出る水分を考えながら、最後に水を加えます。食材にからみつくとろりとしたソースの粘度に仕上げましょう。

洋食

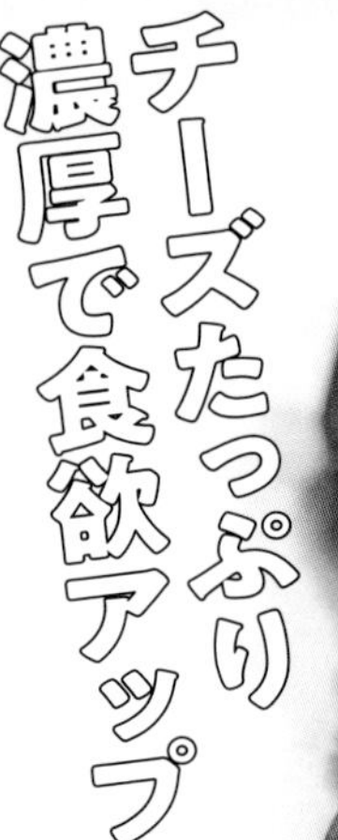

# なすのチーズミートソース

LA BONNE TABLE
中村 和成

## 材料（2人分）

なす……………3本（250g）

**トマトソース**
- トマト缶（カット）‥ 400g
- にんにく（粗みじん切り）……………1片分
- 赤唐辛子 ……… 2本
- オリーブオイル、塩……………各適量

**チーズミートソース**
- 豚ひき肉 ……… 200g
- 玉ねぎ（粗みじん切り）……… ¼個分（40g）
- ホワイトマッシュルーム…………8個（80g）
- ローズマリーの葉（みじん切り）‥‥ 1本分
- 生クリーム……100mℓ
- スライスチーズ（とろけるタイプ）‥‥ 4枚
- 白ワイン ……… 50mℓ
- 塩、粗挽き黒こしょう……………各適量

**トッピング**
- バジル…………… 適量

## 作り方

1）なすは縦4等分に切り、皮の中心に縦に切り込みを入れる。赤唐辛子は輪切りに、マッシュルームは5㎜幅に切る。

2）トマトソースを作る。フライパンにオリーブオイル大さじ1とにんにく、赤唐辛子を入れ、中火で熱する。香りが立ってきたらトマト缶と塩少々を加えて弱火で煮詰める。

3）別のフライパンにオリーブオイル大さじ2を入れ、皮を下にしてなすを入れる。塩をふり、焼き色がつくまで中火で焼く。

4）焼けたら上下を返して塩をふり、全面に焼き色がついたら取り出す。トマトソースに加えて煮て、火を止める。

5）チーズミートソースを作る。ボウルに豚肉と塩と、黒こしょう、ローズマリーを入れてよく練る。

6）**3**のフライパンを中弱火で熱し、**5**を3等分したものを塊のまま焼く。あいているスペースに玉ねぎを加えて、玉ねぎにだけ塩をふる。

7）肉に焼き色がついたら上下を返し、裏面にも焼き色がついたらマッシュルームを加えて塩をふる。肉の両面に焼き色がついたら、肉を軽く崩しながら炒める。白ワインを加えてアルコール分が飛ぶまで炒め、生クリームを入れて混ぜ、弱中火でとろみがつくまで煮詰める。

8）火を止めてスライスチーズを加えて再び中火にかけ、混ぜながら溶かす。

9）**4**のトマトソースの鍋を中火にかけ、温まったら**8**のチーズミートソースをかけて火を止める。

10）器に盛り、バジルをちぎってのせる。


※クラシルの公式YouTubeでは、料理名〈ナスの限界突破　異次元の破壊力を持った禁断レシピが生まれました〉で掲載！　動画も検索してチェック！

おいしくジュワッと

# 焼いたなすが決め手



## なすの中心に切り込みを入れる

なすの皮はかたく、火が通りにくいので、切り込みを入れて火を通りやすくします。

## 質のよいおいしいオリーブオイルを使う

なすは油をよく吸うのでオイルをたっぷり使います。多めに使うからこそ、おいしいオリーブオイルを使いましょう。

## なすは皮から焼く

なすの身は、いわばスポンジ。油に触れると全部吸ってしまうので、皮を焼いてから上下を返しましょう。

まだある！

## おいしく作るためのシェフポイント

### ひき肉はツヤが出るまでよく練る

ひき肉は粘り気が出るまで、しっかり力を入れてゴムベラで練ります。ハーブも刻んで加え、ソーセージのような味のミートソースになるよう、イメージしてみてください。

### ハンバーグのように焼いてからほぐす

ひき肉は丸めて焼き、両面がこんがり焼けてからほぐすと、香ばしく焼いた表面と中身が違った食感や味を生み出します。

# 野菜のタルト

ぐるぐると野菜を巻いて作るのが楽しい

帝国ホテル 東京
料理長
杉本 雄

## 材料（直径18cmのタルト型1台分）

パイ生地 ………… 1台分
長なす ………… 1本（160g）
ズッキーニ（黄色・緑） ………… 各1本（各160g）
ミニトマト（赤・黄） ………… 各9個（180g）
塩 ………… 適量

**野菜のペースト**

玉ねぎ（薄切り） ………… ¼個分（40g）
卵黄 ………… 1個分
オリーブオイル ………… 大さじ2½
塩、粗挽き黒こしょう ………… 各少々
A しょうが（みじん切り） ………… 10g
A にんにく（みじん切り） ………… 1片分
A カレー粉 ………… 4g
A コリアンダーパウダー ………… 1g
A クミンパウダー ………… 1g

**トッピング**

にんにく（薄切り）………… 1片
ローズマリー ………… 1本
タイム ………… 4本
オリーブオイル、塩 ………… 各適量

## 作り方

1）オーブンは180℃に予熱する。クッキングシートは型の底に合わせて切る。

2）なすとズッキーニは、スライサーで2mmの厚さに7枚ずつスライスし、塩をふる。水分が出てきたら流水で洗い流し、水気を絞る。両端の皮から1.5〜2cm幅に切り、中央の半端な部分はざく切りにする。

3）野菜のペーストを作る。残ったなすとズッキーニを横1cm幅に切る。耐熱ボウルになすとズッキーニ、玉ねぎを入れて塩と黒こしょう、オリーブオイルを加えてラップをかけ、しんなりするまで電子レンジで5分（700W）ほど加熱する。

4）2のざく切りにした野菜とAを3のボウルに加えてラップをかけ、再び電子レンジで6分ほど加熱し、混ぜる。

5）2のスライスしたズッキーニを、2色重ねて端から巻く。1で切ったクッキングシートに、ズッキーニの皮が下になるように置く。黄色いズッキーニ、緑のズッキーニ、なすの順に巻き、直径14.5cmの大きさになるまで巻く。残りはざく切りにし、4に加える。

6）鍋に4を入れて中火で熱し、泡立て器で潰す。しっかりと水分を飛ばしたら、ボウルに移して粗熱を取る。塩と黒こしょうで味をととのえ、卵黄を加えて混ぜる。

7）型にパイ生地（作り方は右ページ参照）を貼りつけ、6の野菜のペースト半量を敷き詰める。5の巻いた野菜の上にもペーストをぬる。

8）ペーストをぬったほうを下にして、巻いた野菜をパイ生地の中心にのせ、まわりには残ったペーストを詰めてミニトマトをのせる。トッピングを飾ってオリーブオイルと塩をかけ、予熱したオーブンで40分焼く。

9）粗熱を取り、上からオリーブオイルをぬる。

## きれいな渦巻き模様を作るための 下準備

### スライスした野菜には塩をする

塩をふると浸透圧で野菜がやわらかくなり、渦巻きにしやすくなります。

### 水分が出た野菜は一度洗う

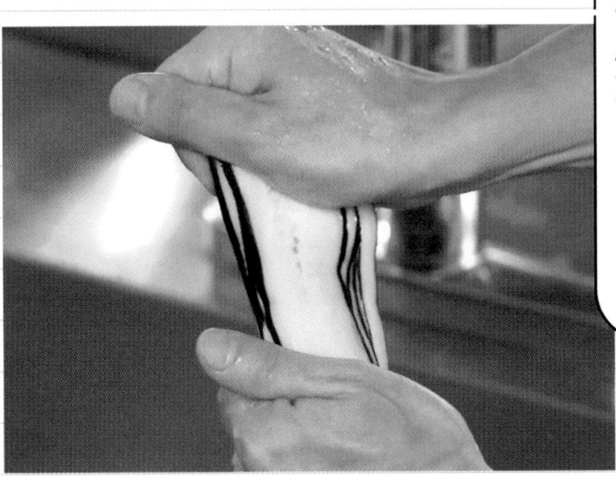

塩をふって水気が出たら野菜を流水で洗い、さっと絞ると色がきれいになります。

### 野菜はきつめに巻いていく

焼くと野菜から水分が出てスカスカになってしまうので、できるだけぎゅっと巻いていきましょう。

### 自家製のパイ生地

**材料（作りやすい分量・タルト型３台分）**

強力粉（ふるう）……………200g
バター（無塩・２㎝角に切り常温に戻す）……………100g
砂糖……………2g
塩……………3g
卵黄……………１個分
水……………50㎖

**作り方**

1）型にバター（分量外）を塗り、底にクッキングシートを敷いて冷蔵室で冷やす。

2）ボウルにバターと強力粉を入れ、手でバターを潰しながらサラサラになるまで混ぜる。砂糖と塩を加えて混ぜ、卵黄と水を少しずつ加えてまとめる。ラップで包み、冷蔵室で２時間ほど休ませる。

3）生地を３等分に切り分ける。クッキングシートを広げて打ち粉（分量外）をし、生地の１つを麺棒で1.5〜2㎜の厚さにのばす。フォークで全体に穴をあけ、1の型に入れて全体にしっかりと貼りつける。フチを切り落とし、冷蔵室に入れて冷やす。

※3回分のタルト生地が出来上がります。残りのパイ生地は冷凍保存し、自然解凍して使いましょう。

＼まだある！／

## おいしく作るための シェフポイント

### 野菜がずれない工夫をすればきれいに仕上がる

野菜の上にもペーストをぬってからパイ生地にのせるとずれにくくなります。

プロ級の手作り焼肉だれがおいしさアップ

# ビーフペッパーライス

ギオット
平沢 光明

## 材料（2人分）

牛こま切れ肉……………………150g
コーン（水煮）…………………… 50g
小ねぎ（小口切り）…………………適量
バター（無塩）…………………… 30g
粗挽き黒こしょう……………………適量
ごはん ……………………………180g

**焼肉のたれ（作りやすい分量）**

みりん………………… 100mℓ
A しょうゆ ……………… 80mℓ
はちみつ ……………………20g
甜麺醤……………大さじ1
B 玉ねぎのすりおろし
……………… ½個分（80g）
りんごのすりおろし……80g
おろししょうが …………30g
おろしにんにく ……… 1片分
C ごま油……………大さじ½
白いりごま …………小さじ2
一味唐辛子 ……………… 適量
イタリアンパセリ（みじん切り）…適量

## 作り方

1）焼肉のたれを作る。鍋にみりんを入れて中火で加熱し、沸騰してから1分ほどさらに加熱し、アルコール分を飛ばす。Aを入れて混ぜ合わせ、Bを加えて沸騰してから中火で10分ほど煮詰め、Cを加える。ひと煮立ちしたら火を止める。

2）フライパンの中央にごはんを丸く盛り、まわりに牛肉を敷き詰める。コーン、小ねぎ、バターをのせ、黒こしょうをふり、1の焼肉のたれ適量を回しかける。

3）フライパンを中火で熱し、牛肉をほぐしながら炒める。肉に焼き色がつきはじめたらごはんとよく混ぜ、焼きつけながら炒める。

4）牛肉に火が通り、焦げ目がついたらイタリアンパセリをちらす。

※焼肉のたれは瓶に入れて保存。


※クラシルの公式YouTubeでは、料理名〈市販のタレでは再現不可！肉のプロの特製ビーフペッパーライス〉で掲載！ 動画も検索してチェック！

# お手製焼肉だれが味の決め手

## 甜麺醤はよく溶かしておく

先にみりんを加熱してアルコール分を飛ばしてから、Bのしょうゆ、はちみつ、甜麺醤を加えてよく混ぜておきます。

## おろし玉ねぎは汁まで加える

Aの玉ねぎ、りんご、しょうが、にんにくなどの香りもしっかりソースに移していくため、汁まで加えて煮込みます。

## 最後に一味唐辛子を加えて煮込む

一味は煮込むほど辛くなります。辛いのが苦手な方は、ひと煮立ちさせたら火を止めるとちょうどいいです。

まだある！

## おいしく作るためのシェフポイント

### 肉とごはんの間にたれをしみ込ませる

こしょうは全体にたっぷりふります。肉とごはんの間に焼肉のたれをしみ込ませるようにかけましょう。

### 肉に焼き色がついたら全体を混ぜる

ごはんにしっかり焼き色をつけるように焼きます。焦がす手前の香ばしくなるような状態がベストです。

# 超一流 ポルペッティーナ

マルケ料理専門店
aniko
井関 誠

## 材料（4人分）

A
- 牛ひき肉……500g
- イタリアンパセリ（みじん切り）……適量
- 卵……1個
- リコッタチーズ……125g
- 粉チーズ……40g
- 牛乳……90mℓ
- パン粉……20g

薄力粉……適量
塩……12g
オリーブオイル……適量

**ソース**
- 玉ねぎ、にんじん、セロリ（各みじん切り）……合わせて125g
- にんにく……1片
- ローリエ……1枚
- トマト缶（カット）……325g
- トマトペースト……30g
- チキンブイヨン（液体）……250mℓ
- 白ワイン……30mℓ
- オリーブオイル……40mℓ

**トッピング**
- イタリアンパセリ（粗みじん切り）……適量
- オリーブオイル……適量

## 作り方

1）ミートボールを作る。ボウルにAを入れ、粘りが出るまでこねる。ラップをして冷蔵室で冷やし、冷えたら直径2cmほどに丸める。

2）フライパンにオリーブオイルを強火で熱する。1のミートボールに薄力粉をまぶし、丸く形を整えて入れ、全体に焼き色がつくまで焼いて、取り出す。

3）ソースを作る。鍋にオリーブオイルを入れ、にんにくを皮つきのまま潰して入れて、中火で加熱する。茶色に色づき、香りが立ったらにんにくを取り出し、玉ねぎ、にんじん、セロリを加えて弱火で炒める。

4）野菜がしんなりしてきたら、白ワインを加えて中火で熱し、沸いたらトマト缶、トマトペーストを加えて混ぜ、チキンブイヨンを加えて強火で煮込む。

5）ひと煮立ちしたら2のミートボール、ローリエを加え、蓋をして中火で20分ほど煮込む。

6）器に盛り、イタリアンパセリをちらし、オリーブオイルをかける。

肉のうま味が凝縮したミートボール



※クラシルの公式YouTubeでは、料理名〈一流イタリアンシェフが教える!!旨味とコクが増した格段にうまい「ミートボール」の作り方〉で掲載！ 動画も検索してチェック！

# 普段使いのマンマの味に+αの工夫

## リコッタチーズを加えてコクのある味に

ひき肉にリコッタチーズを加えるとさらに深みと香りのある味になります。

## 肉だねは小さめにまとめる

あとで薄力粉をまとわせて成形するので、一つひとつ分けておく程度で大丈夫。

## にんにくは丸ごと加える

皮つきのまま丸ごと炒めるのがイタリア流。香りが出たら取り出しましょう。

まだある！

## おいしく作るためのシェフポイント

### みじん切りにして炒めたソフリットがソースの土台に

イタリア料理では定番の玉ねぎ、にんじん、セロリを炒めたものをソフリットといいます。加えるとコクと香りが増します。ほかの料理にも使えるので、覚えておきましょう。

### ソースに使うワインは白赤どちらでもOK

白ワインはトマトにはない酸味を加える役割があります。白ワインがなければ赤でもOK。飲み残したものなどを使って。

# トマト風味のロールキャベツ

ブイヨンなしでもおいしい

LA BONNE TABLE
中村 和成

## 材料（2人分）

キャベツ ……………………½個（600g）

**肉だね**

- 豚ひき肉（粗挽き）…………300g
- 卵 ……………………………1個
- パン粉……………………… 15g
- 塩 ………………………………3g
- 粗挽き黒こしょう …………適量

**ソース**

- 玉ねぎ（みじん切り）…1個分（120g）
- ホワイトマッシュルーム ……………………8個（80g）
- にんにく（みじん切り）…… 2片分
- 赤唐辛子 ……………………1本
- トマト缶（カット）…………400g
- 白ワイン ……………… 100mℓ
- オリーブオイル …………100g
- 塩 ……………………………適量
- 水 ……………………………適量

**トッピング**

- 粉チーズ、オリーブオイル、粗挽き黒こしょう、イタリアンパセリ（みじん切り） ……………………… 各適量

## 作り方

1）キャベツは芯を切り落として、葉を1枚ずつはがし、かたい部分を切る。

2）1ℓの湯を沸かし、塩小さじ2（分量外）を入れ、キャベツを2分ゆでて取り出す。

3）ソースを作る。マッシュルームは5㎜幅に切る。鍋ににんにくとオリーブオイルを入れ、赤唐辛子を手で割って種ごと入れ、中火で炒める。

4）にんにくが薄く色づいてきたら弱火にして、玉ねぎを加える。塩をふり、蓋をして蒸し焼きにする。

5）玉ねぎがしんなりしたら、マッシュルームを加え、塩をふって弱火でさっと炒める。マッシュルームがしんなりしたら白ワインを加える。ひと煮立ちしたら中火にし、トマト缶とひたひたの水、塩を加えて蓋をして、火を止める。

6）肉だねを作る。ボウルに豚肉、塩と黒こしょうを入れて練り、卵を加えてよく練る。パン粉を少しずつ加え、全体がまとまるまで練る。

7）キャベツに肉だねを少量のせて包み、**5**のソースに入れる。余ったキャベツはそのまま丸めて鍋に入れる。強火で煮込み、沸騰したら蓋をして、強めの弱火で20分ほど煮る。

8）肉に火が通ったら器に盛り、好みのトッピングをかける。

# 肉だね とキャベツをマッチさせる

## キャベツの芯は取り除く

芯がついていると火が通りにくく、長時間煮込まなくてはならないので、芯は取り除きます。

## ひき肉はよく練る

親指のつけ根で粘りが出るまで混ぜましょう。しっかり練ってあれば、次に加える卵をすぐに吸ってくれます。

## 少量の肉をキャベツで包む

キャベツは小さければ2枚重ね、ミートボール大くらいの肉を包んでぎゅっと握ります。

＼まだある！／
## おいしく作るためのシェフポイント

### にんにくは焦げないように中火で炒める

にんにくは焦がさないように中火で炒めます。音が静かになってきたら水分が抜けてきた証拠。玉ねぎを加えていったんオイルの温度を下げましょう。

### 煮崩れないようにじっくりと蒸し煮にする

最初は強火で温め、沸騰したら蓋をして弱めの強火で15～20分ほど蒸し煮にしていきましょう。仕上げに粉チーズをふってコクをプラスしましょう。

※クラシルの公式YouTubeでは、料理名〈これを食べたら戻って来れない、旨さに嫉妬する最高のロールキャベツ〉で掲載！ 動画も検索してチェック！

洋食

野菜の持つ水分だけで仕上げる

# 野菜のおいしさと ハーブの香りを生かした 煮込まないラタトゥイユ

ブラッスリー ポール・ボキューズ 銀座
**星野 晃彦**

## 材料（4人分）

トマト …………………… 2個（300g）
玉ねぎ …………………… ½個（70g）
ズッキーニ（黄・緑）…… 各½本（150g）
パプリカ（黄・赤）……… 各¼個（100g）
なす ……………………… 1本（80g）
にんにく ………………………… 3片
タイム …………………………… 2本
ローズマリー …………………… 1本
オリーブオイル ……………… 50mℓ
塩 ……………………………… 適量

**トッピング**
タイム、ローズマリー … 各適量

## 作り方

1）トマトは湯むきして、種を取って1cm角に切る。玉ねぎ、ズッキーニ、パプリカは1cm角に切る。なすは皮を縞目にむいて、1cm幅のいちょう切りにする。

2）鍋にオリーブオイルと皮をむいて潰したにんにくを入れて、弱火で3分ほど熱する。

3）にんにくの香りが立ったら中火にして玉ねぎを加え、塩をふって炒める。玉ねぎがしんなりしてきたら蓋をして、10秒ほど蒸し焼きにする。

4）パプリカを加えて塩をふり、中火で炒める。しんなりしたら蓋をして10秒ほど蒸し焼きにする。同じようになすも塩をふって蒸し焼きにし、ズッキーニも同様にする。

5）トマトを加え、タイムとローズマリーは手でたたいて加える。中火で2分加熱したら蓋をし、火を止めて5分ほど余熱で火を通す。

6）氷を入れたバットに別のバットを重ね、**5**を入れて冷やす。皿に盛り、トッピングをのせる。

※クラシルの公式YouTubeでは、料理名〈名店シェフが直伝！夏野菜が本当に美味しくなる究極の「煮込まないラタトゥイユ」の作り方〉で掲載！ 動画も検索してチェック！

素材を活かして
# うま味活用



## 味つけは塩とオリーブオイルのみ

野菜やハーブの香りやうま味をふんだんに活かし、塩とオリーブオイルのみで味つけをします。

## トマトは湯むきをして口当たりよくする

トマトはヘタを除いて十字に切り込みを入れてから湯に入れ、5秒たったら氷水に浸けて皮をむきます。

## トマトの種は取ると濃厚に

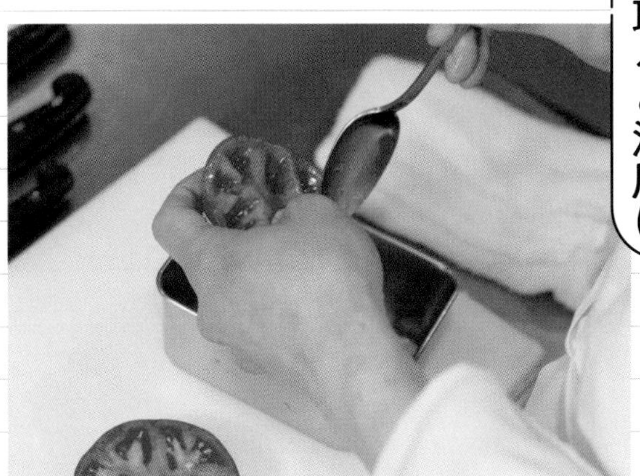

トマトは種に水分が多いので、種を取り除くと水っぽくならず、濃厚な味わいに仕上がります。

＼まだある！／
## おいしく作るためのシェフポイント

### にんにくは弱火でじっくり火を通す

オリーブオイルににんにくを入れ、弱火で熱します。にんにくがぷっくりするまで3〜4分、じっくり香りを出しましょう。

### 野菜をひとつずつ加えて蒸し焼きにする

野菜はひとつ入れるごとに塩をふり、蒸し焼きにします。この時間が甘みを引き出し、うま味のある味に仕上げてくれます。

洋食

## 材料（1人分）

そうめん……………………100g

**ガーリックベーコンオイル**

- ベーコン（ブロック）…………50g
- 乾燥にんにく（スライス）………5g
- ごま油………………大さじ1

**アボカドだれ**

- アボカド…………………1個
- めんつゆ（ストレート）……100mℓ
- レモン汁……………小さじ½
- 白いりごま…………大さじ1

**トッピング**

- トマト……………………1個
- 大葉（千切り）………………3枚

## 作り方

1）トマトは1cm角に切る。ベーコンは5mm角の棒状に切る。

2）ガーリックベーコンオイルを作る。フライパンにごま油と乾燥にんにく、ベーコンを入れて弱火で炒める。ベーコンに焼き色がついたら、火を止める。

3）アボカドだれを作る。アボカドは実をスプーンですくってフォークで潰し、調味料と混ぜる。

4）そうめんを袋の表示通りにゆで、流水にさらして冷やし、ざるに上げて水気をきる。

5）3のアボカドだれにそうめんを加えてよく混ぜる。

6）器に盛り、トマトと大葉をのせる。上から2をかける。

AMOUR
後藤 祐輔

# アボカドベーコンの ガーリックそうめん

こってり濃厚で
ボリューミー


※クラシルの公式YouTubeでは、料理名〈ミシュランシェフが本当におすすめする　アボカドベーコンの「ガーリックそうめん」作り方〉で掲載！動画も検索してチェック！

# 手早く作っても おいしくなるポイント

## じっくり焼いて香りを出す

にんにくは弱火でゆっくり焼くことで香りが出てきます。焦げないよう、慌てずに炒めていきましょう。

## 完熟のアボカドを使う

アボカドは指で押して少しへこむくらいやわらかいものを使いましょう。かたいと、潰しにくくなってしまいます。

## ベーコンから出た脂を最後にかけて

じっくり炒めると、ベーコンからは脂がたっぷり出てきます。これを最後に麺にかけるとおいしさ倍増です。

＼まだある！／

## おいしく作るためのシェフポイント

### そうめんはしっかり洗って水気をきる

ゆで上がったら麺をよく流水で洗い、水気をきります。たれが薄くなってしまうので、水分は禁物。水が出なくなるまでざるを何度も振りましょう。

### アボカドだれにはレモン汁を加える

小さじ½のレモン汁を加えると、グッと味が締まります。アボカドの色止めの役割も果たすので、きれいな色をキープできます。

ピザでおなじみのあの味をパスタで再現

# パスタマルゲリータ

ACQUAPAZZA
日髙 良実

## 材料（1人分）

スパゲティ（フェデリーニ1.4㎜）････50g
モッツァレラチーズ･･･････････100g
トマト缶（カット）･･･････････････400g
塩･････････････････････････小さじ1
オリーブオイル･････････････大さじ1
水･････････････････････････100㎖～

**トッピング**

オリーブオイル････････大さじ1
バジル･･････････････････････4枚

## 作り方

1）スパゲティは5等分に折る。モッツァレラチーズはキッチンペーパーで包んで水気をきる。3㎜幅に切ってキッチンペーパーの上に広げて上からペーパーをかぶせ、手で押さえてよく水気をきる。

2）フライパンを強火で熱し、オリーブオイルをひく。トマト缶、水、塩を加えて煮る。

3）ひと煮立ちしたらスパゲティを加え、中火でふつふつとした状態を保ち、4分ほど煮込む。ときどきかき混ぜ、水分が少なくなったら20㎖ずつ水を加えて調整する。

4）別のフライパンを強火で熱し、チーズを並べて焼く。上下を返し、両面に焼き色をつける。

5）スパゲティに火が通ったら3を弱火にし、4のチーズを全体に広げながら加える。バジルをちぎりながら加え、オリーブオイルを回しかける。


※クラシルの公式YouTubeでは、料理名〈マルゲリータをパスタで!? 奇跡のマリアージュ“パスタマルゲリータ”の作り方〉で掲載！ 動画も検索してチェック！

# パスタを
# ワンポットで作るコツ

## 1・4mmのスパゲティで手早く作る

今回使ったのはすぐにゆで上がる細麺のスパゲティ。さっとゆでられるので時短になります。

## スパゲティは折って使う

別ゆでしてもよいのですが、スパゲティを短く折ってソースと一緒に煮てしまえば鍋ひとつでできて便利です。

## スパゲティは水分を調整しながら煮る

水分が飛びすぎると、スパゲティが焦げるので、水を20mℓずつ加えながら、ゆで上がるまで煮込んでいきます。

＼まだある！／

## おいしく作るためのシェフポイント

### モッツァレラはしっかり水きりする

モッツァレラチーズはカットしてから焼きつけるので、キッチンペーパーで水分を拭き取っておきましょう。

### チーズは水分を飛ばしながら強火で焼く

フライパンに焦げつかないようフライ返しで返しながら、焼き色がつくまで焼きます。

ブラッスリー ポール・ボキューズ 銀座
星野 晃彦

# フランス伝統料理 鶏もも肉の赤ワインビネガー煮込み

## 材料（2人分）

鶏もも肉（骨つき）……600g
エシャロット（みじん切り）……80g
エストラゴン（みじん切り）……1本
強力粉……30g
赤ワインビネガー……100mℓ
オリーブオイル、塩、
　粗挽き黒こしょう……各適量

**A**
- バター（無塩）……40g
- トマトペースト……30g
- チキンコンソメ（顆粒）……小さじ½
- 水……200mℓ

## 作り方

1) 鶏肉は関節から半分に切り、骨のまわりを少しそぐ。網にのせて塩ひとつまみをふり、黒こしょうと強力粉をまぶす。

2) 鍋にオリーブオイル大さじ1½を強火で熱し、鶏肉の皮を下にして焼く。上下を返して両面に焼き色がつくまで焼き、肉汁ごと鶏肉を取り出す。

3) 鍋の脂を捨ててからオリーブオイル小さじ2を入れて弱火で熱し、エシャロットを入れて塩ひとつまみをふり、炒める。

4) エシャロットがしんなりしたら赤ワインビネガーを加え、中火で煮詰める。水分がなくなったら**A**を加え、混ぜながら弱火で煮る。

5) バターが溶けたら鶏肉と、鶏肉から出た肉汁を戻し入れる。ソースをからめながら中火で熱し、沸騰したら弱火にして蓋をする。

6) 鶏肉に火が通るまで10分ほど弱火で煮込み、塩ひとつまみを入れて味をととのえる。仕上げにエストラゴンをかける。



※クラシルの公式YouTubeでは、料理名〈伝統の鶏肉煮込み　三ツ星名店の哲学を受け継ぐ“鶏もも肉”のワインビネガー煮込み〉で掲載！ 動画も検索してチェック！

## 材料（1人分）

鶏もも肉 …………… ½枚(150g)
トマト ……………… ⅓個(40g)

A
- アンチョビフィレ ………… 1枚
- バジル(ちぎる) ……………… 1枚
- モッツァレラチーズ(ちぎる) … 40g
- ケイパー …………………… 5粒
- オレガノ(乾燥) ……… ひとつまみ

オリーブオイル ……………… 適量
塩 …………………………… 適量

## 作り方

1）鶏肉は包丁を入れて開き、厚みを均一にする。鶏肉にラップをかけ、フライパンの底でたたいて5㎜の厚さに伸ばす。鶏肉の両面に塩ふたつまみをふる。

2）トマトは乱切りにする。ボウルにトマトとオリーブオイル小さじ1、塩ひとつまみを加える。

3）フライパンを強火にかけ、オリーブオイル大さじ1を入れて鶏肉の皮を下にして強火で焼く。余分な脂はペーパーで拭きながら、両面焼く。

4）2とAをのせてオリーブオイル少々をかけ、蓋をして弱火で焼き、チーズが溶けたら皿に盛り、オリーブオイルをかける。

### おいしく作るためのシェフポイント

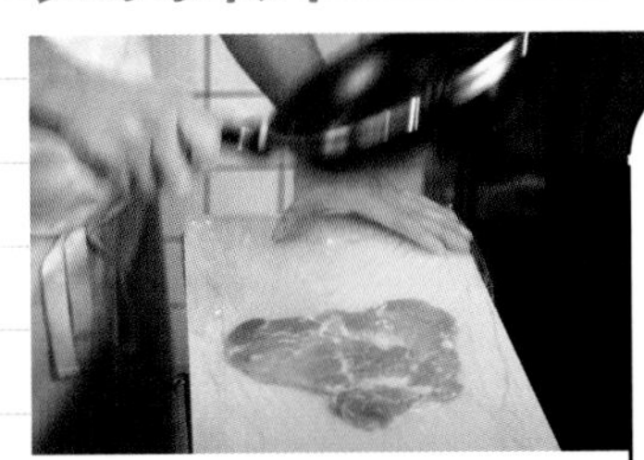

**ピザ生地の代わりになるよう肉を伸ばす**

鶏肉は厚いところに包丁を入れて厚さを均一にします。ラップをかけてフライパンでたたいて伸ばしましょう。

ドンブラボー
**平 雅一**

# 鶏肉のピザ職人

イタリアの郷土料理が
フライパンひとつで

※クラシルの公式YouTubeでは、料理名〈予約困難店のシェフが教える、「鶏肉のピザ職人風」の作り方〉で掲載！ 動画も検索してチェック！

## 材料（2人分）

ズッキーニ……………… 2本（300g）
モッツァレラチーズ …………100g
塩 ……………………………適量

**肉だね**

豚ひき肉 ………………250g
イタリアンパセリ（みじん切り）
………………………適量
卵 ………………………1個
牛乳 ……………………80mℓ
粉チーズ ………………10g
ケイパーの塩漬け（みじん切り）10g
パン粉……………………30g
塩 ………………………2.5g

**ソース**

トマト……………………2個
パプリカ（赤） ……………1個
玉ねぎ（みじん切り） …………5g
にんにく（みじん切り）……¼片分
オリーブオイル ……… 大さじ1
赤唐辛子（みじん切り）、塩 … 各適量

**トッピング**

バジル……………………1枚
粗挽き黒こしょう、オリーブオイル
……………………… 各適量

## 作り方

1）ボウルに肉だねの材料を入れ、粘りが出るまで手でこねる。ラップをして5〜6分冷蔵室で休ませる。

2）ズッキーニはヘタを取って縦半分に切る。皮を5㎜ほど残して中身をくり抜き、全体に塩をふる。ズッキーニに**1**を¼量ずつ詰める。

3）ソースを作る。トマトは8等分のくし形切りにして横半分に切る。パプリカは縦半分に切り、ヘタと種を取って薄切りにする。

4）フライパンにオリーブオイルと玉ねぎ、にんにく、赤唐辛子を入れ、弱火で炒める。

5）玉ねぎとにんにくが茶色に色づきはじめたら中火にし、パプリカを加えて塩をふり、1分ほど炒める。パプリカがしんなりしたら、トマトを加えて塩をふって炒める。

6）パプリカとトマトから出てきた水分が沸騰したら弱火にする。**2**のズッキーニをのせてアルミホイルで蓋をし、肉に火が通るまで10分ほど加熱する。ズッキーニにモッツァレラチーズをちぎってのせ、再度アルミホイルで蓋をし、弱火で2分ほど焼く。

7）モッツァレラチーズが溶けたら、黒こしょうをふる。バジルをちぎってのせ、オリーブオイルをかける。

※くり抜いたズッキーニの中身は塩をふって水分を取り、ツナやゆで卵と合わせてサラダにしても。

マルケ料理専門店
aniko
井関 誠

# ズッキーニの肉詰め ピリ辛トマトソース

チーズとハーブたっぷり

# 肉だねを作っておいしく焼く



## 肉だねは粘りが出るまでこねる

最初は卵をなじませるように握ります。肉よりつなぎが多いので、よくこねて粘りを出します。

## ズッキーニに肉だねを詰める

冷蔵室で5〜6分休ませた肉だねをズッキーニに詰めます。焼くと肉が少し縮むので、押し込むように詰めましょう。

## 蒸し焼きにしてうま味を引き出す

ソースにズッキーニを入れて蓋をし、10分ほど蒸し焼きにします。肉に弾力が出てきたら火が通った証しです。

まだある！

## おいしく作るためのシェフポイント

### ズッキーニはティースプーンでくり抜く

小さなスプーンで抜いていくと失敗がありません。ズッキーニの厚みも食感になるので、薄く削ってしまうのではなく、残しながら抜きます。

### 玉ねぎとにんにくでコク出しする

玉ねぎとにんにくは香ばしさよりコクが大切なので、火入れは色づく手前まででOK。焦げる前にパプリカを加えましょう。

※クラシルの公式YouTubeでは、料理名〈ミシュラン掲載店が教えるズッキーニ好きにはたまらない一皿。「ズッキーニの肉詰め」の作り方〉で掲載！ 動画も検索してチェック！

きのこのうま味をたっぷりと吸わせて

# Wうまい きのこリゾット

LA BONNE TABLE
中村 和成

## 材料（2人分）

米……………………………150g
ベーコン（ブロック）…………… 30g
玉ねぎ（粗みじん切り）……⅕個分（30g）
バター（無塩）………………… 30g
スライスチーズ（とろけるタイプ）… 2枚
水………………………… 150mℓ
塩、粗挽き黒こしょう……… 各適量

**きのこのソテー**

エリンギ………………… 100g
しめじ…………………… 60g
えのき…………………… 60g
にんにく（みじん切り）……… 5g分
白ワイン…………………… 40mℓ
オリーブオイル……… 大さじ1
塩、粗挽き黒こしょう… 各適量

**トッピング**

イタリアンパセリ（みじん切り）
……………………… 適量

## 作り方

1）ベーコンは5㎜角に切る。

2）フライパンを強火で熱しバターを入れる。溶けてきたら玉ねぎ、ベーコンを入れて塩と黒こしょうを強めにふり、炒める。ベーコンがカリッとしてきたら弱火にし、米を加えて炒める。

3）全体に油がまわり、米が透き通ってきたら水を加えて強火にする。沸騰したらごく弱火にして蓋をし、13分半炊く。ごはんが炊き上がったら火を止め、そのまま3分ほど蒸らす。

4）きのこのソテーを作る。エリンギは一口大に手でちぎり、しめじとえのきは手でほぐす。別のフライパンにオリーブオイルを強火で熱し、しっかり温まったら、きのこ類を入れて塩をふり、焼く。

5）焼き色がついたら強火で炒め、きのこ類がしんなりしたら、にんにくを入れてさらに炒める。

6）黒こしょうと白ワインを加えて強火で炒め、アルコール分が飛んだら火を止める。

7）**3**の半量を器に盛り、スライスチーズ、きのこのソテーをのせ、イタリアンパセリをふる。パエリアの完成。

8）リゾットを作る。残りの**3**に水適量（分量外）を加える。中火にかけて混ぜ、とろみがついたら火を止める。器に盛り、パセリをふる。


※クラシルの公式YouTubeでは、料理名〈シェフが教える きのこの旨味をたっぷりと吸った天才的にうまいリゾットの作り方〉で掲載！ 動画も検索してチェック！

# ジュワッとおいしくごはんを炊くには

## 玉ねぎは粗くみじん切りにする

今回のように食感も楽しみたいときは、粗く切るのがおすすめ。食べたときに玉ねぎの存在を感じられます。

## バターは焦がさずに溶かして炒める

バターが焦げると焦がしバターになり、スイーツのような香りが出てしまうので、溶けたらすぐに炒めはじめます。

## お米を入れたら沸騰するまで待つ

沸騰の見極めは、中心がふつふつしてきたかどうか。まわりから沸いてきますが、中心で確認しましょう。

＼まだある！／

## おいしく作るためのシェフポイント

### できる限りの弱火で炊いて芯までやわらかく

お米を炊くときは、ごく弱火でゆっくり時間をかけて炊くと、フライパンでも芯までやわらかく炊くことができます。

### パエリアからリゾットに変身

ごはんが炊けた状態のものはパエリアで、これにチーズや水分を加えてリゾットにすると、二つの味が楽しめます。

# サックサクなオニオンリング＆チキンナゲット

LA BONNE TABLE
中村 和成

## 材料（2人分）

鶏むね肉……150g
新玉ねぎ……150g
塩……適量
**衣**
- A
  - ビール……50mℓ
  - 薄力粉……30g
  - 片栗粉……30g
  - 粉チーズ……15g

揚げ油……適量
**オーロラソース**
- ケチャップ……30g
- マヨネーズ……15g
- タバスコ……適量

**マスタードソース**
- マスタード……30g
- マヨネーズ……15g

## 作り方

1）新玉ねぎは端を切り落とし、中央は5㎜幅に切る。端は、横に寝かせてほぐしてからボウルに入れ、塩をふってなじませる。鶏肉は1㎝幅に切ってから、長さを半分にする。別のボウルに鶏肉を入れて塩をふり、なじませる。

2）オーロラソース、マスタードソース、それぞれの材料を混ぜ合わせておく。

3）衣を作る。別のボウルにAを入れて泡立て器で混ぜ合わせる。ビールを少しずつ加え、なめらかになるまで混ぜ合わせる。鶏肉を入れてからめる。

4）鍋に5㎝深さの揚げ油を入れて190℃に熱し、鶏肉を入れる。衣がきつね色になり、肉に火が通るまで2分ほど揚げたら油をきって休ませる。

5）4の鍋を中強火で加熱し、200℃になったら3のボウルに玉ねぎを入れてからめ、衣がきつね色がなるまで1分30秒ほど揚げて、油を切る。

6）器に4、5を盛りつけ、2のソース2種を添える。


※クラシルの公式YouTubeでは、料理名〈"サックサク" なオニオンリング＆チキンナゲットの作り方〉で掲載！ 動画も検索してチェック！

# サックサクの決め手となる衣のポイント

## 薄力粉と片栗粉を半々に入れる

片栗粉はサクサクで軽い食感に仕上がりますが、片栗粉だけでは衣がからみにくいので、薄力粉も合わせて加えます。

## ほんのり香るチーズがスナック感を出す

少し入れた粉チーズが、ナゲットとオニオンリングのスナックっぽさを演出。チーズは薄力粉と片栗粉の1/4量でOK。

## ビールで溶くとさらにサクサク

衣をビールで溶くと、衣に空洞ができやすくなるため、ベチャッとせず軽い食感に揚がります。炭酸水でも構いません。

＼まだある！／

## おいしく作るためのシェフポイント

### 玉ねぎの端は横に寝かせて切る

玉ねぎは左右の端を切り落とし、中央は5㎜幅に切りましょう。端は横に寝かせて切るとうまく切れます。

### 鶏肉は大きさを揃えて切る

鶏肉は同じ大きさに切り揃えると、揚がるタイミングを合わせられます。小さめに切っていくと、短時間で揚がります。

洋食

とろーんと伸びる
マッシュポテト

# クリーミーアリゴ

LA BONNE TABLE
中村 和成

## 材料（4人分）

じゃがいも……………… 2個（200g）
モッツァレラチーズ …………100g
バター（無塩）……………………30g
牛乳、塩、水 ……………… 各適量
**トッピング**
オリーブオイル、塩、
粗挽き黒こしょう ……… 各適量
イタリアンパセリ（粗みじん切り）…2g
パン……………………………適量

### おいしく作るためのシェフポイント

**牛乳は濃度を見ながら加える**

じゃがいもによって水分量が違うので、牛乳はじゃがいもがとろんとクリーミーになるまで加えます。

## 作り方

1）じゃがいもは皮をむき、1㎝幅の輪切りにする。モッツァレラチーズは1㎝幅に切り、バットにのせて5分ほどおく。

2）鍋に湯を沸かして1％の塩を加え、じゃがいもを中弱火で11分ほどゆでる。

3）じゃがいもに竹串を刺し、スッと通るくらいになったら、ざるに上げる。

4）別の鍋にバターを入れて中火にかけ、バターが溶けたら弱火にしてじゃがいもを入れて潰す。

5）牛乳を少量ずつ加えてごく弱火で加熱しながら、なめらかになるまでゴムベラで混ぜる。

6）チーズとチーズから出た水分を加え、溶かしながら手早く混ぜる。チーズが8割くらい溶けたら火を止めて練り、とろんとするくらいの濃度になるよう水を加えて調整する。

7）器に盛り、中心に穴をあけて、オリーブオイルを注ぐ。塩と黒こしょうをふり、イタリアンパセリをちらしてパンを添える。

 ※クラシルの公式YouTubeでは、料理名〈濃厚チーズとじゃがいもがたまらない!!「最高においしいアリゴ」の作り方〉で掲載！ 動画も検索してチェック！

## 材料（4人分）

じゃがいも……………… 1個（100g）
セロリ ………………………… 90g
にんじん ……………………¼本（50g）
紫玉ねぎ ……………………½個（100g）
パンチェッタ ………………… 20g
にんにく ……………………………½片
さやいんげん ………………… 6本
トマト缶（ホール）…………360g
塩、粗挽き白こしょう ……… 各適量
オリーブオイル ……………… 適量

**ピストゥ（※）（作りやすい分量）**

豚背脂……………………500g
パルミジャーノレッジャーノ ……………………………100g
にんにく …………………100g
バジル（乾燥）………………5g

※ピストゥを加えることで香りが豊かになります。
※ピストゥは、保存容器に入れて空気に触れないようにして冷蔵室で保存。小分けにして冷凍保存も可能。

## 作り方

1）じゃがいもは皮をむいて5㎜角に切る。セロリ、にんじん、紫玉ねぎ、パンチェッタは5㎜角に切る。にんにくは皮をむいて半分に切り、さやいんげんは5㎜幅に切る。

2）ピストゥを作る。材料をフードプロセッサーに入れ、なめらかになるまで攪拌する。

3）鍋ににんにく、オリーブオイルを入れて中火にかけ、ふつふつしてきたら火を止める。余熱でにんにくに火を通し、香りが立ったらパンチェッタを加える。

4）パンチェッタから脂が出てきたら弱火にかけ、ふつふつしてきたら火を止める。にんじんを加えて弱火で炒め、ふつふつしてきたら火を止める。

5）じゃがいもを加えて弱火にかけ、塩をふる。紫玉ねぎを加えて弱火で炒め、鍋底に野菜が貼りつくようになったら火を止める。セロリを入れて弱火にかけ、塩をふって炒める。

6）野菜の水分が飛んできたらトマト缶を加え、弱火で10分ほど煮込む。野菜がやわらかくなったら火を止める。

7）さやいんげんを加えて弱火で熱し、温まったら火を止める。**2**のピストゥ12gを加えて混ぜ、オリーブオイルを加えて混ぜる。

# 優しい味わい ミネストローネ

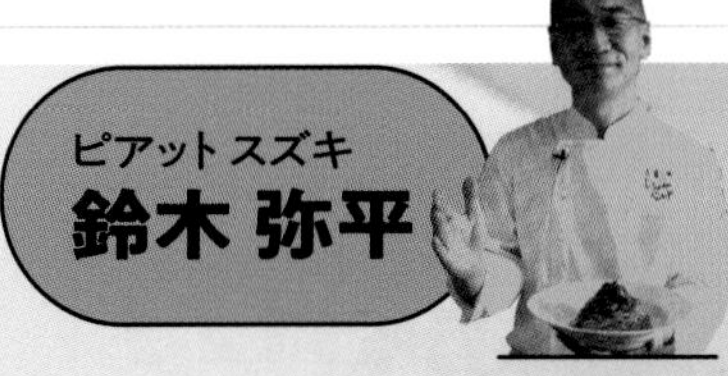
ピアットスズキ
鈴木 弥平

野菜それぞれの食感が残って楽しい

# 鶏肉の赤ワイン煮込み

ギオット
平沢 光明

## 材料（2人分）

鶏もも肉……………………250g
しめじ………………………50g
オリーブオイル…………大さじ1
赤ワインビネガー……………50mℓ
赤ワイン……………………80mℓ
バター（無塩）……………………2g
塩………………………ふたつまみ
粗挽き黒こしょう………ひとつまみ

## 作り方

1）しめじは石づきを除き、ほぐす。鶏肉は一口大に切り、塩と黒こしょうを両面にふる。

2）中火で熱したフライパンにオリーブオイルをひき、鶏肉の皮を下にして入れ、皮がパリッとするまで3分ほど焼いて上下を返す。

3）しめじを加えて炒める。しめじがしんなりしてきたら、赤ワインビネガーを加えて弱火にし、水分がなくなったら赤ワインを加える。

4）鶏肉の上下を返しながら弱火で4分ほど煮込み、とろみがついたら火を止める。バターを加えてさっと混ぜる。


※クラシルの公式YouTubeでは、料理名〈材料シンプル　ソースが決め手 鶏肉の赤ワイン煮込みの作り方〉で掲載！ 動画も検索してチェック！

# 調味料が少ないからこそ 味つけポイントを押さえる

## 鶏肉にはしっかり塩とこしょうをふる

野菜には塩をしないので肉にふる塩とこしょうが味の決め手になります。両面に強めにふりましょう。

## 赤ワインビネガーを加えたら弱火に

赤ワインビネガーの香りと酸味が飛ばないよう、弱火で水分だけを飛ばして炒めます。

## 赤ワインビネガーの代わりにりんご酢でも

赤ワインビネガーが手に入りづらかったら、りんご酢などで代用しましょう。穀物酢でも構いません。

＼まだある！／

## おいしく作るためのシェフポイント

### 鶏肉は皮をパリッと焼き上げる

鶏肉は皮の水分を拭いてから焼きはじめます。皮がパリッと焼けるまではさわらず、焼けてから上下を返しましょう。

### 鶏肉から脂が出るので、オリーブオイルは控えめに

オリーブオイルは鶏肉がくっつかない程度に入れればOK。鶏肉の脂と最後に加えるバターがあるので、分量を守りましょう。

# ピーマンの肉詰め×かぼちゃのポタージュ×ペペロンチーノライス

一度にできる15分定食

AMOUR 後藤 祐輔

## 材料（2人分）

**かぼちゃのポタージュ**

- かぼちゃ …… 1/4個（250g）
- みりん …… 大さじ2
- 牛乳 …… 120mℓ
- 塩 …… 少々

**ピーマンの肉詰め**

- ピーマン …… 4個（160g）
- 豚こま切れ肉 …… 200g
- サラダ油 …… 適量
- 水（蒸し焼き用） …… 大さじ2
- A
  - マヨネーズ …… 大さじ1
  - ウスターソース …… 大さじ1
  - 片栗粉 …… 大さじ1
  - 塩、粗挽き黒こしょう …… 各少々
- B
  - ウスターソース …… 大さじ2
  - ケチャップ …… 大さじ2
  - 水 …… 大さじ5

**ペペロンチーノライス**

- コンソメ（固形） …… 1個
- C
  - 料理酒 …… 大さじ1
  - おろしにんにく …… 小さじ1
  - 赤唐辛子 …… 1本
- D
  - バター …… 10g
  - オリーブオイル …… 大さじ1
  - パセリ（乾燥） …… 小さじ1
  - ごはん（温かいもの） …… 250g

## 作り方

1）かぼちゃのポタージュを作る。耐熱ボウルにかぼちゃを皮つきのまま入れ、みりんをかぼちゃにかける。ふんわりとラップをかけ、電子レンジ（700W）で5分ほど加熱する。

2）かぼちゃの実をスプーンでくりぬき、別の大きめの耐熱ボウルに残った汁と一緒に入れる。牛乳を加えてスプーンで軽く潰し、塩を加えて混ぜる。ラップをせずに再び電子レンジで1分ほど加熱する。

3）ピーマンの肉詰めを作る。豚肉は1cm幅に切り、ピーマンはヘタを除いて種を取る。

4）ボウルに豚肉を入れ、Aを加えて混ぜる。ピーマンの中に肉を詰め、ピーマンを横3等分に切る。

5）フライパンにサラダ油をひき、ピーマンの断面を下にして強火で焼く。焼き色がついたら上下を返す。両面に焼き色がついたら水を入れて蓋をし、弱火で蒸し焼きにする。

6）肉に火が通ったらBを加える。とろみがつくまで中火で焼く。

7）ペペロンチーノライスを作る。別の大きめの耐熱ボウルにCを入れ、ラップをせずに電子レンジで30秒ほど加熱する。コンソメを砕き入れてなじませ、Dを加えたら、バターが溶けるまでよく混ぜる。

※クラシルの公式YouTubeでは、料理名〈[ミシュランシェフ超時短テク！] ピーマンの肉詰め×ペペロンチーノライス×かぼちゃのポタージュ〉で掲載！ 動画も検索してチェック！

定食3品にこだわりの

# 後藤マジック

## シンプルな調味料だけでできるレンチンポタージュ

かぼちゃにはみりんで甘みと香りをつけて、牛乳でのばすだけ。シンプルな材料でもプロの味に仕上がります。

## 肉詰めにはひき肉ではなくこま切れ肉を使う

肉々しくて食べ応えのある味に仕上がるので、豚こま肉で作ってみてください。

## ライスはしっかり混ぜて味のムラをなくす

電子レンジだけで作るので、味が均一になるよう、しっかり混ぜること。最後にバターを加えると香りが引き立ちます。

＼まだある！／

## おいしく作るためのシェフポイント

### 肉詰めの肉にはマヨネーズでふんわり食感

マヨネーズを加えると、油と卵のコクで味にも深みが出て、肉がふっくらやわらかく仕上がります。

### ぎゅっと詰めると食べやすい

ピーマンに肉を詰めるときは、底までしっかり肉が行き渡るようにぎゅっと詰めていきます。切ったときに肉がはがれにくく、肉のボリュームを感じられるおかずになります。

# 本格よだれ鶏

中国料理美虎(みゆ)
五十嵐 美幸

## 材料（2人分）

鶏むね肉 ………………………… 1枚
もやし ………………………… 1/2袋
貝割れ菜 ………………………… 適量
ピーナッツ ………………………… 適量
長ねぎ（粗みじん切り） …… 1/3本分（40g）
鶏ガラスープ（鶏ガラスープの素2g＋水）
…………… 適量（鶏肉が浸かるくらい）

**たれ**

おろしにんにく ……… 大さじ1
おろししょうが ……… 大さじ1
花椒（粒） ……………… 大さじ2
黒酢 …………………… 大さじ4
しょうゆ ……………… 大さじ3
ごま油 ………………… 大さじ3
砂糖 …………………… 大さじ2
黒すりごま …………… 大さじ2
味噌 …………………… 大さじ1
ラー油 ………………… 適量

## 作り方

1）もやしはゆでる。貝割れ菜は根元を切り落とす。ピーナッツは粗く刻む。鶏肉は半分に切り、包丁で開いて厚みを均一にする。

2）深めのフライパンに鶏ガラスープと鶏肉を入れ、中火にかける。

3）沸騰してきたら、鶏肉の上下を返して火を止めて蓋をし、余熱で火を通す。そのままおいて、粗熱を取る。

4）たれを作る。フライパンで花椒を炒って砕く。別のフライパンに花椒以外のたれの材料を入れて中火にかけ、ひと煮立ちしたら花椒を加える。沸騰したらボウルにあけて冷ます。

5）鶏肉をそぎ切りし、皿にもやしと鶏肉を盛る。たれをかけ、ねぎ、ピーナッツ、貝割れ菜をのせ、お好みでラー油（分量外）をかける。

 ※クラシルの公式YouTubeでは、料理名〈中華料理店が教えるお家で絶品「本格よだれ鶏」の作り方〉で掲載！ 動画も検索してチェック！

ゆっくり火入れして
# ぷるぷるしっとりお肉に



## 鶏ガラスープは冷たい状態から

むね肉にゆっくり火を通してやわらかく仕上げたいので、鶏ガラスープは温めないでおきましょう。

## 余熱で火を通してやわらかく

スープが沸騰した時点で、肉には6～7割火が通っているので、ここからは余熱で火を入れます。

## そぎ切りにして食べやすく

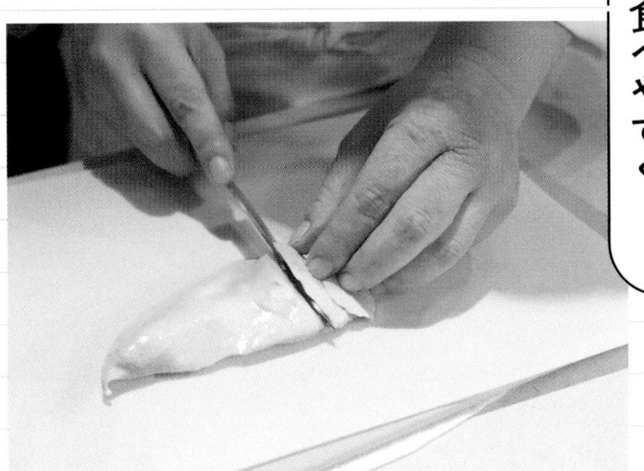

肉の繊維を断つようにそぎ切りにすると、ジューシーでやわらかい食感になります。

＼まだある！／
## おいしく作るためのシェフポイント

### 花椒は炒ってから使うと香りよし

分量は好みでかまいませんが、分量通りたっぷり入れるとお店の味に。はじめに炒ってから使うと香りがしっかり立ち、より本格的な味に仕上がります。

### たれは必ず加熱して香りを立たせる

調味料は合わせるだけでなく、さっと火を入れると香りが立ち、味にも深みが増します。味噌や黒すりごまがコクを出してくれます。

中華

白菜の甘みと鶏肉の辛みがハーモニーに

# 鶏むねの白菜包み

Turandot 臥龍居
**脇屋 友詞**

## 材料（2人分）

鶏むね肉 ……………………100g
白菜の軸 …………………… 80g
白菜の葉 …………………… 5枚
長ねぎ、しょうが（各みじん切り）…… 各5g
ザーサイ（薄切り） ………… 30〜40g
卵（溶く） …………………… ½個分
赤唐辛子 …………………… 〜2本
ごま油 ……………………小さじ½
片栗粉 ……………………………少々
塩、こしょう ……………… 各少々
サラダ油 ……………………適量

**合わせ調味料**

豆板醤 ………………小さじ½
紹興酒 ………………大さじ1
しょうゆ ……………大さじ2
砂糖 …………………大さじ2
酢 ……………………大さじ1
水溶き片栗粉 ………小さじ1

**トッピング**

香菜 …………………………適量

## 作り方

1）ザーサイは水に浸して塩分を抜く。白菜は軸と葉に分け、軸は5cm幅に切って薄切りに、葉は縦長になるように切る。鶏肉はそぎ切りにする。

2）ボウルに鶏肉、塩とこしょうを入れ、粘りが出るまでもみ込む。卵を加えてよく混ぜ、片栗粉を混ぜてサラダ油小さじ1強を加えて混ぜる。

3）フライパンにサラダ油大さじ6を中火で熱し、白菜の軸を入れて揚げ焼きにする。しんなりしてきたらざるに上げて、白菜を取り出す。

4）同じフライパンにサラダ油大さじ5強を中火で熱し、鶏肉を揚げ焼きにする。火が8割ほど通ったら、ざるに上げて鶏肉を取り出す。

5）同じフライパンでねぎとしょうが、赤唐辛子を炒め、ごま油を加える。香りが立ったら、ザーサイと**4**の鶏肉、**3**の白菜を加える。

6）強火にして、合わせ調味料を混ぜてから加えて炒める。皿に盛って香菜を飾り、白菜の葉を添える。


※クラシルの公式YouTubeでは、料理名〈中華の鉄人が教える柔らかジューシーな「白菜と鶏むね炒め」の作り方〉で掲載！ 動画も検索してチェック！

やわらかくジューシーに仕上げる

# 鶏肉の下処理

## 鶏肉は肉の厚みに合わせて包丁の角度を変える

肉は、薄いところは包丁を寝かせてそぎ切りにし、厚いところは包丁を直角にして同じサイズに切ります。

## 鶏肉に塩をふって粘りを出す

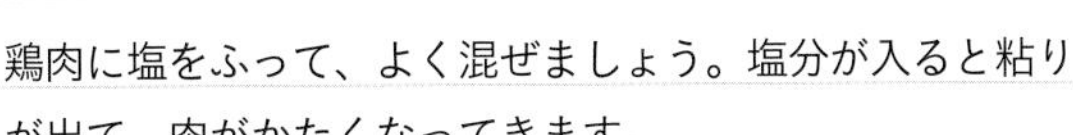

鶏肉に塩をふって、よく混ぜましょう。塩分が入ると粘りが出て、肉がかたくなってきます。

## 鶏肉に卵液を加えて混ぜる

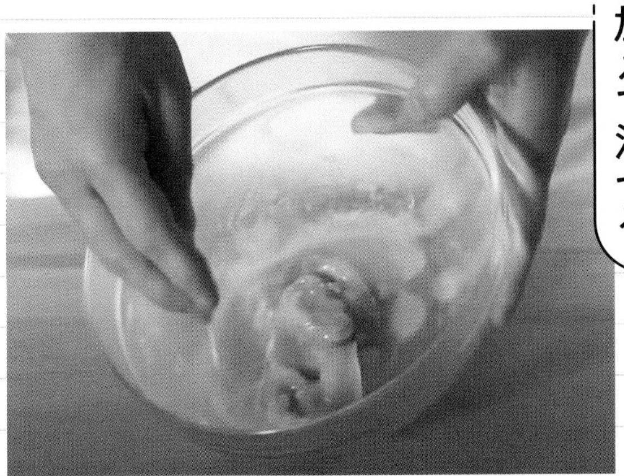

肉がかたくなってきたら卵液を入れてよく混ぜ、肉に卵をよく吸わせます。片栗粉とサラダ油も加えて。

まだある！

## おいしく作るためのシェフポイント

### 白菜は低温でゆっくり火を通す

白菜の軸は低温の油に入れ、1分半～2分かけてゆっくり揚げ焼きします。しんなりしたら、いったん取り出します。

### 鶏肉も低温でゆっくり火を通す

ゆっくり火を通すとやわらかく仕上がります。肉の色が変わったら上下を返し、7～8割、火が通ったら取り出します。

炒める順番で劇的にうまくなる

# カリッカリッのしょうゆ焼きそば

中国料理美虎(みゆ)
五十嵐 美幸

## 材料（2人分）

焼きそば麺……………………2玉
豚バラ肉（薄切り）……………150g
ピーマン（薄切り）…………1個（40g）
長ねぎ……………………¼本
もやし……………………100g
桜エビ……………………4g
にんにく（みじん切り）……………10g
鶏ガラスープ（鶏ガラスープの素2g＋水）
……………………100mℓ
しょうゆ………………大さじ1½
ごま油……………………大さじ3

## 作り方

1）麺は電子レンジ（600W）で1玉につき30秒ほど加熱する。長ねぎは5㎜幅の斜め切りにする。豚肉は食べやすい大きさに切る。

2）フライパンに焼きそば麺を入れてほぐし、ごま油大さじ1½を回しかけてよくほぐしてから中火にかける。ごま油大さじ1½を回し入れて、4〜5分焼く。

3）麺に焼き色がついたら上下を返し、フライ返しで押しつけながら、2分ほど焼く。両面に焼き色がついたらフライパンの中で軽くほぐし、取り出す。

4）同じフライパンに豚肉を入れて中火で炒める。肉に火が通ったら桜エビ、にんにくを加え、香りが立ったらしょうゆと鶏ガラスープを加える。

5）麺とピーマン、長ねぎ、もやしを加え、水気がなくなるまで炒める。

 ※クラシルの公式YouTubeでは、料理名〈市販の袋麺で最高に“カリッ”と極上の醤油焼きそばの作り方〉で掲載！ 動画も検索してチェック！

# ベチャッとしない
## 焼きそばになる

### 麺を電子レンジで温めてから作る

麺は炒める前に電子レンジで加熱しておくと、ほぐれやすくなります。

### 2回に分けてごま油を入れる

麺にまんべんなくごま油が行き渡るように、2回に分けて鍋肌から回し入れましょう。油が少ないと焦げるので注意して。

### ほぐさず焼きつけるイメージで

麺はあとでほぐすので、フライ返しで押しつけながら、まずはしっかり焼き色をつけましょう。

＼まだある！／
**おいしく作るための**
**シェフポイント**

### 豚肉に火を通してから香りづけ

最初に豚肉を炒め、火が通ったら桜エビとにんにくを加えます。香りが立ったらしょうゆを加えて香ばしさをプラス。次に鶏ガラスープを加えて香りをスープに移します。

### 野菜は最後に入れてシャキシャキに

野菜を早いタイミングで入れると水分が出てしっとりしてしまいます。野菜の食感を残すためにも、最後に加えてさっと炒めましょう。

# 辛うま ジャージャー麺

日本橋ゆかり
野永 喜三夫

## 材料（2人分）

うどん（冷凍）……………………2玉

**肉味噌（作りやすい分量）**

A
- 豚ひき肉 ………………300g
- 片栗粉………………大さじ2
- めんつゆ（2倍濃縮）………200mℓ
- 水 …………………………200mℓ
- 豆板醤………………………10g
- 甜麺醤………………………50g
- 長ねぎ（青い部分・みじん切り）…70g
- しょうが（みじん切り）………20g

ごま油 ……………………大さじ2

粉山椒 ……………………小さじ½

**トッピング**

- きゅうり ……………………1本
- みょうが ……………………3個

## 作り方

1) うどんは袋の表示通りにゆでて流水で冷やし、水気をきる。きゅうりは細切りに、みょうがは薄い輪切りにする。

2) フライパンにAを入れ、よく混ぜてから中火にかけ、混ぜながら煮る。

3) とろみがつき、ひき肉に火が通ったら、ごま油を回し入れる。さっと混ぜて火を止め、粉山椒を入れて混ぜる。

4) 器にうどんを盛り、きゅうりをのせる。肉味噌をかけ、みょうがをのせる。



※クラシルの公式YouTubeでは、料理名〈和の匠が教える 痺れる旨さがたまらないジャージャー麺の作り方〉で掲載！ 動画も検索してチェック！

フライパンひとつで
# お店の味を再現

## 火をつける前にすべてを混ぜる

肉味噌には片栗粉も入っているので、ダマにならないようによく混ぜてから火をつけると、うまくとろみがつけられます。

## ごま油をたっぷり入れる

ごま油を加えると全体の味が締まり、そしてまろやかになります。たっぷりと大さじ２入れるのがポイントです。

## 粉山椒は火を止めてから

火を止めてから粉山椒を小さじ½加えて痺れるおいしさに仕上げましょう。



まだある！
## おいしく作るためのシェフポイント

### 豆板醤の量は好みで調整する

辛いのが苦手なら、豆板醤は抜いて作ることもできます。甜麺醤は甘い味噌なので、必ず入れましょう。

### 肉味噌はたっぷり作ってアレンジを楽しむ

余った肉味噌はきゅうりにつけてもOK。豆腐を加えれば麻婆豆腐にもなるので、作り置きしておくと便利です。

酸味とワインのコクで
味わい深い

# 極上ソース 絶品酢豚

Series
金子 優貴

## 材料（1人分）

豚肩ロース肉（ブロック）……………120g
片栗粉、揚げ油、塩、
粗挽き白こしょう ………… 各適量

**赤ワインソース**

A
- ざらめ……………………50g
- 赤ワイン ……………… 75mℓ
- ケチャップ…………大さじ1
- しょうゆ ……………大さじ½
- ウスターソース ……小さじ1
- 黒酢 …………………小さじ1
- 塩 ……………… ひとつまみ

酢 …………………… 大さじ2
レモン汁 ……………小さじ½

水溶き片栗粉 ………………大さじ1

**トッピング**

長ねぎ（白い部分）……………適量

## 作り方

1）長ねぎは白髪ねぎにする。豚肉は3cm角に切り、塩と白こしょうをふって片栗粉をまぶしたら、握って形を丸く整える。

2）鍋に5cm深さの揚げ油を入れて熱し、180℃になったら豚肉を入れて2分半〜3分揚げ、油をきる。

3）ソースを作る。鍋にAを入れて強火にかけ、泡立て器で混ぜながらひと煮立ちさせる。ざらめが溶け、アルコール分が飛んだらボウルに入れて、氷水に当てて粗熱を取る。冷めたら酢とレモン汁を加え、泡立て器で混ぜる。

4）フライパンを強火にかけて3のソースを入れ、ひと煮立ちさせる。中火にしたら2の豚肉を加えてソースをからめ、火を止める。

5）水溶き片栗粉を少しずつ加えて再度中火にかけ、とろみがつくまで豚肉にたれをからめながら煮る。

6）器に盛り、1の白髪ねぎをのせる。


※クラシルの公式YouTubeでは、料理名〈ミシュランシェフ直伝 極上ソースを絡めた“絶品酢豚”の作り方〉で掲載！ 動画も検索してチェック！

# 絶品ソースは材料と作り方でおいしくなる

## ざらめを使うとツヤツヤのソースに

上白糖でもできますが、ざらめを使うとツヤのあるこってりとした甘みが出ます。

## 赤ワインで複雑な味が表現できる

赤ワインを加えると、煮込んだような深みがあるソースができ、よりプロの味に仕上がります。

## ソースの酸味を飛ばさない

レモン汁と酢は冷ましてから最後に加え、さっと火を通します。煮詰めると酸味が飛んでしまいます。

＼まだある！／

## おいしく作るためのシェフポイント

### 片栗粉をつけたら肉を軽く握る

肉に片栗粉をたっぷりつけたらよくはたき、丸くなるように握ります。厚みを持たせるように握って整えてから揚げると、ジューシーに仕上がります。

### 水溶き片栗粉は火を止めてから

フライパンを傾け、火から外したところで水溶き片栗粉を加えると、ダマになりません。加えたら強火にして沸騰させると、うまくとろみがつきます。

中華

白だしと水だけで作る！

# しょうがたっぷり 青椒肉絲（チンジャオロース）

日本橋ゆかり
野永 喜三夫

## 材料（2人分）

豚バラ肉（薄切り）……200g
ピーマン……6個（240g）
しょうが……50g
赤唐辛子……1本
片栗粉……大さじ1
A 白だし……大さじ2
　水……大さじ1

## 作り方

1）豚肉は1cm幅に切り、ピーマンは縦に1cm幅に切る。しょうがは皮つきのまま千切りにする。赤唐辛子は半分に切って種を取る。

2）フライパンに豚肉と片栗粉を入れ、肉をほぐしながら全体に片栗粉をまぶす。粉気がなくなったら赤唐辛子を加え、中火にかけてゆっくり炒める。

3）肉に火が通ったらしょうがを加えて炒める。

4）しょうがが透き通り、肉に焼き色がついたらピーマンを加えて炒め、ピーマンにツヤが出たらAを加えてとろみがつくまで炒める。

 ※クラシルの公式YouTubeでは、料理名〈油いらず　調味料は白だしだけ 驚くほど美味しくて簡単な青椒肉絲〉で掲載！ 動画も検索してチェック！

いつもの作り方を見直して

# 新しいレシピに

## たけのこの代わりにしょうがを使う

たけのこは火が通るまでに時間がかかるので、今回は代わりにしょうがをたっぷり加えて歯応えを出します。

## 片栗粉を先に肉にまぶす

肉に片栗粉をよくまぶしてから炒めると、肉がもちもちしたやわらかい食感になります。

## 味つけは白だしだけ

調味料は白だしだけですが、食材それぞれのおいしさが口の中で混ざり、よりおいしく感じられます。

＼まだある！／

## おいしく作るためのシェフポイント

### 油をひかずヘルシーに

炒めているうちに豚肉からうま味のある脂が出てくるので、油は使いません。脂を食材にからめてツヤツヤに仕上げましょう。

### ゆっくり中火で炒めるとうま味が出る

中華は強火！というイメージがありますが、中火でOK。ゆっくり炒めると肉のうま味が引き出され、しょうがやピーマンにもよく味がしみます。

## 材料（1人分）

鶏もも肉 ……………………………100g
塩、粗挽き白こしょう（下味用）
……………………………… 各適量
片栗粉、揚げ油 …………… 各適量

**ソース**

- 長ねぎ（みじん切り）………… 15g
- しょうが（みじん切り）…………5g
- にんにく（みじん切り）…………5g
- 砂糖 …………………大さじ3½
- しょうゆ …………… 大さじ2
- 酢 ………………… 大さじ2
- 黒酢 ………………… 小さじ1
- ごま油……………… 小さじ1

**付け合わせ**

- 水菜 ……………………… 20g

## 作り方

1）水菜は5㎝幅に切る。鶏肉は両面に塩と白こしょうをふり、片栗粉を全体にまぶす。

2）ソースを作る。ボウルに砂糖としょうゆを入れて泡立て器で混ぜ、砂糖が溶けたら酢、黒酢、長ねぎ、しょうが、にんにく、ごま油を順に入れてその都度よく混ぜる。

3）鍋に5㎝深さの揚げ油を入れて180℃に熱し、鶏肉を揚げる。泡が細かくなり、肉に火が通るまで4〜5分揚げる。

4）器に水菜を敷き、鶏肉を好みの大きさに切ってのせ、**2**のソースをかける。

# 黒酢と香味野菜の油淋鶏（ユーリンチー）

Series
**金子 優貴**

サクサク衣からじゅわっとうま味があふれる


※クラシルの公式YouTubeでは、料理名〈サクサク衣からじゅわっと旨味が溢れる油淋鶏〉で掲載！ 動画も検索してチェック！

# 手の込んだ味
## にするポイント

### 黒酢を使うと濃厚な味に

黒酢を使うことで、熟成した香りと味わいが出て、ソースがまろやかになります。

### 先に砂糖を入れてよく混ぜる

ソースを作るときは材料を加える順番を大切に。砂糖は先に入れるとなめらかになり、よく混ざります。

### 鶏肉を揚げるときは多めの油で

油の中に肉を入れるときに温度が下がってしまうので、できるだけ多めの油をしっかり180℃に熱してから揚げます。



＼まだある！／
## おいしく作るためのシェフポイント

### 鶏肉はじっくりと揚げると外側がカリカリに

泡が大きいうちは食材にまだ水分が残っている証拠。泡が小さくなってきたら引き上げます。揚げている最中は肉を動かさないようにしましょう。

### ソースに加える野菜は好みでアレンジを

ソースに加えるものは、赤唐辛子や赤ピーマン、パクチーなどを入れてもおいしく作ることができます。

中華

とんかつ用のお肉で15分

# すぐでき! ルーローハン

LA BONNE TABLE
中村 和成

## 材料（1人分）

豚ロース肉（とんかつ用）……150g
なす……1本（80g）
しめじ……40g
長ねぎ……30g
しょうが（粗みじん切り）……10g
赤唐辛子……1本
八角……1個
片栗粉……適量
サラダ油……適量

A
紹興酒……50g
しょうゆ……20g
砂糖……8g
水……50mℓ

**トッピング**

ゆで卵……1個
たくあん（スライス）……15g

ごはん……200g

## 作り方

1）豚肉は身と脂に切り分け、脂は粗みじん切りにする。身は一口大に切る。なすはヘタを除き、1cmの厚さでいちょう切りにする。しめじはほぐして2cm幅に切り、長ねぎは縦4等分に切り、1cm幅に切る。赤唐辛子は半分に割る。ゆで卵は半分に切る。

2）鍋に刻んだ豚肉の脂身を入れ、中火にかける。焼き色がついたら、しょうがと八角、赤唐辛子を加え、弱火で炒める。香りが立ったらAを加える。ひと煮立ちしたら1分ほど加熱して、火を止める。

3）ボウルに豚肉の身の部分と片栗粉を入れてまぶし、中火で熱したフライパンにサラダ油をひいて焼く。

4）焼き色がついたら上下を返し、サラダ油となすを加えて炒める。全体に油がまわったらしめじと長ねぎを加えて炒める。

5）全体に焼き色がつき、豚肉に火が通ったら**2**を加え、中火で炒めて火を止める。

6）器にごはん、**5**、ゆで卵、たくあんを盛る。

 ※クラシルの公式YouTubeでは、料理名〈とろとろ食感の肉丼を15分で　シェフが教える極旨ルーローハンの作り方〉で掲載！ 動画も検索してチェック！

## 丼は食べたときのバランスを考えて作る

### 脂身が煮込んだような味を作り出す

脂身だけを先に炒めると、うま味のある脂が出てきて、長時間煮込んだような味わいになります。

### 豚肉はカリッと焼くと香ばしい

豚肉はカリッとするまで両面に焼き色をつけると、台湾の屋台で食べる香ばしさが再現できます。

### 食材を同じ大きさに切るとおいしい

しめじやねぎは豚肉と大きさを揃えて切ると、丼にしたとき食感のバランスがよくなります。

＼まだある！／

## おいしく作るためのシェフポイント

### なすに豚肉の脂を吸わせる

なすが脂を吸ってやわらかくなると、煮込んだ豚肉とマッチしておいしくなります。

### 八角があればそれだけで台湾風味

ルーローハンの決め手は八角！八角さえ入れば台湾の味に。香りを十分に引き出すように炒めてから、紹興酒を加えましょう。

中華

# 激うまニラ玉丼


中国料理美虎（みゆ）
五十嵐 美幸


## 材料（2人分）

**卵液**

- 卵 …………………………3個
- 卵豆腐……………………50g
- 生クリーム …………大さじ2
- 鶏ガラスープ
  （鶏ガラスープの素1g＋水）…50mℓ
- 水溶き片栗粉…………大さじ1

**あんかけ**

- ニラ ………………………50g
- 長ねぎ…………………… ½本
- 鶏ガラスープ
  （鶏ガラスープの素2g＋水）… 100mℓ
- 水溶き片栗粉…………大さじ1
- サラダ油 ………………大さじ1
- 水 …………………… 100mℓ
- A しょうゆ ……………大さじ½
  オイスターソース …大さじ1
  砂糖 …………………大さじ½

ごはん ……………………250g
サラダ油 …………………大さじ3

## 作り方

1）ボウルに卵豆腐を入れて泡立て器でしっかり混ぜ、卵液の他の材料を加えて箸で混ぜる。

2）鍋にサラダ油大さじ3を中火で熱し、熱くなったら卵液を入れて混ぜながら炒める。卵が半熟になったら、器に盛ったごはんの上にのせる。

3）あんかけを作る。ニラは5cm幅に切り、長ねぎは5mm幅に斜め切りする。同じ鍋にサラダ油大さじ1を入れて中火にかけ、長ねぎをさっと焼く。長ねぎの香りが出たらニラを入れ、さっと炒めて取り出す。

4）同じ鍋にAと鶏ガラスープを入れて中火で熱し、混ぜながら水溶き片栗粉を少しずつ入れる。とろみがついたら長ねぎとニラを戻し入れ、さっとからめる。

5）2の上に4のあんかけをかける。


※クラシルの公式YouTubeでは、料理名〈美味すぎる お家で簡単に卵が"ふわとろ"になる「激旨ニラ玉丼」の作り方〉で掲載！ 動画も検索してチェック！

# 卵をふわっふわにする炒め方

## 卵豆腐を卵に加える

卵豆腐と卵を混ぜると、ふっくらやわらかな卵を焼くことができます。卵豆腐にだしが入っているので下味いらず。

## 卵と卵豆腐はよく混ぜる

卵豆腐は泡立て器で潰し、とろとろになったら卵を加えて混ぜます。生クリームを加えるとグッとコクが出ます。

## パチパチと油がはねるくらいの温度で炒める

フライパンにたっぷりの油を入れ、卵液を落としたらパチパチというくらいの高温で卵液を炒めます。

まだある！

## おいしく作るためのシェフポイント

### ニラはさっと炒めてシャキシャキに

油を入れたら、ねぎとニラをさっと焼き、取り出します。調味料は加えません。塩をふるとニラがくたくたになってしまうので、油をまとわせる程度に焼きます。

### 卵液もさっと火を通すだけ

卵豆腐が入っている卵液は、フライパンに流し入れたらあっという間に火が通ってかたくなっていきます。さっと混ぜてスクランブルエッグのようになってきたら、すぐに引き上げて。

# うま辛麻婆なす丼

LA BONNE TABLE
**中村 和成**

## 材料（1人分）

なす……………………2本（150g）
片栗粉、塩、サラダ油………各適量

**麻婆ソース**

- 豚ひき肉………………150g
- 長ねぎ………………1/4本（30g）
- しょうが（みじん切り）……10g分
- にんにく（みじん切り）……1片分
- 赤唐辛子………………1本
- 豆板醤………………20g
- 甜麺醤………………20g
- 紹興酒………………100㎖
- しょうゆ………………10㎖
- 水………………100㎖
- 水溶き片栗粉………………適量

**薬味**

- 貝割れ菜………………10g
- みょうが………………1個
- 小ねぎ（小口切り）…………2本

ごはん………………200g

## 作り方

1）なすはヘタをえんぴつ削りのようにむいてから縦半分に切り、皮に格子状に切り込みを入れる。

2）薬味の準備をする。貝割れ菜は根元を切り落とし、みょうがは半分に切ってから斜め薄切りにし、小ねぎも一緒に混ぜて水にさらして水気をきる。

3）麻婆ソースを作る。赤唐辛子は半分に割って種を取る。長ねぎは縦4等分に切り、5㎜幅に切る。フライパンを中火で熱し、豚肉を炒める。火が通ってカリカリになったら、しょうが、にんにく、赤唐辛子を加える。

4）にんにくの香りが立ってきたら豆板醤を加え、なじませたら甜麺醤を加えて炒める。

5）紹興酒、しょうゆを加えて強火で熱し、沸騰させる。アルコール分が飛んだら水を加え、1分ほど煮込んでから長ねぎを加える。

6）再び沸騰したら火を止め、水溶き片栗粉を回し入れて混ぜる。中火にかけて混ぜながら熱し、とろみがついたら火を止める。

7）別のフライパンを中火で熱してサラダ油をひき、なすの切り口に片栗粉をしっかりとまぶしてから焼く。焼き色がついたら上下を返す。

8）油をキッチンペーパーで拭き取り、新しいサラダ油を足してなすを返しながら焼く。両面に焼き色がついたら塩をふる。

9）器にごはん、なす、麻婆ソースを盛り、薬味をのせ、自家製ラー油を好みの量かける。


※クラシルの公式YouTubeでは、料理名〈ナスがとろける　シェフが本気で教える、ジューシーさがたまらない“旨辛麻婆茄子”の作り方〉で掲載！　動画も検索してチェック！

## よりおいしくなる野菜の下処理

### なすの皮には切り込みを入れる

なすはヘタの方がかたく、皮には火が通りにくいので、ムラなく全体が焼けるよう切り込みを入れます。

### 薬味は水にさらして水気をきる

水にさらすとシャキシャキして、貝割れ菜やみょうがの辛みが抜けて食べやすくなります。

### なすにはしっかり片栗粉をつける

なすの切り口にはぎゅっと押しつけるようにして片栗粉をつけると、カリカリに焼き上がります。

＼まだある！／

## おいしく作るためのシェフポイント

### 自家製ラー油で新しい味が楽しめる

ラー油は、小鍋で煮るだけででき、これがあると今までにない麻婆なすに仕上がります。煮沸した瓶に入れて保存。

### 自家製ラー油

**材料（作りやすい分量）**

長ねぎ（青い部分）……1本分
しょうが（皮）……20g
赤唐辛子（半分に割る）……10本
山椒（赤山椒）……10g
八角……5g
ごま油……100g
紹興酒……30㎖

**作り方**

小鍋に自家製ラー油の材料をすべて入れ、弱火で炒める。ふつふつとしてきたら蓋をして、10分ほど煮込む。アルコールが飛び、長ねぎの青い部分が茶色に色づいてきたら火を止める。蓋をして粗熱を取る。

中華

コクうまな白ごまスープ

# 濃厚担々麺

なかの中華!Sai
宮田 俊介

## 材料（1人分）

中華麺（生）……………………1玉

**肉味噌**

- 豚ひき肉 …………………100g
- 日本酒………………… 大さじ2
- 甜麺醤……………… 大さじ1
- しょうゆ ……………大さじ½

**スープ**

- 鶏ガラスープ（鶏ガラスープの素大さじ1＋湯）……………… 400㎖
- 干しエビ（みじん切り）…………1g
- ザーサイ（味つき・粗みじん切り）… 15g
- しょうゆ …………… 大さじ2
- 酢 ………………… 大さじ1
- 花椒……………………………1g
- 白ねりごま ………………… 70g

**トッピング**

- 小松菜……………………1株
- 長ねぎ（みじん切り）…………適量

## 作り方

1）小松菜はざく切りにしてゆでる。

2）肉味噌を作る。フライパンを中火で熱し、豚肉を入れてほぐしながら炒める。色が変わったら日本酒を加えて水分が飛ぶまで炒め、甜麺醤、しょうゆを加えてさらに炒める。火が通ったら火を止める。

3）スープを作る。鍋に鶏ガラスープを入れて中火にかけて溶かす。丼には、それ以外のスープの材料を入れておく。

4）別の鍋で中華麺を袋の表記通りにゆでて、湯きりする。

5）スープを3の丼に入れてよく混ぜてから麺を加え、小松菜、肉味噌とねぎをのせ、好みでラー油をかける。

 ※クラシルの公式YouTubeでは、料理名〈ミシュラン掲載の中国料理店　ガチプロに家でもできるピリ辛濃厚担々麺の作り方を教えてもらいました〉で掲載！　動画も検索してチェック！

## スープと肉味噌の香りが食欲をそそる

### 肉味噌は水分がなくなるまで炒める

日本酒を加えたら、しっかり水分がなくなるまで炒めておくと濃厚な味わいになります。

### 本格的な味のスープに仕立てる3種の食材

スープに加えるのは、ザーサイと干しエビ、花椒。本場で食べるような香りを作るのに欠かせません。

### 自家製ラー油をたっぷりかけて

香りとコクのあるラー油は市販のものよりも濃厚で深い味。スープにたっぷりかけましょう。

＼まだある！／

## おいしく作るためのシェフポイント

### ラー油はねぎが黒くなるまで炒める

ラー油の油は、ねぎが焦げてしまうと香りが悪くなるのですが、浅く炒めすぎても香りが出ないので、ねぎや唐辛子がやや黒っぽくなるまで炒めて。餃子を食べるときにも使えます。

### 自家製ラー油

**材料（作りやすい分量）**

- サラダ油……250mℓ
- ごま油……50mℓ
- 長ねぎ（青い部分）……30g
- しょうが（皮）……20g
- セロリ（葉）……30g
- にんにく（手で潰す）……1片
- 赤唐辛子（半分に切る）……10g
- 八角……2個
- A
  - 一味唐辛子……30g
  - パプリカパウダー……14g
  - ガラムマサラ……1g
  - 花椒……3g
  - ブランデー……大さじ2

**作り方**

1）鍋にサラダ油とごま油を入れ、中火にかける。その他の材料も加え、焦げないように混ぜながら炒める。

2）耐熱ボウルにAを入れ、泡立て器で混ぜる。1のねぎが茶色くなるまで炒めたら、ざるで濾しながらAの入った耐熱ボウルに加えて混ぜ、粗熱を取る。

中華

本格的な作り方でさっぱり食べられる

# なすと豚肉の回鍋肉（ホイコーロー）

なかの中華！Sai
宮田 俊介

## 材料（2人分）

豚バラ肉（薄切り）……………100g
なす……………………5本（400g）
赤ピーマン……………1個（40g）
にんにく（薄切り）……………1片
豆板醤………………大さじ½
甜麺醤………………大さじ2
サラダ油………………100㎖
A 日本酒……………大さじ2
しょうゆ……………大さじ1
砂糖………………小さじ½

## 作り方

1）なすはヘタを除き、皮を縞目にむいて、大きめの乱切りにする。赤ピーマンは乱切りにする。豚肉は5㎝幅に切る。

2）フライパンを中火でしっかりと熱し、豚肉を入れて全体に広げる。両面に焼き色がつくまで焼いたら、取り出す。

3）キッチンペーパーで余分な脂を拭き取り、サラダ油を入れて中火にかける。油が温まったらなすを入れ、揚げ焼きにする。

4）きつね色になったら上下を返しながら、やわらかくなるまで揚げ焼きにして取り出す。同じ油に赤ピーマンを入れて余熱でさっと火を通し、取り出す。

5）油を大さじ3くらい残して取り出し、フライパンに豆板醤を入れて弱火にかけて炒めたら、火を止めて甜麺醤を加え、弱火から中火で炒める。

6）豆板醤と甜麺醤がやわらかい塊になったら、にんにくを軽く炒め、豚肉、なす、赤ピーマンを戻し入れて炒める。Aを加えて炒める。


※クラシルの公式YouTubeでは、料理名〈ミシュラン掲載の中国料理店　シンプルな調味料でスルッと食べられる回鍋肉の作り方〉で掲載！ 動画も検索してチェック！

# なすと調味料の扱い方で **さっぱり**度が決まる

## なすは皮を縞目にむく

なすは全部皮をむいてしまうと型崩れしやすく、皮をむかないと火が通りにくいので縞目にむきます。

## なすは高温で短時間の揚げ焼きに

なすは高温で短時間揚げ焼きすると、やわらかくても弾力が出て、食感がよくなります。

## 甜麺醤が塊になるまで炒める

豆板醤と甜麺醤は油の中でキャラメルのようにやわらかい塊になるまで炒めましょう。

＼まだある！／

## おいしく作るためのシェフポイント

### 肉をじっくりカリッと焼く

肉はふっくらと盛り上がってくるまでいじらず、盛り上がってきたら焼き色がついているか確かめて、上下を返します。

### 油が多くてもさっぱり食べられる

一見油の多さにびっくりするかもしれませんが、油と調味料が分離して、実際に口に入る油は少ないのが中華の特徴。しっかり分離するように調味料を炒めるのがポイントです。

# THE 肉シュウマイ

菱田屋
菱田 アキラ

## 材料（7個分）

豚こま切れ肉（粗みじん切り）……300g
玉ねぎ（粗みじん切り）……½個分（75g）
シュウマイの皮……7枚
片栗粉……大さじ1
しょうが……25g
サラダ油……適量

A
- オイスターソース……8g
- ごま油……8g
- 砂糖……10g
- 塩……6g
- 粗挽き黒こしょう……1g

**からし酢じょうゆ**

しょうゆ、酢、練りからし……各適量

## 作り方

1）しょうがは皮つきのまま、すりおろす。

2）ボウルに豚肉とAを入れて手で練り、なじんだら1のしょうがの絞り汁を加える。粘りが出たら、片栗粉をまぶした玉ねぎを加え、さっくり混ぜる。

3）2を平皿に入れてラップをかけ、冷蔵室で1時間ほど休ませる。

4）ヘラを使ってシュウマイの皮で3を包み、くびれを作るように成形する。同様に6個作る。

5）せいろの底にサラダ油をぬり、シュウマイをのせる。

6）蒸気の上がった鍋に蓋をしたせいろをのせ、肉に火が通るまで10～13分蒸す。

7）からし酢じょうゆの材料を混ぜ、シュウマイに添える。


※クラシルの公式YouTubeでは、料理名〈［行列必至の名店］ 肉汁あふれる衝撃の“THE シュウマイ”の作り方〉で掲載！ 動画も検索してチェック！

# 肉々しく食べ応えのあるシュウマイにする

## ひき肉は使わず肉を刻む

ひき肉を蒸すとかたくなってしまいがち。自分でたたいて刻むとやわらかくてジューシーに仕上がります。

## しょうがは皮ごと使う

しょうがは皮ににおい消しの成分があるので、肉と合わせるときは皮ごとがよいでしょう。

## 塩と片栗粉で肉をつなぐ

玉ねぎに片栗粉をまぶしてから混ぜると、粗く刻んだ肉がぼろぼろ崩れてきません。

まだある！

## おいしく作るためのシェフポイント

### シュウマイにはくびれを作る！

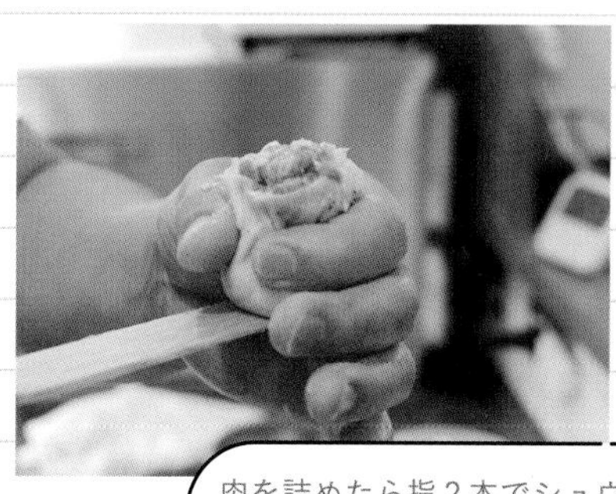

肉を詰めたら指2本でシュウマイにくびれを作ります。こうすることで火の通りがよくなります。

### 縦長に成形する

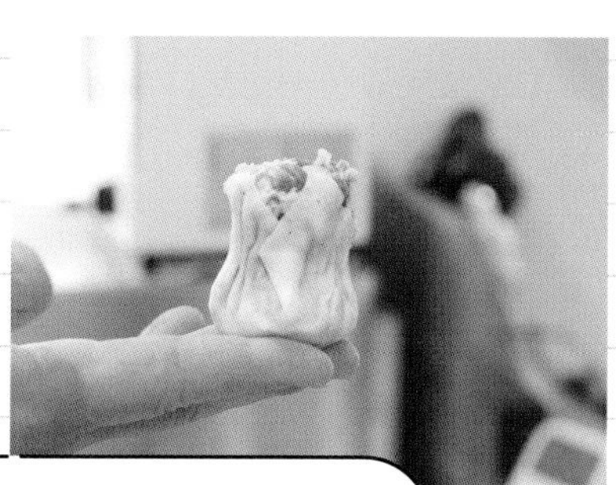

火が入ると、シュウマイが潰れて平たくなっていくので、縦長に成形すると、蒸し上がりの形がきれいになりますよ。

冷凍エビが高級中華に

# ぷりっぷりのエビチリ

Turandot 臥龍居
脇屋 友詞

## 材料（2人分）

エビ（冷凍・殻つき）……………12尾
長ねぎ（みじん切り）………… 大さじ3
しょうが、にんにく（各みじん切り）
……………………… 各小さじ2
卵 ………………………………… 1個
豆板醤 …………………… 小さじ1
水溶き片栗粉 …………… 小さじ1
片栗粉 …………………… 小さじ1
サラダ油 …………………………適量
塩、こしょう ……………… 各少々
A 鶏ガラスープ
（鶏ガラスープの素小さじ½＋湯）
…………………… 大さじ3
紹興酒……………… 大さじ1
砂糖 ……………… 大さじ2
トマトケチャップ …… 大さじ2
塩麹 ……………… 大さじ1
レタス（千切り）…………………適量

## 作り方

1）エビは殻をむいてボウルに入れ、塩をふってよくもむ。片栗粉小さじ½を加えてさらにもんだら、さっと水洗いする。キッチンペーパーで水気と汚れを拭き取る。

2）ボウルにエビを入れて塩とこしょうをふり、なじませるようによく混ぜる。卵から白身⅓を取り出してさっと泡立て、エビのボウルに加える。エビに卵白を吸わせるように混ぜる。

3）エビが真っ白い泡に包まれたら、片栗粉小さじ½をふってよくなじませる。サラダ油大さじ1を加えてまとわせる。

4）フライパンにサラダ油大さじ3とエビを入れ、中火にかけて焼く。色づいてきたら上下を返し、8割ほど火が通ったら、エビをざるに上げる。

5）フライパンに新しいサラダ油少々をひき、豆板醤としょうが、にんにく、ねぎを中火で炒める。火が通ったらAを加え、焦がさないように煮詰める。

6）エビを戻し入れ、強火にして水分を飛ばし、水溶き片栗粉を加えて火を止める。

7）卵白を取り出したあとの卵をほぐし、流し入れてよく混ぜる。中火でふつふつするまで炒める。

8）エビチリをレタスとともに器に盛る。


※クラシルの公式YouTubeでは、料理名〈中華の鉄人が教える“プリップリ”で最高な「エビチリ」の作り方〉で掲載！ 動画も検索してチェック！

冷凍のエビでおいしく作る

# 基本の下処理

## エビは塩＋片栗粉でよくもむ

エビは塩と片栗粉でもむと、くさみや汚れが出てきます。白っぽくなったら、しっかり洗い流しましょう。

## キッチンペーパーでエビの汚れを拭く

洗ったエビはしっかり水気をきり、キッチンペーパーで拭いて汚れを取ると、くさみのないエビになります。

## エビは塩とこしょうをよくもみ込む

エビに塩とこしょうをもみ込むと粘りが出てきます。この粘りがプリプリのエビになるので、しっかり混ぜましょう。



＼まだある！／

## おいしく作るためのシェフポイント

### エビはさわらずに多めの油で加熱する

冷たい油にエビを入れたら、ピンク色に変わるまでいじらずに炒めます。色が変わったら上下を返して8割ほど火を入れましょう。

### 塩麹を入れると味がリッチに

発酵調味料の塩麹は味に奥行きをプラスしてくれます。スープに加えてよく混ぜてからフライパンに入れます。

Column4 一流シェフのだしの取り方

# 昆布と削り節を使った命のだし

日本橋ゆかり
**野永 喜三夫**

**昆布と削り節を使って丁寧にだしを取ります。**
**水1.8ℓ、昆布25g、削り節20gを準備しましょう。**
**口いっぱいに昆布の甘みやうま味がグーッと広がって、**
**削り節の相乗効果で力強さを感じるだしになります。**

雪平鍋を使います。鍋の中が黒いとだしの色が分からないので、色を分かりやすくするためにこの鍋を使うのがおすすめです。

昆布はさっと水洗いして、水分を拭きます。戻ると3倍ぐらいに大きくなるので、4枚くらいに切りましょう。

鍋に水と昆布を入れて、極弱火で30〜40分じっくり煮ます。ゆっくり戻さないと昆布からうま味が出ません。

昆布が戻ると、大きさも厚みも色も変わってきます。だし汁が琥珀色になったら味見をしましょう。

強火にして、鍋の底からポコポコと泡が出てきたら昆布を取り出し、削り節を入れてすぐに火を止めます。

ざるにキッチンペーパーを敷き、その上からさらにざるをのせて二重にしたらだし汁をこします。きれいな琥珀色のだしの完成です。

## 基本の味噌汁

### 材料（2人前）

- 生わかめ……50g
- 油揚げ……1枚
- なめこ……100g
- 味噌……50g
- だし汁……600mℓ

### 作り方

1) わかめは3cm幅に、油揚げは縦半分に切ってから1cm幅に切る。
2) 鍋にだし汁を入れ、1となめこを加えて中火にかける。
3) 沸いたら火を止め、味噌を溶く。

※クラシルの公式YouTubeでは、料理名〈初めてでも大丈夫！一番出汁の取り方と本当に美味しい味噌汁の作り方〉で掲載！ 動画も検索してチェック！

# 5章 シェフ10名の絶品パスタ

フレンチ＆イタリアンの人気シェフ10名に、
おいしいパスタのレシピを教えていただきました。
難しい印象のある
「オイルと水分の乳化の仕方」など
失敗しやすいポイントを重点的に解説しています。

# 究極の ペペロンチーノ

## 材料（1人分）

スパゲティ（1.5㎜）……………… 80g
にんにく（薄切り）…………… 10g分
赤唐辛子 ………………………… 1本
オリーブオイル ………………… 15g
塩 ……………………………… 適量
イタリアンパセリ（粗みじん切り）… 適量

## 作り方

1）フライパンにオリーブオイルとにんにくを入れて中火にかけ、ふつふつとしてきたら火を止める。赤唐辛子を手で折って加え、余熱でにんにくに火を通す。

2）フライパンの温度が下がってきたら再び中火で熱し、ふつふつとしてきたら火を止める。焦げないように気をつけながら、余熱でにんにくが薄く色づくまで炒める。にんにくと赤唐辛子を取り出してキッチンペーパーにのせ、油をきって塩をふる。

3）鍋に1ℓの湯を沸かし、塩8g（分量外）を加え、スパゲティを袋の表記より1分短くゆでる。

4）**2**のフライパンにイタリアンパセリを加えて中火にかけ、ふつふつとしてきたら火から下ろし、濡れ布巾にのせて温度を下げる。

5）スパゲティを湯きりして**4**に加え、中火にかける。沸騰したら火を止め、スパゲティを広げて塩をふって味をととのえ、ゆで汁を適量加えて混ぜ、乳化させる。

6）器に盛り、フライパンに残ったオイルをかける。**2**のにんにくと赤唐辛子をのせる。

 ※クラシルの公式YouTubeでは、料理名〈名店の味　30年以上かけて辿り着いた"究極のペペロンチーノ"をミシュラン常連シェフに教えていただきました〉で掲載！ 動画も検索してチェック！

## 鈴木シェフのパスタの極意

- □ パスタをゆでるときは1ℓのお湯に塩8～10gを加えてゆでましょう
- □ ゆで汁は捨てずに取っておき、最後のソースの調整に使います
- □ 決め手は塩！　味見をして、おいしいと感じる塩加減にととのえます



## おいしく作るためのシェフポイント

### にんにくは余熱で火を通す

フライパンにオリーブオイルとにんにくを入れて中火にかけ、ふつふつしたら火を止めます。余熱で火を通し、香りを出しましょう。しんなりしてきたら再び火をつけて焦げないように炒めます。

### 炒めたら油抜きをしてサクサクに

にんにくと赤唐辛子は、ペーパーの上に広げて油抜きをするとサクサクした食感になります。揚げ加減はお好みでOK。

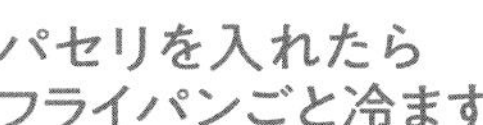

### パセリを入れたらフライパンごと冷ます

パセリの香りをオイルに移したら火を止め、フライパンを濡れ布巾の上にのせて冷まします。パスタを加えたときに油跳ねを防げます。

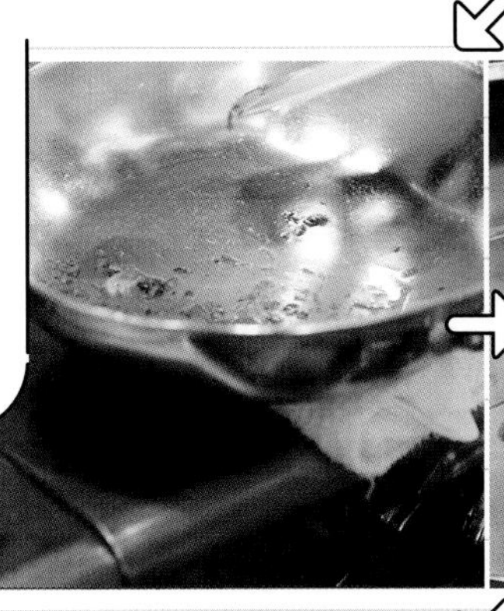

### 塩をふるときはパスタを広げると分量ミスしない

肉や魚に塩をふるときと同じように、パスタを横に広げてからふると、適量の塩をふることができます。

### 最後にゆで汁を加えてソースらしく

イタリアのペペロンチーノにはソースがないのですが、食べやすくするために、ゆで汁を麺にまとわせ、つるっと食べられるように濃度を調整します。

### フライパンに残ったオイルも忘れずに

フライパンに入っているのはパセリとにんにくの香りが移ったおいしいオイル。最後にかけていただきましょう。

# 最高のボロネーゼ

## 材料（1人分）

スパゲティ（1.5㎜）……………… 80g
合いびき肉……………………100g
にんにく ……………………½片
玉ねぎ（みじん切り）………⅓個分（50g）
赤ワイン ……………………30㎖
トマト缶（ホール） …………………180g
オリーブオイル ………………適量
**A** 塩、粗挽き黒こしょう、ナツメグ …………… 各適量
**B** バター（無塩） ………………4g
パルミジャーノレッジャーノ（粉）……………………6g
オリーブオイル …………適量

## 作り方

**1)** ボウルにひき肉とAを入れ、粘りが出るまで練る。

**2)** 鍋にオリーブオイル10gとにんにくを入れて、強火にかける。ふつふつとしたら火を止め、余熱で温める。

**3)** にんにくが色づいたら玉ねぎを加え、弱火でじっくり炒める。玉ねぎに薄く焼き色がついたら強火にし、きつね色になるまで炒める。

**4)** フライパンにオリーブオイル適量を強火で熱し、1の肉を5等分に丸めて焼く。両面に焼き色がついたら中火にし、粗めに崩しながら水分が飛ぶまで炒める。火を止めて赤ワインを加え、全体を混ぜる。

**5)** 鍋に1ℓの湯を沸かし、塩8g（分量外）を入れ、スパゲティを袋の表記より1分ほど短くゆでる。

**6)** 3の鍋に4の肉を加えて中火で炒める。アルコール分が飛んだらトマト缶を加えて煮詰める。

**7)** スパゲティを湯きりして鍋に加え、弱火にして全体をからめる。ゆで汁を加えてソースの煮詰め具合を調整しながら1分ほど加熱し、火を止める。

**8)** Bを加え、バターが溶けるまでよく混ぜる。

 ※クラシルの公式YouTubeでは、料理名〈至極のパスタ　14年連続ミシュラン一つ星シェフが教える“最高のボロネーゼ”の作り方〉で掲載！ 動画も検索してチェック！

# おいしく作るためのシェフポイント

### ひき肉は広げてから塩をふる

肉を平らにならしてからまんべんなく塩をふれば、何グラムかわからなくても自然と適量をふることができます。

### ひき肉はつながるまで混ぜる

ひき肉は練ると脂が出てくるので、粘りが出てつながりやすくなります。ひとまとまりになるまでよく練りましょう。

### 肉は小さめに丸めて焼く

肉汁が出ると焼き色がつきにくくなります。フライパンに接している面を小さくすると水分が出にくいので小さめにまとめて焼きましょう。

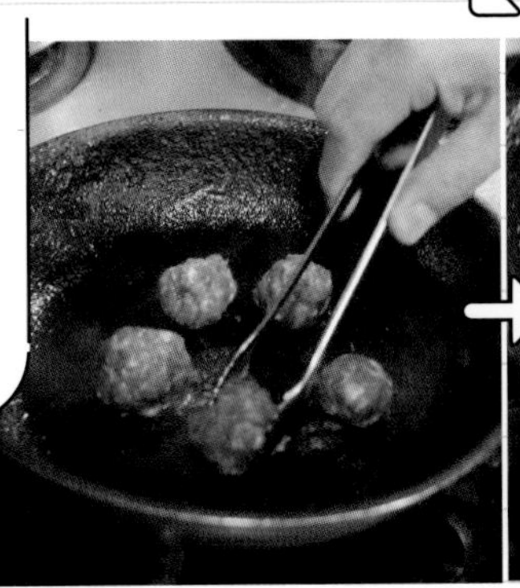

### 肉にしっかりと焼き色をつける

肉は強火で焼き、全体に焼き色がついたらヘラで少しずつ崩し、さらに焼き色をつけます。肉くささの原因になる水分をしっかり飛ばしましょう。

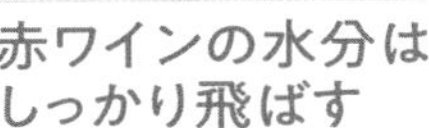

### 赤ワインの水分はしっかり飛ばす

アルコール分が残っているとえぐみにつながるので、シャーッという音がパチパチという音になって水分がなくなるまで炒めます。

### 1分のゆとりで味を調整する

パスタは袋に表記した時間の1分前に上げましょう。ソースをゆで汁で調整したり煮詰めたり、最後にゆっくり仕上げるゆとりが生まれます。

**煮込まずさっと仕上げて**
**ジューシーな肉の食感を**
**味わって**

# とろっと濃厚カルボナーラ

## 材料（1人分）

スパゲティ（1.5㎜）……………… 80g
パンチェッタ（みじん切り）……… 20g
粗挽き黒こしょう………ふたつまみ

**卵液**

- 卵黄……………………… 2個
- パルミジャーノレッジャーノ（粉）……………………… 10g
- 水…………………… 小さじ1

**トッピング**

- パンチェッタ（薄切り）……… 2枚
- 粗挽き黒こしょう………… 適量

## 作り方

1）フライパンを熱してトッピング用のパンチェッタをカリカリに焼いて取り出す。ボウルに卵液の材料を入れ、しっかり混ぜる。

2）フライパンにパンチェッタを入れ、中火で炒める。焼き色がつき、脂が出てカリカリになるまで途中で火を止めたりつけたりして焦げないようにして焼く。火を止めてから黒こしょうを加えて混ぜる。

3）鍋に1ℓの湯を沸かし、塩8g（分量外）を入れ、スパゲティを袋の表記より30秒短くゆでる。

4）**2**のフライパンに、ゆで汁30㎖を加えて、フライパンにこびりついたうま味をはがし、火を止める。

5）スパゲティを湯きりして加えたら、中火にかけて混ぜ、火を止めて**1**の卵液を加える。ゆで汁を加えてかたさを調整する。

6）器に盛りつけて黒こしょうをかけ、**1**のパンチェッタをのせる。


※クラシルの公式YouTubeでは、料理名〈失敗しない　14年連続一つ星シェフが教える とろっと濃厚カルボナーラの作り方〉で掲載！ 動画も検索してチェック！

# おいしく作るためのシェフポイント

## 焦がさないように パンチェッタから 脂を引き出す

フライパンでパンチェッタを炒め、フライパンが温まったら弱火にしてさらに炒めます。熱くなりすぎたらいったん火を止め、パンチェッタが透き通るまで炒めて。

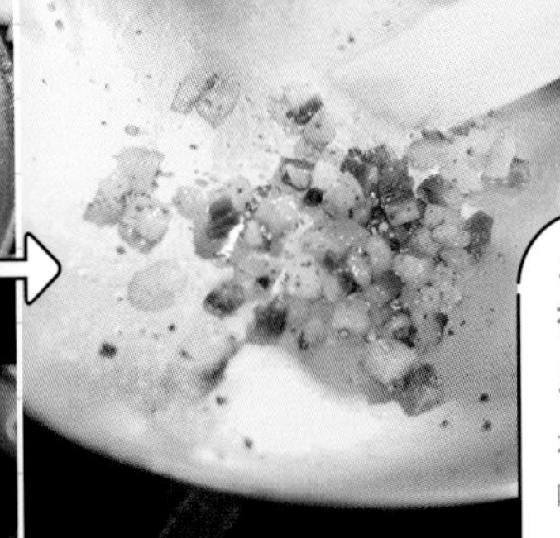

## こしょうを炒めて 香りを引き出す

ここでじっくり炒めたこしょうが、仕上がったときにいい香りと味のアクセントになるので、焦がさないようよく炒めましょう。

## ゆで汁を加えて、 うま味をこそげる

フライパンについたうま味は、ゆで汁を加えてヘラでよく落としましょう。これがソースの土台になります。

## 卵黄とチーズを よく混ぜておく

卵黄とチーズを混ぜるときは、水も加えて混ざりやすくしましょう。中に空気が入り、ソースが乳化しやすくなります。

## 必ず火を止めてから 卵液を加える

カルボナーラは熱の入れ方が大事。卵は68℃以上になると固まってしまうので、必ず火を止めてから卵液を入れましょう。

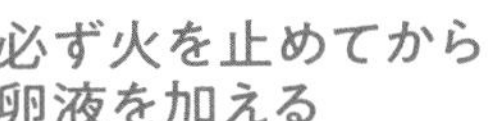

## 卵液を加えたら 急いで混ぜる

卵液を加えたら、卵が固まらないように手早く混ぜましょう。ゆで汁を加え、濃度を調整します。チーズが余熱で溶けてとろっとしたら出来上がりです。

パンチェッタがなければ
ベーコンで代用してもOK!
脂が多いものを選んでください

ピアットスズキ
鈴木 弥平が教える！
絶品パスタ04

シンプルだけど奥深い
トマトソースの基本のパスタ

# アマトリチャーナ

## 材料（1人分）

スパゲティ（1.5㎜）……………80g
**ソース**
パンチェッタ……………20g
にんにく ……………½片
玉ねぎ（薄切り）……½個分（60g）
トマト缶（ホール）…………360g
パルミジャーノレッジャーノ（粉）‥6g
オリーブオイル ………………適量
塩、粗挽き黒こしょう
……………………各ひとつまみ

### おいしく作るための シェフポイント

**オリーブオイルを加えて乳化させる**
最後にオイルを加えて手早く混ぜ、乳化させましょう。少し白っぽくなってきたら濃厚なソースの完成。

## 作り方

1）パンチェッタは5㎜幅に切る。にんにくは包丁の腹で潰す。

2）鍋にオリーブオイル小さじ2とにんにくを入れて、中火にかけ、沸いたら火を止め、余熱でにんにくが色づくまで炒める。

3）玉ねぎを加えて余熱でなじませ、弱火で炒める。

4）玉ねぎが透き通ってきたら、パンチェッタを加えて焼き色がつくまで炒める。強火にしてトマト缶を加え、鍋底をこそげるように混ぜながら、とろみがつくまで5分ほど煮詰める。

5）別の鍋に1ℓの湯を沸かし、塩8g（分量外）を加える。スパゲティを袋の表記より1分短くゆでる。

6）スパゲティを湯きりしてソースに加える。混ぜながら1分ほど中火でからめたら、塩で味をととのえる。

7）パルミジャーノレッジャーノ、オリーブオイル適量、黒こしょうを加えてよく混ぜる。


※クラシルの公式YouTubeでは、料理名〈超一流シェフが教えるローマの定番トマトパスタ“アマトリチャーナ”の作り方〉で掲載！ 動画も検索してチェック！

ピアットスズキ
**鈴木 弥平**が教える！
**絶品パスタ05**

# オリーブ香る明太子パスタ

手早くできてさっぱりおいしい

## 材料（1人分）

スパゲティ（1.5mm）……………100g
明太子 ………………………… 40g
バター（無塩）…………………… 10g
オリーブオイル ………………… 10g
**トッピング**
｜大葉……………………………6枚

## 作り方

1）鍋に1ℓの湯を沸かし、塩8g（分量外）を入れ、スパゲティを入れて袋の表記通りにゆでる。

2）明太子は薄皮を除き、ほぐす。大葉は細切りにする。

3）ボウルに明太子とバター、オリーブオイルを入れる。

4）スパゲティを湯きりして3に加え、バターが溶けるまで混ぜる。

5）器に盛り、大葉をのせる。

### おいしく作るためのシェフポイント

**明太子は丁寧にほぐす**
明太子の皮には血合いが残っている場合があります。苦みが出てしまうので丁寧に取り除きましょう。

※クラシルの公式YouTubeでは、料理名〈失敗知らず　ミシュラン常連シェフが教える、材料3つで最高に美味しい「明太子パスタ」の作り方〉で掲載！　動画も検索してチェック！

パスタ
世界チャンピオンの
とっておき

パスタ世界チャンピオン
弓削 啓太が教える!
絶品パスタ01

# ミートソースパスタ

## 材料（3人分）

スパゲティ（1.8mm）… 240g
粉チーズ …………大さじ2

**ミートソース（作りやすい分量）**

A
- 合いびき肉 …… 500g
- おろしにんにく … ½片分
- 赤ワイン …小さじ2
- 塩 ……………… 5g
- 粗挽き黒こしょう ……… ふたつまみ

玉ねぎ、にんじん、セロリ ……… 各75g
にんにく ………… 1片
トマトペースト ……50g
トマト缶（ホール）‥ 400g
オリーブオイル ‥ 50mℓ
強力粉………大さじ2
水 ……………180mℓ
オリーブオイル …………大さじ2

**トッピング**

パルメザンチーズ…10g
粗挽き黒こしょう、EVオリーブオイル ……………各適量

## 作り方

1）玉ねぎ、にんじん、セロリを5mm角に切る。にんにくは包丁の腹で潰す。

2）鍋に1とオリーブオイルを強火で熱し、油が回ったら中火にして水分が抜けるまで30分ほど揚げ炒める。

3）トマトペーストを加えて1分半ほど中火で炒める。トマト缶を加えて、軽く潰しながら中火で煮詰める。

4）ボウルにAを入れて粘り気が出るまで練る。ひとまとめにして厚さ2cmほどの円形に成形し、表面に薄く強力粉をまぶす。

5）鉄のフライパンを強火で熱し、オリーブオイルを入れて煙が上がったら4を入れて焼く。表面がカリカリになり、焼き色がついたら上下を返し、両面に焼き色がついたら取り出して3に加える。

6）一度フライパンの油を捨て、水を加えてフライパンの表面についたうまみをこそげて3に加える。

7）肉を一口大に崩しながら中火で15分ほど煮詰める。火から下ろして半量を取り分ける。

8）別の鍋に1ℓの湯を沸かし、塩10g（分量外・塩分濃度1%）を加え、スパゲティを袋の表示より30秒ほど短くゆでる。

9）スパゲティを湯きりして7に加える。ゆで汁で塩分を調整し、弱火で混ぜながら加熱する。さらにゆで汁か湯を加えてかたさを調整しながら、粉チーズを加えて混ぜ、火を止める。仕上げにEVオリーブオイルを加えて混ぜる。

10）器に盛り、パルメザンチーズを削り、黒こしょうをかける。

※余ったミートソースは保存容器に入れて冷蔵室で保存。

※クラシルの公式YouTubeでは、料理名〈パスタ世界チャンピオンが教える特製ミートソースパスタの作り方〉で掲載！ 動画も検索してチェック！

## 弓削シェフのパスタの極意

- □ 家庭で揃えられる材料でも工程や調理法を考えればプロの味が出せます
- □ パスタにはうま味やソースの味を吸わせ、麺自体もおいしく作りましょう

## おいしく作るためのシェフポイント

### 野菜は5㎜角で揃えて切る

野菜は揚げ炒めてソースにしたあとも野菜の形が残るように、5㎜角に切ります。

### 野菜は揚げ炒めて甘みを引き出す

野菜はたっぷりの油（オリーブオイル50㎖）で揚げ炒めて野菜の甘みを引き出しましょう。中火で30分炒めると水分が抜けてうま味が凝縮されます。

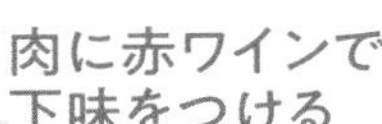

### 肉に赤ワインで下味をつける

店では仕上げにワインを加えますが、下味に入れておくだけでも、同じような効果が得られます。

### ひとまとめにしたひき肉に粉をまぶす

粉をふってから肉を焼くと、肉汁を閉じ込められます。粉から出る香ばしいうま味もソースに加えることができます。

### フライパンに残ったうま味をはがす

肉を焼いたあとのフライパンには水を加え、うま味をしっかりこそげてソースに加えましょう。

### 最後にゆで汁や湯で塩加減とかたさを調整

スパゲティは袋の表示時間より30秒ほど短くゆでてソースに加えます。まだ麺がかたいので、ゆで汁や湯を加えて調整し、ソースの中でゆでます。

# スパゲティ インテグラーレ インサルサ

世界大会で披露した本気の一品

パスタ世界チャンピオン
**弓削 啓太が教える！**
**絶品パスタ02**

## 材料（3人分）

全粒粉スパゲティ（1.8㎜）……240g
揚げ油 ……適量
オリーブオイル ……適量

**ソース**

アンチョビフィレ ……50g
A
- 玉ねぎ（薄切り）… 4個分（600g）
- にんにく（薄切り）……6g
- 塩 ……ひとつまみ
- オリーブオイル ……72g

水 ……180㎖

**トッピング**

黒こしょう、イタリアンパセリ（粗みじん切り）……各適量

## 作り方

1）アンチョビフィレ12gを1㎝幅に切る。

2）ソースを作る。鍋にAを入れて強火で炒め、油がなじんできたら中火で炒める。水分がなくなったら弱火にし、濃い飴色になるまで2時間ほど炒める。水適量（分量外）を加え、木ベラでうま味をこそげながら混ぜる。

3）残りのアンチョビフィレを加え、くさみが消えて甘い香りになるまで中火で炒める。水180㎖を加えてひと煮立ちさせ、火を止める。

4）3をハンドブレンダーで粗めに攪拌する。1のアンチョビフィレを加えて混ぜる。

5）鍋に3㎝深さの揚げ油を入れて190℃に熱し、スパゲティ60gを揚げる。スパゲティが膨らみ、きつね色になるまで10秒ほど揚げたら、油をきる。

6）鍋に1ℓの湯を沸かし、塩大さじ1（分量外）を入れ、5の揚げたスパゲティと残りのスパゲティを入れ、袋の表示通りにゆでる。

7）スパゲティを湯きりして4のソースに加え、弱火にかけて木ベラであえる。味見をして、ゆで汁か湯を加え、塩味とかたさを調整する。オリーブオイルを加えてあえる。

8）器に盛り、好みで黒こしょうとイタリアンパセリをふる。

## おいしく作るための シェフポイント

### 揚げたパスタが切れないように混ぜる

パスタは鍋肌から混ぜてソースとあえます。揚げたパスタを加えると食感が楽しめます。



※クラシルの公式YouTubeでは、料理名〈［これが世界一の技］ パスタ世界チャンピオンが世界大会で披露した本気の一品〉で掲載！ 動画も検索してチェック！

# 冷製和風ジェノベーゼ

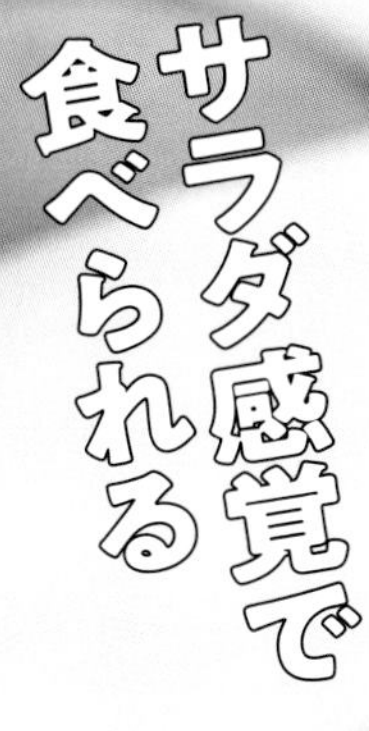


## 材料（2人分）

フジッリ……………………120g
きゅうり……………………1/2本（50g）

**ソース**

- 大葉……………………15枚
- ニラ……………………20g
- 粉チーズ……………………30g
- ごまだれ……………………20g
- 味噌……………………10g
- オリーブオイル……………………20g

**トッピング**

- 白いりごま……………………適量

## 作り方

1）きゅうりは途中まで包丁を斜めに入れてから刃先を寝かせてちぎるように乱切りにする。大葉はざく切りに、ニラは3cm幅に切る。

2）ソースを作る。**1**の大葉とニラ、他のソースの材料を、フードプロセッサーでなめらかになるまで攪拌する。

3）鍋に1ℓの湯を沸かし、塩小さじ2（分量外）を入れ、フジッリを袋の表示より2分長くゆでる。

4）ボウルに**2**のソースとゆで汁大さじ1ほどを入れて混ぜ、氷水に当てて冷やしながらソースをのばす。

5）フジッリを湯きりして加え、よく冷えるまで混ぜる。きゅうりを加えて味がなじむまで混ぜる。

6）器に盛り、白いりごまをかける。

**おいしく作るための
シェフポイント**

**きゅうりはちぎって
ソースとのからみを
よくする**

きゅうりは包丁で切り落とさずにちぎると、ソースとからみやすくなります。

※クラシルの公式YouTubeでは、料理名〈パスタ世界一が教える　永遠に食欲をシゲキする！冷製パスタの作り方〉で掲載！　動画も検索してチェック！

# スパゲティ・ア・ラ・ボンゴレ

## 材料（2人分）

スパゲティ（1.8㎜）……160g
アサリ（砂抜きしたもの）……250g
にんにく（みじん切り）…… 1片分
赤唐辛子……1本
白ワイン……60mℓ
イタリアンパセリ（粗みじん切り）……10g
オリーブオイル……適量
鯛のだし……大さじ1

### 鯛のだしの取り方

1）鍋に鯛の頭（1尾分）300gと水2ℓを入れて強火で熱し、アクが出てきたら取る。イタリアンパセリの軸を加えて強火で30分ほど煮込む。水分量が1/5ほどになって白濁するまで煮込む。

2）ざるで**1**を濾し、氷水を当ててゴムベラで混ぜながら冷やす。

※余った鯛のだしは汁物などに使っても。

## 作り方

1）鍋ににんにくとオリーブオイル20mℓを中火で熱し、ふつふつしてきたら弱火にし、赤唐辛子をちぎって種を除いて加える。にんにくに色がついてきたら中火にし、アサリと白ワインを加える。

2）蓋をして強火にする。アサリの殻がひらいたら取り出して弱火にし、鯛のだしを加えて混ぜ、火を止める。

3）スパゲティをゆでる。別の鍋に1ℓの湯を沸かし、塩10g（分量外・塩分濃度1%）を入れ、スパゲティを袋の表示より30秒短くゆでる。

4）**2**を弱火にかけ、スパゲティを湯きりして加えて混ぜる。味見をしてゆで汁を加えて塩分を調節し、好みのかたさになるまで加熱する。アサリを戻し、イタリアンパセリの2/3量を加えて混ぜる。

5）火を止めてオリーブオイル小さじ2を回し入れ、器に盛ったら残りのイタリアンパセリをかける。

 ※クラシルの公式YouTubeでは、料理名〈これが世界一の技　パスタ世界チャンピオンが教える本気のボンゴレスパゲッティの作り方〉で掲載！ 動画も検索してチェック！

## 材料（2人分）

スパゲティ（2.2㎜）……………160g
パルミジャーノレッジャーノ ……30g
ペコリーノロマーノ ……………30g
バター（無塩）…………………105g
黒こしょう（ホールを潰したもの）……3g
**トッピング**
｜粗挽き黒こしょう …………適量

### おいしく作るための シェフポイント

**バターは焦がさず きつね色になるまで 加熱する**

ソースの土台となるバターは、茶色く泡立つくらいまで加熱すると、香りとコクがしっかり引き出されます。

## 作り方

1) パルミジャーノレッジャーノ、ペコリーノロマーノをグレーターで削る。

2) 鍋に1ℓの湯を沸かし、塩大さじ1（分量外）を入れ、スパゲティを袋の表示よりも1分短くゆでる。

3) 別の鍋にバター15gと黒こしょうを入れて中火にかける。

4) バターがきつね色になり、ナッツのような香りがしてきたら火から下ろし、ゆで汁160㎖を加える。再び中火にかけ、ひと煮立ちしたら火を止める。

5) スパゲティを湯きりして4のソースに加える。弱火にかけてゆで汁を加え、塩分とかたさを調整しながら混ぜる。好みのかたさになり、水分がなくなったら火から下ろし、1とバター90gを加える。

6) 再び弱火にかけ、全体がなじむように混ぜて火を止める。器に盛り、黒こしょうをかける。

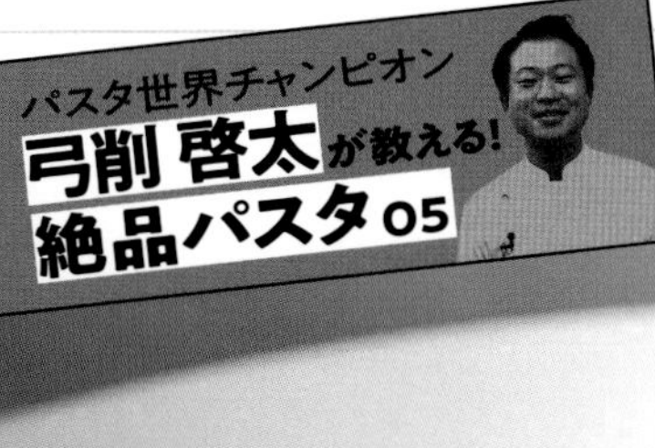


# カチョエペペ

## チーズとバターたっぷりの ローマの名物パスタ

※クラシルの公式YouTubeでは、料理名〈チーズたっぷり　パスタ世界一が教えるローマの名物パスタ。カチョエペペの作り方〉で掲載！　動画も検索してチェック！

# 濃厚ペスカトーレ

## 材料(2人分)

スパゲティ(1.6㎜)……………120g
シーフードミックス(冷凍)…….300g
にんにくのオイル漬け……小さじ1
白ワイン…………………………50㎖
オリーブオイル、塩…………各適量

**トマトソース**

ミニトマト…………16個(160g)
トマト缶(カット)……………400g
オリーブオイル………大さじ2
塩……………………ふたつまみ

**トッピング**

イタリアンパセリ(みじん切り)
……………………………小さじ1

## 作り方

1) 鍋に1ℓの湯を沸かし、塩小さじ2(分量外)を入れ、スパゲティを袋の表示より1分ほど短くゆでる。

2) トマトソースを作る。ミニトマトを横半分に切る。フライパンにオリーブオイルを入れて強火で熱し、トマト缶と塩を加えて炒める。

3) 水分が少なくなったら中火にしてミニトマトを加え、ひと煮立ちさせて火を止める。

4) 別のフライパンを強火で熱し、凍ったままのシーフードミックスを入れる。水分が飛んだら、オリーブオイル小さじ2とにんにくのオイル漬けを加えて炒める。

5) 白ワインを加えて強火で熱し、アルコール分を飛ばす。塩をふり、味がなじんだら火を止める。

6) **3**のトマトソースに**5**を加えて強火にかけ、水分が飛んだら弱火にする。スパゲティを湯きりして加え、ゆで汁少量を加えてかたさを調整する。オリーブオイル小さじ2を加えて混ぜたら火を止める。

7) 器に盛り、イタリアンパセリをちらす。


※クラシルの公式YouTubeでは、料理名〈[巨匠のパスタ] 冷凍のシーフードミックスで日高シェフが作る絶品濃厚ペスカトーレ〉で掲載! 動画も検索してチェック!

## 日高シェフのパスタの極意

- □ 家庭で手に入りやすい食材を使っても、ポイントを押さえればプロの味になります
- □ 最後に塩とゆで汁で、ソースの濃度と塩分を調整しながら仕上げましょう
- □ 料理は自由！ レシピを基本にして「こんなものを加えたらおいしいかな？」とイメージを膨らませ、お好みの味を見つけてみてください

## おいしく作るためのシェフポイント

### カットトマトは油で揚げる

フライパンに油を熱し、カットトマトを揚げるように煮ましょう。短時間で甘いトマトソースになります。

### ミニトマトはあとから加える

カットトマトが温まったら火を弱めて、ミニトマトを加えます。ひと煮立ちさせるだけでOK。最後にフレッシュなトマトを加えるのがポイントです。

### 冷凍シーフードは凍ったまま使う

解凍すると、うま味が流れ出てしまうので、凍った状態でフライパンに入れ、加熱していきます。

### シーフードににんにくの香りを移す

魚介から水分が出てきたら、オリーブオイルをはしに入れてにんにくを炒めます。香りが立ったら、焦げないように一度火から下ろし、魚介にからめましょう。

### 白ワインのアルコール分はしっかり飛ばす

ワインを加えたら強火にしてアルコール分を飛ばすと、ワインのいい香りだけが残ります。

### ゆで汁でソースの濃度を調節する

ゆで汁を加えて麺のかたさを調整し、仕上げにオリーブオイルを回しかけます。塩加減や麺のかたさの最終調整を。

# オイルサーディンのレモンパスタ

## 材料（1人分）

スパゲティ（1.6㎜）……………120g
オイルサーディン（オイルごと）…105g
レモン ……………………………¼個
小ねぎ（小口切り）…………………30g
赤唐辛子（輪切り）…………小さじ½
オリーブオイル …………… 大さじ1
しょうゆ ……………………小さじ¼
塩 …………………………………適量

## 作り方

1）鍋に1ℓの湯を沸かし、塩小さじ2（分量外）を入れ、袋の表示より1分ほど短くゆでる。

2）フライパンにオイルごとオイルサーディンを入れて中火にかけ、ほぐしながら焼く。焼き色がついたら弱火にして、赤唐辛子としょうゆを加えて炒める。

3）味がなじんだら中火にする。ゆで汁を加えてのばし、スパゲティを湯きりして加えて強火にする。塩で味をととのえ、ゆで汁を加えてさっと混ぜて弱火にする。

4）レモンを搾ってレモン汁を加え、小ねぎも加えてさっと混ぜる。火を止め、オリーブオイルを加えてからめる。

5）器に盛り、レモンの皮を削ってかける。


※クラシルの公式YouTubeでは、料理名〈アレンジで缶詰がシチリア風に!? 絶品オイルサーディンパスタの作り方〉で掲載！ 動画も検索してチェック！

# おいしく作るためのシェフポイント

## オイルサーディンは潰しながら炒める

オイルサーディンはオイルごとフライパンに入れて加熱。ヘラでほぐしながら、香ばしく炒めます。

## 途中で赤唐辛子を加える

赤唐辛子は、オイルサーディンをある程度炒めてから加えます。最初から入れると赤唐辛子が焦げてしまいます。

## しょうゆで香ばしさを風味づけ

しょうゆを数滴たらし、風味づけをしましょう。もっとたくさん入れると和風パスタのような味わいになるので好みで。

## オイルサーディンにゆで汁を加える

炒めて香ばしくしたオイルサーディンにゆで汁を加え、オイルサーディンのうま味をソースに移しましょう。

## パスタは袋の表示時間より1分短くゆでる

パスタは少しかためにゆでて、オイルサーディンから出たうま味を吸わせます。

## 最後にレモン汁をかける

仕上げにレモン汁を搾ると、味が締まります。小ねぎをあさつきに代えるなどアレンジを楽しみましょう。

私がイタリア修業に行く前、夜中にお腹を満たしていた思い出のパスタです

# トマトクリームパスタ

トマトの酸味と甘みで味がまとまる

ACQUAPAZZA
日髙 良実が教える絶品パスタ03

## 材料（2人分）

スパゲティ（1.6㎜）……………160g
フルーツトマト …………………2個
生クリーム………………… 240㎖
パセリ（粗みじん切り）…………1房
塩 …………………………適量
パルミジャーノレッジャーノ（粉）
………………………大さじ2

## 作り方

1）トマトは湯むきして1㎝角に切る。

2）鍋に1ℓの湯を沸かし、塩小さじ2（分量外）を入れ、スパゲティを袋の表示より1分半〜2分短くゆでる。

3）フライパンを中火で熱し、生クリームを入れて温める。ひと煮立ちしたら**1**のトマトを加え、パセリ、塩ひとつまみを加えて混ぜる。

4）スパゲティを湯きりして加えて中火にかけ、塩で味をととのえる。水分が少ない場合はゆで汁または湯で調整し、水分が少しある状態でパルミジャーノレッジャーノを加えてすぐ火を止め、あえる。

 ※クラシルの公式YouTubeでは、料理名〈イタリアンの巨匠が教える　シンプルな材料で作れる 酸味と甘み豊かな至極のトマトクリームパスタ〉で掲載！ 動画も検索してチェック！

## おいしく作るためのシェフポイント

### トマトは湯むきをしてからカット

トマトはソースの中に入れたときに、皮があると口に残るので湯むきをしましょう。種は除かずそのままで OK。

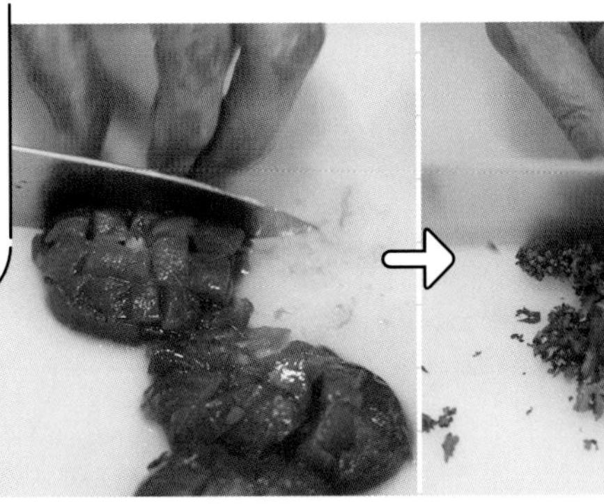

### パセリは粗めに刻む

パセリは砂がついていることが多いので、よく水洗いしましょう。水気をきってから、粗めに刻みます。

### 生クリームは煮詰めない

生クリームを使うソースの場合、煮詰めると重く感じてしまうので、煮詰めません。ひと煮立ちさせたら、トマトを入れましょう。

### トマトを混ぜたらすぐにパセリを加える

カーリーパセリはイタリアンパセリに比べて香りが強いのが特徴。生クリームにトマトを入れて混ぜたら、すぐにパセリも入れて香りが飛ばないよう仕上げます。

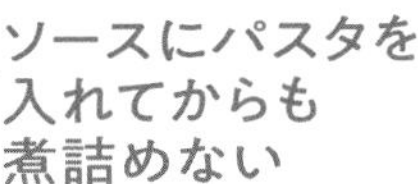

### ソースにパスタを入れてからも煮詰めない

パスタは袋の表示より1分半〜2分早めにゆであげます。湯切りしてソースに入れて混ぜ、塩加減やかたさをゆで汁や湯で調整します。煮詰めないように注意を。

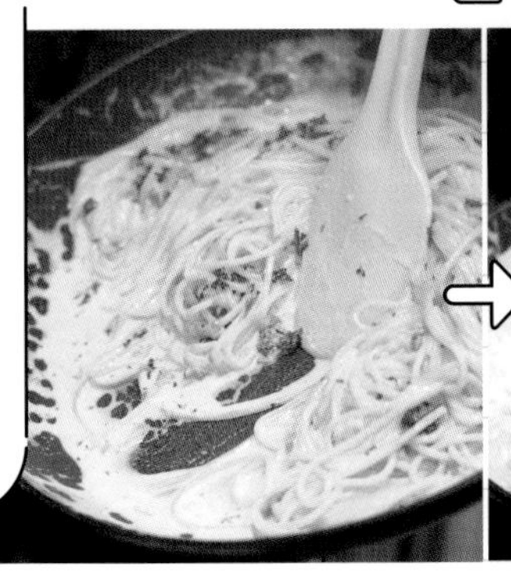

### チーズを加えたら火を止める

チーズを入れたらすぐに火から下ろします。混ぜすぎないように、さっとチーズをからめましょう。

左がイタリアンパセリ
右がカーリーパセリです。
今回は香りが強い
カーリーパセリを使います

北イタリアの定番レシピ

# 焦がしバターのパスタ

## 材料（1人分）

スパゲティ（1.7㎜）……………… 80g
バター（無塩）………………………… 25g

**トッピング**

パルミジャーノレッジャーノ（ブロック）………………… 30g
粗挽き黒こしょう …………適量

## 作り方

1）鍋に2ℓの湯を沸かし、塩24g（分量外）を入れてスパゲティを袋の表示通りにゆでる。

2）バターソースを作る。別の鍋にバターを入れて弱火にかけ、鍋をゆすりながら薄い茶色に色づくまで熱し、火を止める。

3）スパゲティがゆで上がる40秒前になったら、バターソースを弱火で温めはじめる。

4）スパゲティを湯きりして器に盛り、パルミジャーノレッジャーノを削ってかけ、バターソースと黒こしょうをかける。



※クラシルの公式YouTubeでは、料理名〈パスタとバターを火にかけるだけ！簡単すぎる極旨焦がしバターパスタの作り方〉で掲載！ 動画も検索してチェック！

## 永島シェフのパスタの極意

- □ ソースの塩分を考えて、パスタのゆで汁に加える塩を決めましょう
- □ 麺の味が楽しめるのは、煮込まず、ゆで上げた麺にソースをさっとからめるレシピ。ぜひ、麺本来のおいしさを感じてみてください



## おいしく作るためのシェフポイント

### スパゲティは表示通りにゆでる

ソースをからめて煮込まないので、袋の表示通りの時間ゆで、そのまま食べておいしいかたさに仕上げます。

### バターは無塩のものを使う

スパゲティのゆで汁にしっかり塩分が入っているので、バターは無塩で。有塩を使う場合はゆで汁に加える塩の分量を調節しましょう。

### バターは弱火で焦がす

バターが焦げすぎないように弱火にします。バターにムラなく火を入れるため、鍋を動かしながら加熱しましょう。

### バターが茶色になったら火を止める

バターのたんぱく質が香ばしくなり、いい香りになったら完成。色と香りで判断しましょう。

### チーズはお好みで選んで

パルミジャーノが定番ですが、ゴルゴンゾーラで作ってもおいしいので試してみてください。

### 平たいお皿に平らにならして麺を入れる

チーズとソースがまんべんなくかかるよう、麺を平らに広げて器に盛りましょう。

# ハーブ香るボロネーゼ

## 材料（1人分）

スパゲティ（1.7㎜）……………… 80g

**ボロネーゼソース**（2人分）

- 牛ひき肉（粗挽き）…………200g
- 赤ワイン ………………… 60g
- ローリエ ………………… 1枚
- トマト缶（カット）…………200g
- オリーブオイル …………… 10g
- 塩 ………………………… 2.8g
- A 玉ねぎ（みじん切り）……………… ½個分（100g）
- A ローズマリー（みじん切り）…… 2g
- A セージ（みじん切り）………… 2g

**トッピング**

- パルミジャーノレッジャーノ（ブロック）………………適量
- バター（無塩）…………………10g

## 作り方

1）ボロネーゼソースを作る。鍋にオリーブオイルとAを入れて中弱火で熱し、10分ほどじっくり炒める。

2）玉ねぎの水分が飛び、茶色くなってきたら牛肉を加える。中火にして、あまりさわらないように焼く。

3）焼き色がついたら牛肉を崩し、塩を加えて炒める。牛肉に火が通ったら火を止め、赤ワイン、ローリエを加えて強火に上げ、鍋底にこびりついたうま味をはがすように炒める。

4）アルコール分が飛んだら、トマト缶と水をおたま1杯分（分量外）加えて強火で熱する。沸騰したら弱火にして30分ほど煮込む。

5）ローリエを取り除き、別の鍋にソースの半量を取り分けて、様子を見ながら水を加えて中火で煮込む。

6）鍋に2ℓの湯を沸かし、塩20g（分量外）を入れ、スパゲティを袋の表示より1分短くゆでる。

7）5の鍋にスパゲッティを湯きりして加える。水を加えて調整しながら中火で1分ほどあえる。

8）バターを加えたら火を止めてさっと混ぜ、器に盛る。パルミジャーノレッジャーノを削ってかける。

※余ったボロネーゼソースは冷凍用保存袋などで冷凍保存可能。


※クラシルの公式YouTubeでは、料理名〈噛むほどに肉の旨みが溢れる　少しの工夫で劇的に美味しくなる「至高のボロネーゼ」〉で掲載！ 動画も検索してチェック！

# おいしく作るためのシェフポイント

### フレッシュハーブをひき肉と同じサイズに刻む

フレッシュなセージとローズマリーを入れると、香りと深い味を表現できます。細かく刻んだ方が、より香りが引き立ちます。

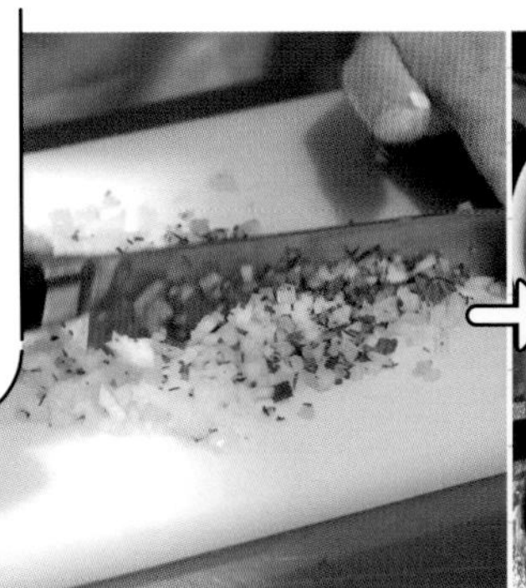

### ハーブは中火でじっくり10分炒める

強火にすると火の通りは早くなりますが焦げたような香りが出てしまうので、焦らず炒めて水分を飛ばしましょう。

### ひき肉は粗挽きがおすすめ

粗挽き肉を使うと、煮込んでもボロボロに崩れず、しっかり肉のうま味を感じられる仕上がりになります。

### お肉を入れたら崩さない

ひき肉は崩してしまわないよう、まとまりで焼き、色が変わったら上下を返していきます。

### 塩は肉に火が通ってから

肉に先に塩をふると肉から水分が出てきてしまうので、炒めてから肉に塩をふります。

### ワインはしっかり加熱する

ワインのアルコール分をきちんと飛ばしてからトマトを加えないと、お酒の生っぽい香りが抜けなくなってしまいます。

赤ワインに
よく合うパスタです。
ペアリングも
楽しんでみてください

byebyeblues TOKYO
永島 義国が教える!
絶品パスタ03

# 和風のボンゴレパスタ

## 材料（1人分）

スパゲティ（1.7㎜）……………… 80g
アサリ（砂抜きしたもの）…………300g
にんにく ……………………………1片
大葉（みじん切り）……………… 6枚分
バター（無塩）…………………… 15g
オリーブオイル ………………… 25g
日本酒 ………………………… 30㎖
しょうゆ …………………… 小さじ1

## 作り方

1）アサリは流水で洗う。にんにくは皮をむいて半分に切り、包丁の腹で潰す。

2）フライパンにオリーブオイルとにんにくを強火で熱し、ふつふつとしてきたら火を止める。にんにくの香りがオイルに移ったらアサリと日本酒を加え、蓋をして中火で3分ほど蒸す。

3）アサリの口が開いたら、ざるで濾してスープを90㎖ほどフライパンに戻す。アサリは身を殻からスプーンで取りはずしておく。

4）鍋に3ℓの湯を沸かし、塩30g（分量外）を入れ、スパゲティを袋の表示より2分短くゆでる。

5）3のスープの味見をして塩加減を確認し、ゆで汁50㎖をフライパンに加える。スパゲティがゆで上がる30秒前に、スープを再び中火で熱し、しょうゆを加える。

6）スパゲティを湯きりして加え、水分が減ってきたら水適量（分量外）を加えて中火であえる。

7）残りのスープで味を調整し、3のアサリの身を戻し入れて強火にする。沸騰したらバターを加え、溶けたら、大葉を加えて混ぜる。

 ※クラシルの公式YouTubeでは、料理名〈お家でコレ作れたらヤバい。風味豊かなバター醤油の「和風ボンゴレパスタ」の作り方〉で掲載！ 動画も検索してチェック！

## おいしく作るためのシェフポイント

### にんにくは潰してからオイルに入れて加熱

にんにくはみじん切りにすると香りが強すぎて、アサリの優しい味を消してしまうため、潰すだけ。フライパンを傾けて加熱し、にんにくオイルにします。

### 白ワインではなく日本酒を使う

ワインを入れると酸味が強くなるので、和風パスタに合わせて日本酒を使います。フライパンの火はつけずにアサリを入れて、日本酒を加えます。

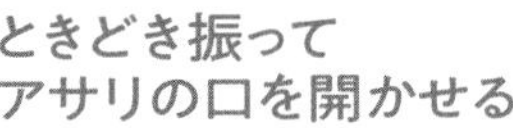

### ときどき振ってアサリの口を開かせる

蓋をして中火でアサリの口がひらくまで3分ほど。アサリ同士が重なっていると口が開かないので、ときどき振って、口が開くようにしましょう。

### アサリは殻からはずす

アサリは殻ごとパスタと合わせて炒めると、殻が割れて破片が入ってしまうことがあるので、殻からはずしておきましょう。

### アサリから取れたスープは必ず味見をする

アサリの塩分によってスープの濃度が変わるので、味見をしてからゆで汁で調整し、パスタに吸わせましょう。

### バターを加えて乳化させる

ソースにパスタを加え、ソースが沸騰しているときにバターを加えます。火を弱めて混ぜて乳化させ、とろりとした状態にします。

アサリの塩分濃度は個体差があるので必ず味見をして調整しましょう

# 本場イタリアのカルボナーラ

## 材料(1人分)

スパゲティ(1.8㎜)……………100g
パンチェッタ(薄切り)………… 20g分
にんにく ……………………… 1片
オリーブオイル ……………… 10g
黒こしょう ……………………適量

**卵液**

卵黄 ………………… 2個分
パルミジャーノレッジャーノ(粉)
………………………… 30g

**トッピング**

パルミジャーノレッジャーノ
(ブロック) ……………………適量
黒こしょう(ホール、パウダー)
………………………各適量

## 作り方

1) にんにくは皮をむいて包丁の腹で潰す。ボウルに卵液の材料を入れてよく混ぜる。

2) 鍋にオリーブオイルとにんにくを入れて中火で熱し、ふつふつとしてきたら弱火にする。

3) にんにくが色づき、香りがオリーブオイルに移ったらにんにくを取り出す。パンチェッタを加えて、弱火で炒める。

4) 別の鍋に湯1ℓを沸かし、塩小さじ2(分量外)を入れ、スパゲティを袋の表示より40秒ほど短くゆでる。

5) **3**のパンチェッタがカリカリになってきたら黒こしょうをふり、取り出して卵液の入ったボウルに加える。

6) **5**の鍋にゆで汁20mℓを入れて中火にかけ、鍋底にこびりついたうま味をはがしたら、卵液のボウルに加える。少しかたくなり、卵黄の光沢が出るまでよく混ぜる。

7) ゆで上がったスパゲティを湯きりして加え、とろみが出るまで混ぜる。

8) 器に盛り、パルミジャーノレッジャーノを削ってかける。黒こしょう(ホール)を包丁の腹で粗く砕いてかけ、黒こしょう(パウダー)をふる。

 ※クラシルの公式YouTubeでは、料理名〈牛乳も生クリームも使わない本場イタリア風「濃厚カルボナーラ」の作り方〉で掲載! 動画も検索してチェック!

## 山本シェフのパスタの極意

- □ 水分が残っているとソースの濃さが変わってしまうので、麺はしっかり湯きりしてからソースに加えましょう
- □ 素材それぞれのよさを引き出し、立体感のある味に仕上がるよう意識しましょう

## おいしく作るためのシェフポイント

### 鍋を傾けてにんにくオイルを作る

にんにくがオイルに浸かるように鍋を傾け、オイルに香りを移しやすくします。ふつふつしてきたら弱火にして、じっくり時間をかけて香りを移して。

### カルボナーラに合った麺を選ぶ

ソースが濃厚なときは太麺が合います。粉の香りが味わえる、表面がザラザラしたブロンズダイスがおすすめです。

### 卵液はしっかり混ぜる

卵黄とパルミジャーノレッジャーノはしっかり混ぜておかないと、卵の火の通り具合にムラが出てきてしまいます。

### パンチェッタに黒こしょうをたっぷりふる

パンチェッタがカリカリになったら、黒こしょうをふります。オイルの中で黒こしょうに火を入れると立体感のある香りに仕上がります。

### 卵液にオイルごとパンチェッタを加える

卵液にパンチェッタを加えたら、あいた鍋にゆで汁を入れて火にかけ、鍋にこびりついたうま味をこそげ取って卵液に加えましょう。

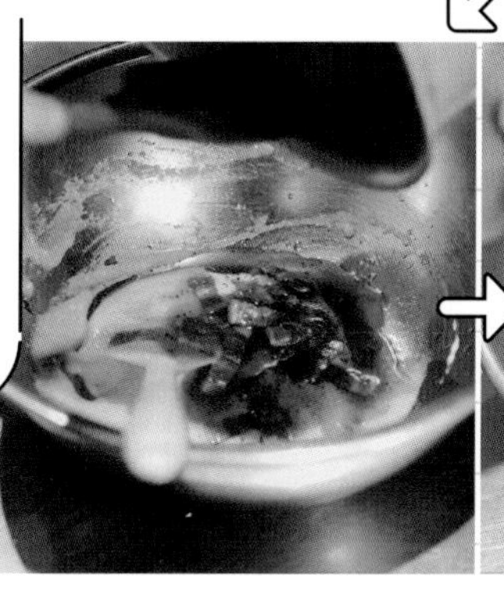

### パスタと卵液は手早く混ぜる

パスタの湯をきり、卵液に加えたら、しっかり、かつ手早く混ぜます。これで光沢ととろみのあるカルボナーラになります。

## 材料（1人分）

スパゲティ（1.8㎜）……………100g
ミニトマト………………5個（50g）
まいたけ…………………………50g
にんにく…………………………1片
赤唐辛子…………………………1本
粉チーズ…………………………20g
オリーブオイル…………………20g
塩……………………………………少々

**サルシッチャ（イタリアのソーセージ）**

豚ひき肉（粗挽き）…………200g
粗挽き黒こしょう、フェンネルシード（みじん切り）、ナツメグ（パウダー）…………各適量（※）
塩 …………………………………2g

**トッピング**

イタリアンパセリ（粗みじん切り）…………………………適量

※ナツメグは黒こしょうとフェンネルの半量。

## 作り方

1）サルシッチャを作る。ボウルにすべての材料を入れて手でもむ。まとまったらラップをして、冷蔵室で1時間休ませる。

2）ミニトマトは半分に切る。まいたけは手でほぐし、にんにくは包丁で潰す。

3）フライパンにオリーブオイルとにんにく、赤唐辛子を入れて強火で熱し、ふつふつとしてきたら弱火にする。にんにくがきつね色になったら、にんにくと赤唐辛子を取り出して中火にする。

4）**2**のサルシッチャを6等分にちぎり入れて、焼き色がつくまで焼く。上下を返して、まいたけを加える。全体に油がなじんだらまいたけに塩をふり、サルシッチャの両面に焼き色がつくまで焼く。

5）鍋に1ℓの湯を沸かし、塩10g（分量外）を入れ、スパゲティを袋の表示より1分ほど短くゆでる。

6）サルシッチャを崩して中火で焼き、全体に焼き色がついたらミニトマトを加える。ゆで汁と水（分量外）を加えて水分を調整し、10分ほど煮込む。

7）スパゲティを湯きりして**6**に加えて強火にし、よく混ぜる。ソースにとろみがついたら粉チーズを入れて混ぜる。

8）器に盛って、イタリアンパセリをふる。

 ※クラシルの公式YouTubeでは、料理名〈豚肉とキノコの旨味が溶け出した「ゴロゴロ肉のパスタ」作り方〉で掲載！ 動画も検索してチェック！

# おいしく作るためのシェフポイント

### フェンネルは粗めに刻む

粗いほうが噛んだときにフェンネルの香りがふわっと香るので粗く刻みましょう。

### 肉はしっかり混ぜて寝かせる

肉にスパイス類が均一に混ざるように、しっかり強めにもみ込みましょう。1時間冷蔵室で寝かせると肉にスパイスがなじんで一体感のある味になります。

### サルシッチャは動かさずに焼きつける

ふた口大くらいに分けたサルシッチャは、触らずに焼き色をつけて香ばしさを出して。香ばしいほうがうま味を感じられます。

### うま味が出る食材を加える

鍋にまいたけを加えて、肉と一緒に炒めましょう。しめじやエリンギ、ズッキーニやなすなどだしが出る食材を入れるとおいしくなります。

### ソースはゆで汁や水を足して煮込む

ソースは多めの水分で煮込むと素材のうま味がソースに溶け出します。煮込みすぎはよくないので、10分ほど煮込むのがベスト。

### パスタにソースを吸わせながらなじませる

パスタは少しかためにゆで、ソースに加えます。パスタにソースを吸わせ、濃度がついてきたらチーズを加えましょう。

具材となる
イタリアのソーセージ
「サルシッチャ」は
手軽に作れます！

IL TEATRINO DA SALONE
山本 鉄巳が教える!
絶品パスタ03

和とイタリアンを融合させた創作パスタ

# 明太ペペロンチーノ

## 材料（1人分）

スパゲティ（1.8㎜）…… 100g
明太子 ……………………40g
イタリアンパセリ
（粗みじん切り）………… 2g
にんにく（薄切り）…… 1片分
白だし …………………10g
オリーブオイル ………50g

### おいしく作るためのシェフポイント

**ボウルで乳化させる**

ペペロンチーノは加熱しながら乳化させるのが難しいので、ボウルであえると失敗しません。

## 作り方

1）明太子は薄皮を取り除き、身をほぐして平皿にのせ、ラップをかけて冷蔵室に入れる。

2）ボウルに白だしとイタリアンパセリの半量を入れて混ぜる。

3）フライパンにオリーブオイル30gとにんにくを入れて中火で熱し、ふつふつとしてきたらごく弱火にする。油が温まりすぎないよう火から下ろしながら温度を調整する。

4）にんにくが薄く色づいたらざるで濾し、オイルを**2**のボウルに加える。にんにくはキッチンペーパーの上に広げて油をきる。

5）鍋に1ℓの湯を沸かし、塩小さじ2（分量外）を入れ、スパゲティを袋の表示より40秒ほど短くゆでる。

6）スパゲティを湯きりして**2**のボウルに加える。オリーブオイル20gと明太子を加えてさっくりと混ぜる。

7）器に盛り、**4**のにんにくと残りのイタリアンパセリをのせる。


※クラシルの公式YouTubeでは、料理名〈明太スパゲッティとペペロンチーノを掛け合わせた“究極の創作パスタ”〉で掲載！ 動画も検索してチェック！

## 材料（1人分）

スパゲティ（1.8mm）…… 100g
リコッタチーズ ………20g
バジル ………………… 適量
オリーブオイル ………10g

**トマトソース（6人分）**

玉ねぎ（薄切り）……… 1個分（200g）
トマトペースト… 100g
トマト缶（ホール）… 400g
塩 ………………… 5g
湯 ………………… 適量
A にんにく ……… 3片
A 赤唐辛子（カラブリア）……………… 3本
A オリーブオイル… 40g

**トッピング**

リコッタチーズ ····20g
バジル、塩、オリーブオイル……… 各適量

※余ったトマトソースは保存容器に入れて冷蔵室で3日間保存可能。冷凍保存袋に入れて冷凍保存も可。

## 作り方

1）トマトソースを作る。にんにくは皮をむいて包丁の腹で潰す。鍋にAを入れて中火にかけ、ふつふつとしてきたら弱火にする。にんにくが色づいて香りが立ったら、にんにくと赤唐辛子を取り出す。

2）同じ鍋に玉ねぎを入れて、中火で10分ほど炒める。玉ねぎが薄く色づいてしんなりしたら、トマトペーストを加えて中火で炒める。

3）トマトペーストが鍋底にこびりつき、香ばしくなってきたら、トマト缶と水50mℓ（分量外）を加えて混ぜ、中火で10分ほど煮込む。

4）煮詰まってきたら火を止め、全体の重さが600gになるように熱湯を加える。塩を加えてブレンダーで攪拌し、なめらかになったら100gを取り分けて別の鍋に移す。

5）鍋に1ℓの湯を沸かし、塩小さじ2（分量外）を入れ、スパゲティを袋の表示より40秒ほど短くゆでる。

6）スパゲティがゆで上がる1分前になったら取り分けたソースを中火にかけ、水（分量外）を入れて濃度をゆるめに調整する。

7）スパゲティを湯きりして、6に加える。中火で全体を混ぜ、水（分量外）を入れて濃度を調整し、火を止める。

8）リコッタチーズ20gを数ヶ所に分けて入れ、バジルをちぎり入れ、オリーブオイルを回し入れてさっとあえる。

9）器に盛り、トッピング用のリコッタチーズをのせ、バジルをちぎってのせる。リコッタチーズに塩をふり、オリーブオイルをかける。

# 濃厚トマトソーススパゲティ

リコッタチーズでまろやか濃厚

IL TEATRINO DA SALONE 山本 鉄巳が教える！ 絶品パスタ04

※クラシルの公式YouTubeでは、料理名《長時間煮込んだようなトマトの甘さ引き立つ濃厚トマトソーススパゲティ》で掲載！ 動画も検索してチェック！

# アヒージョ風ペペロンチーノ

## 材料（1人分）

スパゲティ（1.6㎜）……………… 90g
ホタテ（刺身用）………………… 5個
ブロッコリー …………… ¼株（60g）
にんにく（薄切り）…………… 1片分
赤唐辛子（種を除いて半分にちぎる）… 1本
アンチョビフィレ……………… 1枚
レモン汁 …………………… 20mℓ
しょうゆ …………………… 5mℓ
オリーブオイル ………………… 適量
塩、白こしょう …………… 各適量

## 作り方

1）ブロッコリーは大きめの一口大に切り、ホタテは塩と白こしょうをふる。

2）フライパンを中火で熱し、オリーブオイル大さじ2をひいてホタテをさっと焼く。両面に焼き色がついたら取り出して、半分に切る。

3）同じフライパンにオリーブオイル大さじ1、にんにくと赤唐辛子を入れて弱火にかける。にんにくがふつふつとしたら、アンチョビを加える。

4）鍋に1ℓの湯を沸かし、塩小さじ2（分量外）を入れ、スパゲティを袋の表示より1分ほど短くゆでる。

5）**3**のにんにくが色づいたら、ゆで汁50mℓとレモン汁、しょうゆを加えて沸かし、火を止める。

6）スパゲティがゆで上がる1分前になったら、ブロッコリーを同じ鍋でゆで、**5**を温めはじめる。

7）**5**にブロッコリーと湯きりしたスパゲティを加え、よく混ぜてからめる。火を止めてホタテを加え、余熱で火を入れたら、オリーブオイル小さじ2をかける。

※クラシルの公式YouTubeでは、料理名〈ブロッコリーとホタテをごろっと入れた、やみつきになる旨さ「アヒージョ風ペペロンチーノ」〉で掲載！ 動画も検索してチェック！

## 平沢シェフのパスタの極意

- □ 1.6㎜くらいのパスタがスタンダード。どんなソースにも合うので、迷ったら1.6㎜を選んでみてください
- □ パスタをソースに加えたら、フライパンを煽って麺を回転させ、ソースを乳化させつつからめます
- □ 食材はゴロッと切ると、食べ応えがあるパスタに仕上げられます

## おいしく作るためのシェフポイント

### ホタテはさっと表面だけ焼く

ホタテに完全に火を入れるとかたくなるので、表面だけ焼きます。フライパンをしっかり温めておくのがポイントです。

### ホタテのうま味がついたフライパンで調理

フライパンには、グルタミン酸、イノシン酸などホタテから出たうま味がたっぷりついています。このうま味の中でソースを作りましょう。

### 低温でにんにくを加熱して香りを出す

フライパンが熱々だとにんにくが焦げてしまうので、上がりすぎたら弱火にするなど温度を下げて熱しましょう。

### フライパンにゆで汁を加えてソースに

フライパンにゆで汁50㎖を加えて、ホタテを焼いたうま味をこそげるように沸かします。

### スパゲティがゆで上がる1分前からブロッコリーをゆでる

スパゲティをゆでている鍋より小さめのざるにブロッコリーを入れてスパゲティの鍋で一緒にゆでましょう。1分ゆでるとちょうどいい歯応えになります。

### 火を止めてからホタテをあえる

ソースにブロッコリー、スパゲティを入れて全体にからめてからホタテを加えます。火を止めてフライパンを煽るようにしてからめましょう。

ギオット
平沢 光明が教える！
絶品パスタ02

鶏むね肉がしっとりジューシー

# なすとねぎの和風パスタ

## 材料（1人分）

スパゲティ（1.6㎜）……………… 90g
鶏むね肉 ……………………½枚（150g）
なす ………………………… ½本（40g）
長ねぎ ……………………………⅓本
大葉（千切り）……………………… 8枚
バター（無塩）…………………………7g
オリーブオイル …………………… 適量
塩、白こしょう …………………… 各適量
A 日本酒……………………… 大さじ2
　めんつゆ（3倍濃縮）…… 大さじ1½
　水 ………………………… 小さじ2

### おいしく作るための シェフポイント

**鶏むね肉は切らずに焼く**

鶏むね肉は切り込みを入れてたたいてから焼くと、めんつゆと日本酒がしみ込んでしっとり焼き上がります。

## 作り方

1）なすは乱切りに、長ねぎは2㎝幅に切る。

2）鶏肉は繊維に逆らって数ヶ所に切り込みを入れる。ラップをして上からたたいて厚みを均一にし、両面に塩と白こしょうをしっかりふる。

3）フライパンを中火で熱し、オリーブオイルをひく。鶏肉、なす、長ねぎを入れて焼く。肉の色が変わってきたら弱火にし、鶏肉に焼き色がつくまで焼く。

4）鶏肉の両面に焼き色がついたらごく弱火にしてAを加える。3分ほど加熱し、上下を返して3分ほど焼いて火を止める。

5）鍋に1ℓの湯を沸かし、塩小さじ2（分量外）を入れ、スパゲティを袋の表示通りにゆでる。

6）4の鶏肉に火が通ったら取り出し、一口大に切る。

7）スパゲティがゆで上がる1分前になったら、6のフライパンを弱火にかけ、ゆで汁40㎖を加える。沸騰したらバターを加える。

8）スパゲティを湯きりして加え、大葉半量と鶏肉を肉汁ごと加える。器に盛り、残りの大葉をのせる。


※クラシルの公式YouTubeでは、料理名〈新定番　ナス×ネギ×鶏のボリューム満点「和パスタ」の作り方〉で掲載！　動画も検索してチェック！

ギオット
平沢 光明が教える！
絶品パスタ03

10分でできて
何度も
食べたくなる

# 焼き鳥缶パスタ

## 材料（1人分）

スパゲティ（1.6㎜）……………… 90g

**ソース**

焼き鳥缶（塩味）……………… 1缶
しめじ…………………………… 50g
にんにく ……………………… 1片
トマト缶（カット）…………… 130g
グリーンオリーブ（種なし）…… 7粒
オリーブオイル ……… 大さじ2

**トッピング**

イタリアンパセリ（粗みじん切り）
………………………… 適量

## 作り方

1）しめじは石づきを除き、にんにくは半分に切って包丁の腹で潰す。

2）鍋に1ℓの湯を沸かし、塩小さじ2（分量外）を入れ、スパゲティを袋の表示通りにゆでる。

3）フライパンにオリーブオイルとにんにくを入れて弱火で熱する。香りが立ったらにんにくを取り出し、しめじをほぐしながら入れ、しんなりするまで炒める。

4）焼き鳥缶、トマト缶、ゆで汁30㎖を加える。グリーンオリーブを加え、潰しながら、弱火で煮込む。

5）スパゲティを湯きりして4に加え、弱火のまま混ぜ合わせる。器に盛り、イタリアンパセリをのせる。

**おいしく作るためのシェフポイント**

**焼き鳥缶は煮こごりごと加える**

煮こごりが味の決め手になり、ソースにとろみをつけてくれるので、缶の中身をすべて加えます。

※クラシルの公式YouTubeでは、料理名〈もはや発明　焼き鳥缶で最高においしい“絶品パスタ”の作り方〉で掲載！ 動画も検索してチェック！

# イワシのアラビアータ

## 材料（1人分）

スパゲティ（1.7㎜）………… 110g
さやいんげん ……………… 8本
パプリカ（黄）………………… ⅓個
塩、オリーブオイル ……… 各適量

**ソース（作りやすい分量）**

イワシ（3枚おろし）……… 160g
トマト缶（カット）………… 800g
砂糖 ………………… 小さじ1
塩 ……………………… 適量
A アンチョビフィレ（粗みじん切り）……… 10g
A にんにくのオイル漬け（みじん切り）…… 大さじ1
A 赤唐辛子 ……………… 1g
A オリーブオイル ……… 40g

**香草パン粉焼き**

イワシ（3枚おろし）…… 1尾分
パン粉 ………………… 30g
にんにくのオイル漬け ………… 小さじ⅓
イタリアンパセリ（みじん切り）、塩、オリーブオイル ………… 各適量

**トッピング**

ディル ……………… 1本
オリーブオイル ……… 適量

## 作り方

1）いんげんは両端を切り落とし、パプリカは薄切りにする。イワシは縦3〜4等分に切り、ソース用の160gは1㎝角に切って塩小さじ½をふる。

2）ソースを作る。ボウルにトマト缶を入れ、塩ひとつまみを加える。

3）鍋にAを入れて弱火にかける。にんにくが茶色に色づきはじめたら、1のイワシを加えて全体に広げ、強火にして焼く。

4）イワシに焼き色がついたら2のトマト缶と水少々（分量外）を加え、強火で煮る。沸騰したら弱火にして20分ほど煮込む。とろんとしてきたら火を止める。砂糖を加え、溶けるまで混ぜる。

5）香草パン粉焼きを作る。ざるにパン粉を入れて濾し、オリーブオイルを加えて混ぜる。フライパンを中火にかけてパン粉を炒り、ほんのり茶色に色づいたら取り出し、バットに入れる。オリーブオイル小さじ1、にんにくのオイル漬け、塩、パセリを順に加えてその都度混ぜる。

6）イワシは両面に塩をふり、身にオリーブオイル小さじ1をかけ、5を両面にまぶす。グリルパンを中火で熱し、イワシの両面を焼く。

7）鍋に1ℓの湯を沸かし、塩小さじ2（分量外）を入れ、スパゲティを袋の表示より1分短くゆでる。

8）別の鍋に湯を沸かし、塩（分量外）といんげんを入れて4分ゆでる。湯きりして塩をふり、オリーブオイルをかける。グリルパンを中火で熱し、さやいんげんを焼き色がつくまで焼く。

9）フライパンを中火で熱し、オリーブオイルをひき、パプリカと塩を入れて炒める。しんなりしてきたら4のソース200gを加えて弱火にし、8のさやいんげんを加えて中火にする。

10）スパゲティを湯きりして加え、混ぜたら火を止め、塩で味をととのえる。

11）器にスパゲティと6の香草パン粉焼きを盛る。ディルをちぎってのせ、オリーブオイルをかける。

※余ったソースは冷ましてから冷蔵で5日間保存可。保存容器や保存袋に入れて冷凍保存も可。


※クラシルの公式YouTubeでは、料理名〈至極のトマトパスタ　本場イタリア歴16年シェフが手間暇かけた最高の一品「イワシのアラビアータ」の作り方〉で掲載！ 動画も検索してチェック！

**井関シェフのパスタの極意**

- □ ソースをしっかりした味に仕上げるので、パスタソースは塩分のあるゆで汁ではのばしません。水分が必要なときはブイヨンを加えます
- □ スパゲティはゆで時間を計っていても、必ず味見をして、ゆで上がりのかたさを確認します

## おいしく作るためのシェフポイント

### 鍋をしっかり温めてアンチョビなどを炒める

オリーブオイルでアンチョビ、にんにく、赤唐辛子を炒める。アンチョビは全体になじむよう、粗く刻みましょう。チューブを使用してもOK。

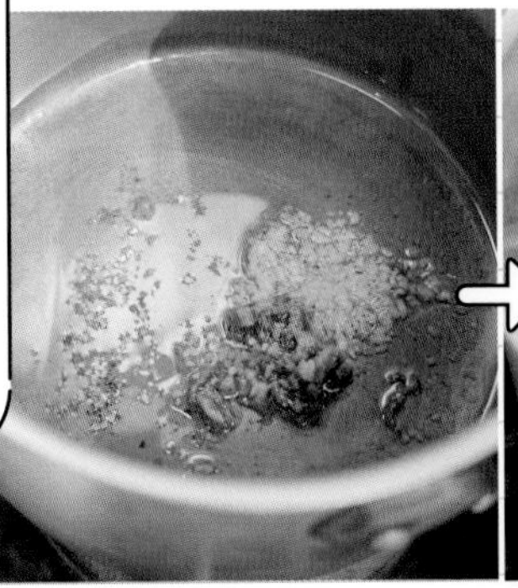

### にんにくが茶色くなったらイワシを加える

オイルの温度が上がってアンチョビがパチパチしてきたら、ソース用のイワシを加えて全体に広げましょう。さわらずに香ばしさを出していきます。

### トマトを加えたら混ぜてOK

イワシのまわりが固まってきたらトマトを加えます。水分を加えるとイワシが鍋底からはがれやすくなるので、混ぜてもイワシが崩れません。

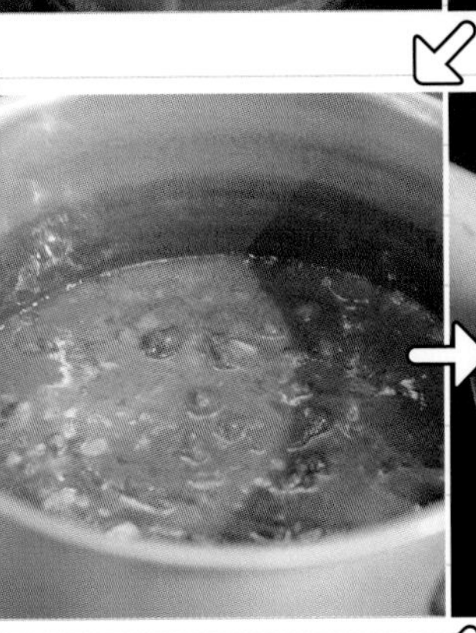

### パン粉はざるで濾して細かくする

ボウルにざるをのせてパン粉を入れ、手で混ぜて濾して細かくしましょう。

### 香ばしい香草パン粉を作る

パン粉にオリーブオイルをかけて炒り、香ばしさを引き出します。フライパンから取り出したらオイルを混ぜてフレッシュさを出し、パセリを混ぜます。

### いんげんは最後に加える

いんげんは先に焼いておき、あとでソースに戻し入れます。色が変わりやすいので、最後にソースに加えましょう。

# 超濃厚カルボナーラ

## 材料（1人分）

スパゲティ（1.7㎜）……………… 90g
ベーコン（ブロック）……………… 45g
チキンブイヨン（液体）…………30㎖
オリーブオイル …………… 小さじ1

**卵液**

卵 …………………………1個
卵黄 …………………… 1個分
粉チーズ ………………… 小さじ1
生クリーム …………… 大さじ1
塩 …………………… ひとつまみ
粗挽き黒こしょう …………適量

**トッピング**

粗挽き黒こしょう …………適量

## 作り方

**1)** ベーコンは5㎜幅に切る。ボウルに卵液の材料を入れてよく混ぜる。

**2)** フライパンにベーコンとオリーブオイルを入れて強火で炒める。ふつふつとしてきたら中火にし、全面に焼き色がつくまで焼く。ベーコンがカリカリになったら火を止めて余分な油を捨て、ブイヨンを加える。

**3)** 鍋に2ℓの湯を沸かし、塩20g（分量外）を入れ、スパゲティを袋の表示より1分短くゆでる。

**4)** **2**を弱火で熱し、温まったら火から下ろす。湯きりしたスパゲティを加えてあえる。

**5)** **1**の卵液を加えて混ぜながら強火で熱し、フライパンの底が固まりはじめたら一度火から下ろして混ぜる。同じように2回くり返し、全体が白っぽく固まってスパゲティによくからんだら火を止める。

**6)** 器に盛り、黒こしょうをふる。

 ※クラシルの公式YouTubeでは、料理名〈ミシュラン掲載店のカルボナーラの作り方！自宅で作れるプロの火入れテクニックを披露■〉で掲載！ 動画も検索してチェック！

# おいしく作るためのシェフポイント

### ベーコンは厚さ5㎜に切る

ベーコンの存在感を出すために、厚さは5㎜、棒状に切りましょう。

### オリーブオイルでベーコンの脂を出す

ベーコンの脂を引き出すために、誘い油としてオリーブオイルを入れて炒めます。

### ベーコンから出た脂は少量残してあとは捨てる

パスタと卵液を混ぜたときにオイルが邪魔をしてしまうので、フライパンに残った脂は少量残して捨てましょう。

### 卵液には生クリームも混ぜる

生クリームは卵液の凝固を防ぐために少し入れます。これでなめらかさが出るので、泡立て器でしっかり混ぜてください。

### フライパンは温めすぎない

フライパンにパスタを入れたときにジュワッと音が出るほど温めないようにしましょう。卵液を加える前に、いったん火から下ろして混ぜます。

### 卵にじっくり火を入れながら麺にからめる

パスタに卵液を入れたら強火にかけ、手早く混ぜます。少し固まってきたら火から下ろして混ぜます。再び火にかけて……これを数回繰り返しましょう。

仕上げの黒こしょうはたっぷりかけましょう！お皿のフチまでかけるとよりおいしく見えます

# 老舗洋食屋
# 伝統のミートソース

## 材料（1人分・ミートソースは6人分）

スパゲティ（1.5㎜）……………100g
牛ひき肉 ……………………250g
にんにく（みじん切り）…………… 10g
セロリ（芯・みじん切り） ………… 30g
玉ねぎ（みじん切り） ……1個分（250g）
にんじん（みじん切り）
………………… 1¼本分（250g）
ピーマン（みじん切り）……¼個分（10g）
トマトペースト（6倍濃縮）……160g
ケチャップ…………………200g
デミグラスソース……………100g
ローリエ …………………… 1枚
サラダ油 ……………………20mℓ
砂糖……………………………5g
塩、白こしょう …………… 各適量

**A**
マッシュルーム（水煮） …… 50g
粉チーズ ………………… 30g
ブイヨン（顆粒）…………………5g
赤ワイン ………………… 50mℓ
しょうゆ ………………… 15mℓ
ウスターソース ………… 10mℓ
水 ……………………… 400mℓ

**トッピング**
粉チーズ、パセリ（みじん切り）
…………………… 各適量

## 作り方

**1）** 鍋に1.2ℓの湯を沸かし、塩20g（分量外）を入れ、スパゲティを袋の表示より1分短くゆでる。ゆで上がったら冷水で冷やして、水気をきる。

**2）** ミートソースを作る。鍋にサラダ油を入れて中火で熱し、にんにく、セロリを炒める。

**3）** にんにくの香りが立ったら、玉ねぎとにんじんを加えて中火で炒める。玉ねぎが透き通ってきたら牛肉を加えて炒める。

**4）** 牛肉に火が通ってほぐれたら、トマトペーストを加えて中火で炒める。全体がなじんだらケチャップとデミグラスソースを入れて混ぜ、**A**を加えて混ぜる。

**5）** 沸騰したら弱火にしてローリエを加え、蓋をして煮込む。煮立ったら、浮いてきた脂とアクを取り、蓋をして混ぜながら弱火で10分ほど煮込む。

**6）** ピーマンを加え、再び蓋をして10分ほど煮込む。浮いてきた脂を取り除き、砂糖と白こしょうを加えて味をととのえ、火を止める。

**7）** 別の鍋で湯を沸かし、**1**を入れて1分ゆでて湯をきる。

**8）** 中火で熱したフライパンに、**7**のスパゲティと塩、白こしょう、ゆで汁10mℓを加えてさっと炒める。

**9）** 器に盛り、**6**のミートソース⅙量をかけてトッピングをちらす。

※余ったミートソースは保存容器に入れて約4～5日、冷蔵室で保存。冷凍保存の場合は約1ヶ月保存可。


※クラシルの公式YouTubeでは、料理名〈下町の老舗洋食屋シェフ直伝！90年以上磨き続けた美味しさ“伝統のミートソーススパゲッティ”の作り方〉で掲載！ 動画も検索してチェック！

## 小田倉シェフのパスタの極意

- □ パスタはあらかじめゆでて冷ましておくと、ソースが出来上がったときにもたつかず便利です
- □ ソースは６人分まとめて作ります。たっぷり作るとおいしくなるので、他の料理にも使ってみてください

## おいしく作るためのシェフポイント

### 野菜をたっぷり使う

多めの野菜を炒めると、甘みがソースに溶け出し、やさしい味に仕上がります。

### 炒めるときは香りの高い順番で

オイルに最も香りが立つにんにくとセロリを入れて炒めはじめるのが基本です。

### 肉のダマはしっかり潰す

ひき肉を加えたら肉がボロボロになるまで根気よく炒めます。ここでダマになっていると最後まで残ってしまいます。

### ブイヨンは市販のものが便利

お店では使いませんが家庭では市販のブイヨンを加えます。味を決めるほどたくさん入れるのではなく、底上げをするイメージで軽く加えましょう。

### 混ぜながら煮詰めていく

ソースは、鍋底が焦げついていないかときどき確かめながらかき混ぜて、コトコト煮詰めていきましょう。

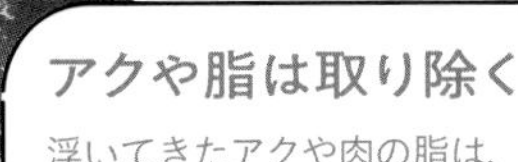

### アクや脂は取り除く

浮いてきたアクや肉の脂は、丁寧に取ると、雑味がなくなり、まろやかな口当たりのソースになります。

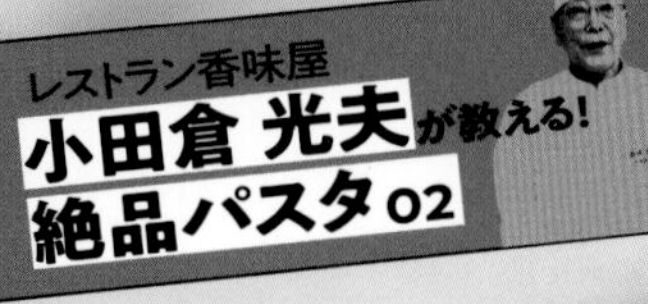


老舗洋食屋の定番メニュー

# エビナポリタン

## 材料（1人分）

スパゲティ（1.5㎜）……100g

A
- ベーコン（みじん切り）……10g
- エビ（むき身）……100g
- にんにく（みじん切り）……10g分
- セロリ（みじん切り）……10g
- 玉ねぎ（薄切り）……1/5個分（30g）
- ピーマン（薄切り）……1/4個分（10g）

マッシュルーム（水煮）……70g
粉チーズ……10g
バター（無塩）……10g
白ワイン……20mℓ
サラダ油……大さじ1
塩、白こしょう……各適量

**ナポリタンソース（作りやすい分量・6人分）**

- にんにく（みじん切り）……4g
- セロリ（芯・みじん切り）……8g
- 玉ねぎ（みじん切り）…2/3個分（100g）
- サラダ油……大さじ1
- 塩、白こしょう……各適量

B
- トマト缶（カット）……400g
- トマトピューレ（3倍濃縮）…100g
- ケチャップ……60g
- トマトペースト（6倍濃縮）…50g

C
- 白ワイン……40mℓ
- ローリエ……1枚
- 砂糖……1g

**トッピング**

- 粉チーズ、パセリ（みじん切り）……各適量

## 作り方

1) 鍋に1.2ℓの湯を沸かし、塩20g（分量外）を入れ、スパゲティを袋の表示より1分短くゆで、冷水で冷やして水気をきる。

2) ナポリタンソースを作る。鍋にサラダ油を入れて中火で熱し、にんにく、セロリを入れて炒め、油がなじんだら玉ねぎを加える。

3) 玉ねぎがしんなりしたら、Bを加えよく混ぜたらCを加え、蓋をして10分ほど煮込む。塩と白こしょうで味をととのえる。

4) 別の鍋でお湯を沸かし、1のスパゲティを入れて1分ゆでる。

5) フライパンにサラダ油を入れて中火で熱し、Aの材料を順に入れて炒める。

6) 火が通ったら白ワイン、マッシュルームを加え、塩と白こしょうで味をととのえる。

7) 4のスパゲティを湯きりして加えて混ぜ、3のソースの1/6量を少しずつ加えて塩と白こしょうをふる。味を見ながらソース、塩、ゆで汁を少しずつ加え、かたさと味を調整する。

8) 火を止め、粉チーズを加えて混ぜる。再び中火にかけ、バターを加えてよく混ぜる。

9) 器に盛り、粉チーズとパセリをかける。

※余ったナポリタンソースは保存容器に入れて冷蔵室で保存。


※クラシルの公式YouTubeでは、料理名〈長年愛され続けている老舗洋食屋の定番メニュー“本格ナポリタン”の作り方〉で掲載！ 動画も検索してチェック！

## おいしく作るためのシェフポイント

### トマトは４種類を使い分ける

トマト缶、ピューレ、ケチャップ、ペーストと４種類のトマトを加えることで、濃厚で深い味と酸味が生まれます。

### ローリエは煮込みの基本

ドミグラスソースやミートソースなどの煮込み料理にはローリエを１枚加えると、香りのよい料理になりますよ。

### ベーコンで燻した香りをつける

ナポリタンに欠かせないのは燻製の香り。ベーコンを香ばしくなるまで炒めます。

### エビと野菜は手早く順番に入れて炒める

食材の色が変わってから次の食材を加えるのではなく、食材をどんどん加えて炒めましょう。ベストな仕上がりになります。

### エビと野菜のうま味をパスタに吸わせる

エビと野菜から出てきた水分をスパゲティになじませてからソースを加えましょう。より奥行きのある味に仕上がります。

### 火を止めてから粉チーズを加える

仕上げの粉チーズは火を止めてから加えて混ぜると風味がよくなります。

家庭用に使いやすい
むきエビを使った
レシピにしました

# フレンチ ボロネーゼ

## 材料（2人分）

スパゲティ（1.6㎜）……………150g
豚ひき肉……………………… 100g
玉ねぎ ……………………1/3個（50g）
ブラウンマッシュルーム… 3個（30g）
ミニトマト……………… 4個（40g）
にんにく（粗みじん切り）………5g分
白ワイン …………………… 100mℓ
レモンの皮（千切り）…………1/8個分
ローズマリー ……………………1本
バター（無塩）…………………… 20g
オリーブオイル ……………… 15g
塩 ……………………………適量

## 作り方

1）鍋に1.5ℓの湯を沸かし、塩大さじ1（分量外）を加え、スパゲティを袋の表示通りにゆでる。

2）玉ねぎは小さく乱切りにする。マッシュルームは一口大に切り、ミニトマトは4等分に切る。

3）フライパンにオリーブオイルとにんにくを入れて、中火で炒める。色づいてきたら、豚肉を加えて崩さずに焼く。塩をふり、豚肉の色が変わってきたら**2**を加えて塩をし、強火で炒める。

4）マッシュルームがくたっとしてきたら、白ワインを加えて蓋をし、蒸し焼きにする。

5）レモンの皮、ちぎったローズマリーを加えて強火にし、**1**のスパゲティを湯きりして加える。

6）ソースをよくからめたら、バターを加えて弱火にする。しっかり混ぜて乳化させる。


※クラシルの公式YouTubeでは、料理名〈シェフが身近な食材で作る　新感覚“白い”ボロネーゼの作り方〉で掲載！ 動画も検索してチェック！

## 中村シェフのパスタの極意

- □ パスタは1%の塩を入れてゆでましょう
- □ にんにくは芯も一緒に刻んで、違う食感や香りを楽しんでください
- □ すべてを同じサイズに切り揃えず、食感やリズム感を大切にしましょう

## おいしく作るためのシェフポイント

### フライパンを傾けてにんにくを炒める

オイルがたまるようにフライパンを傾けてガス台に置き、にんにくを浸して炒めましょう。

### 玉ねぎは香りを引き出す切り方をする

玉ねぎは薄切りにすると味が分かりづらくなってしまうので、乱切りのように刻んでいくと、玉ねぎの食感と香りを引き出すことができます。

### ひき肉をくっつけるように焼く

ひき肉は色が変わって塊になってきたら上下を返します。バラバラにしないほうが肉の食感が楽しめます。

### 塩はその都度ふると味が決まる

肉に塩をしていても、野菜を加えたらまた野菜に塩をふります。一度に入れずその都度塩をふると、味が決まりやすくなじみます。

### 豚肉にはハーブがよく合う

身近な材料でも、香りよくレストランのような味に仕上がるのは、ハーブを使うから。ソーセージのような深い香りのパスタになりますよ。

### バターを加えたら乳化させる

最後にバターを加えたら弱火に落とし、スパゲティをよく混ぜて水分とバターを乳化させます。とろみがついて水気がなくなったら出来上がりです。

LA BONNE TABLE
中村 和成が教える!
絶品パスタ 02

新境地のもちもち食感

# ノスタルジックなナポリタン

## 材料(1人前)

スパゲティ(1.6mm)……………100g
玉ねぎ……………………1/3個(30g)
ピーマン…………………1個(40g)
ウインナーソーセージ…………30g
ケチャップ……………………60g
バター(無塩)…………………10g
オリーブオイル…………小さじ2
塩………………………ひとつまみ

## 作り方

1) 鍋に1ℓの湯を沸かし、塩小さじ2(分量外)を入れ、スパゲティを袋の表示よりも1分半長くゆでる。

2) 玉ねぎは芯をつけたまま乱切りのように1cm幅に切る。ピーマンは1cm幅の輪切りにする。ソーセージは1cm幅に切る。

3) フライパンにオリーブオイルを入れて中火にかける。2を加え、塩をふって炒める。

4) 玉ねぎがしんなりしたら火を止め、ケチャップを加えてよく混ぜる。ゆで上がったスパゲティを湯きりして加え、ゆで汁大さじ2、バターを加えてよく混ぜる。

 ※クラシルの公式YouTubeでは、料理名〈家にあるパスタが新境地のもちもち食感に!シェフが作るナポリタンの作り方〉で掲載! 動画も検索してチェック!

# おいしく作るためのシェフポイント

### 袋の表示より1分半長くゆでる

スパゲティは袋の表示より1分半長くゆでると、ナポリタンらしいもちもち感が出てきます。アルデンテの逆をいくパスタに仕上がります。

### ピーマンはヘタぎりぎりまで使う

ピーマンは上部を切り落とし、ヘタのまわりの身を手ではずします。ヘタ以外の身の部分は具材にしましょう。残りは種を除いて輪切りにします。

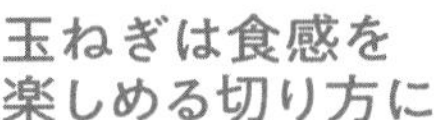

### 玉ねぎは食感を楽しめる切り方に

玉ねぎは芯を除き、転がしながら乱切りにして、食感が楽しめるサイズに切りましょう。芯も薄切りにして加えます。

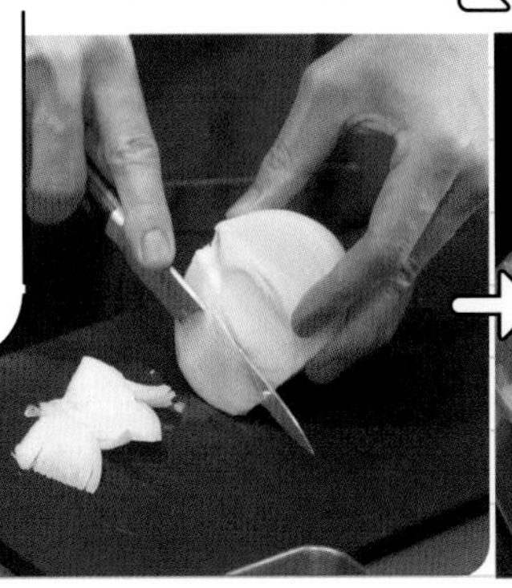

### ケチャップは火を止めてから入れる

具材は強火で炒め、煙が出てきたら少し火を弱めます。火をつけたままケチャップを入れるとカピカピになるので火を止めてから加えます。

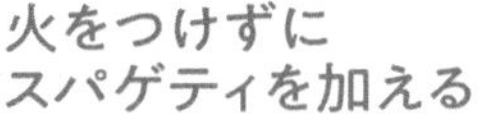

### 火をつけずにスパゲティを加える

具材が入ったフライパンの火は止めたまま、湯きりしたスパゲティを加えましょう。

### フライパンをゆすって具材をからませる

ゆで汁、バターを加えてフライパンをゆすります。強く混ぜるとスパゲティが切れるので、やさしくふわっと混ぜましょう。

ケチャップで炒めた具材だけで食べてもおいしい！

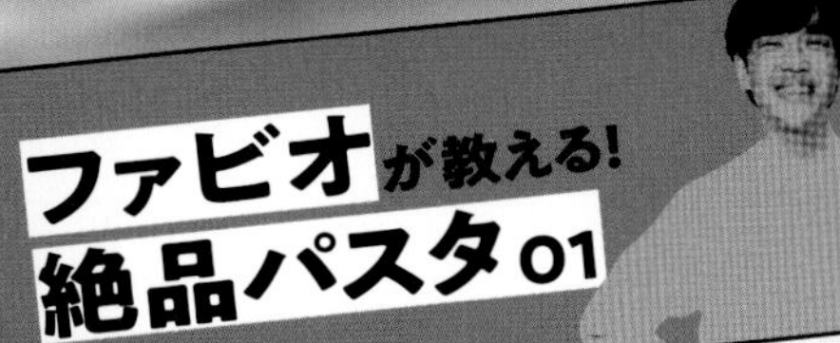


ブレンダーで乳化させるから失敗しない!

# 大葉のアーリオオーリオ

## 材料（1人分）

スパゲティ（2.2mm）……………80g
にんにく……………………4片
赤唐辛子…………………お好み
粉唐辛子…………………お好み
大葉（みじん切り）……………8枚分
オリーブオイル（ピュア）……大さじ3
魚醤（またはナンプラー）…………数滴

## 作り方

1）フライパンに、皮をむいて軽く潰したにんにくを入れる。フライパンを少し傾けて、にんにくが浸かりすぎないくらいのオリーブオイルを加える。

2）弱火でゆっくりと火にかけ、泡が落ち着いてきたらフォークの背でにんにくの繊維をほぐして、赤唐辛子を加える。辛味が出たら赤唐辛子を除く。

3）鍋に1ℓの湯を沸かして塩12g（分量外）を入れ、スパゲティを袋の表示通りにゆでる。

4）にんにくの入ったフライパンに、オリーブオイルとゆで汁が1対1になるようにゆで汁を加える。

5）魚醤を加え、ハンドブレンダーでソースを乳化させる。ゆで上がったスパゲティを湯きりして加えてからめ、大葉を混ぜる。器に盛り、粉唐辛子をふる。

※クラシルの公式YouTubeでは、料理名〈ミシュランシェフが教える乳化を極めた「最高のペペロンチーノ」の作り方〉で掲載！ 動画も検索してチェック！

## ファビオシェフのパスタの極意

- □ パスタはお湯に入れたらすぐに混ぜて、くっつかないようにします
- □ オイルは多用しない。必要な量を見極めて使うと、オイリーすぎず香りのあるパスタに仕上がります

## おいしく作るためのシェフポイント

### にんにくは半割りにして潰すだけ

にんにくは細かく切らずに火をかけると、まろやかな味のペペロンチーノに仕上がります。

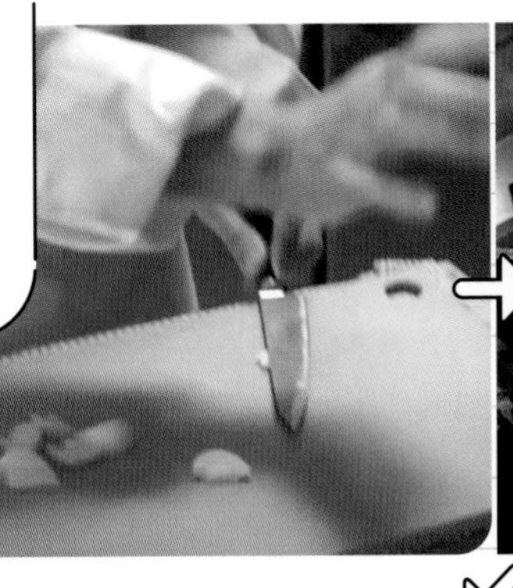

### オイルはにんにくが浸かるか浸からないかの分量

オリーブオイルの量が多すぎると油っぽいパスタになってしまうので、適量を考えましょう。弱火でゆっくりオイルに香りを移します。

### オイルが沸いたらごく弱火に

沸いてきたらさらに火を弱めましょう。泡が落ち着いてきたら、フォークの背で押してにんにくの繊維を壊し、オイルにほぐしていきます。

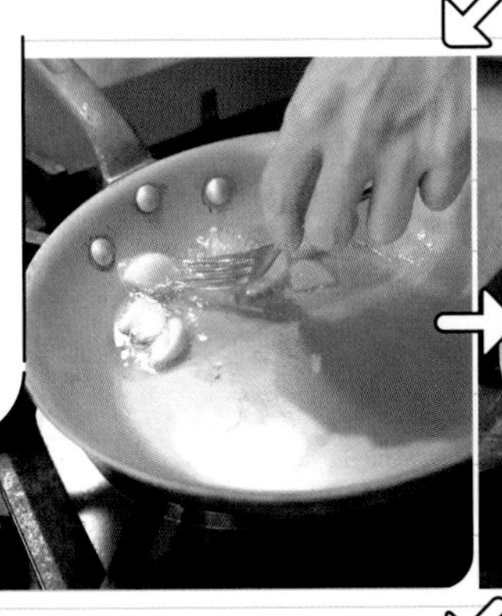

### ゆで汁の分量がキーポイント

乳化させるタイミングでオイルとゆで汁が1:1になるようにすると、完璧に乳化したソースが作れます。蒸発することを考えてゆで汁は少し多めに入れておいて。

### うま味は魚醤で表現する

魚醤をほんの数滴加えると、それだけでうま味とコクのある味に仕上がります。

### ソースはブレンダーで乳化させる

乳化させるのがむずかしいといわれがちですが、ソースが真っ白になるまでハンドブレンダーで混ぜると、しっかり乳化させられます。

# ソース軽やか カルボナーラ風

## 材料（1人分）

スパゲティ（2.2㎜）……………80g

**卵液**

- 卵……………………………1個
- 牛乳…………………………20㎖
- 生クリーム…………………20㎖
- パルミジャーノレッジャーノ（粉）……………………大さじ2

ベーコン……………………35g

オリーブオイル…………大さじ½

白ワイン………………大さじ2

**トッピング**

- 卵黄…………………… 1個分
- チーズパン粉（2人分）（パン粉〈天然酵母〉16g、パルミジャーノレッジャーノ〈粉〉8g）
- こしょう（生・粗みじん切り）…適量
- パルミジャーノレッジャーノ（粉）……………………………適量

## 作り方

1）チーズパン粉を作る。フライパンにパン粉を入れて弱火で空炒りする。パルミジャーノレッジャーノを加えてパン粉にまとわせて溶けたら火を止める。

2）ボウルに卵を割りほぐし、牛乳と生クリームを加えて混ぜる。パルミジャーノレッジャーノを加えて混ぜる。

3）フライパンに短冊切りにしたベーコン、オリーブオイルを入れて弱火にかけて焼く。オイルに香りが移ったら白ワインを加え、アルコール分を飛ばし、火を止める。

4）鍋に1ℓの湯を沸かして塩10g（分量外）を入れ、スパゲティを袋の表示通りにゆでる。

5）フライパンを中火にかけ、ゆで汁少量とスパゲティを湯きりして加えてよく混ぜる。火からはずして**2**を加えてよく混ぜ、再び火にかけて混ぜ、とろみがついたら火を止める。

6）器に盛り、卵黄をのせ、チーズパン粉半量とこしょう、パルミジャーノレッジャーノをかける。



※クラシルの公式YouTubeでは、料理名〈ミシュランシェフが教える家庭で本格「カルボナーラ」の作り方〉で掲載！ 動画も検索してチェック！

# おいしく作るためのシェフポイント

## 卵液に牛乳と生クリームを混ぜる

卵液に乳脂肪分を加えておくと、ぼそぼそした失敗カルボナーラになりません。生クリームだけでなく牛乳も加えると軽やかに仕上がります。

## ベーコンはオイルで炒める

油をひかずに焼くとベーコンが焦げるので、オリーブオイルをひいて炒めましょう。オイルの中に香りとうま味を引き出して。

## 白ワインのうま味だけ残す

白ワインを加えたら、アルコール分を飛ばし、素材のうま味を少し煮詰めていきます。汁は残っている状態がベスト。

## 生こしょうは粗めに刻む

粗めに刻んで、よりこしょうの風味が感じられるようにします。噛んだときに甘く華やかな香りがします。

## 卵液は余熱で火入れする

卵を加える前に火から下ろし、余熱で温めながらよく混ぜていきます。全体がよく混ざったら、水分をサッと飛ばすように火にかけます。

## 盛りつけにセルクルを使うと上品

高さを出して盛りつけたいときは、セルクルに入れていくと美しく仕上げられます。

**牛乳を加えると
しつこくなく飽きのこない
さっぱりした味に**

Column5 一流シェフのまかない飯

# 心奪われる 鶏の蜜焼き

LA BONNE TABLE
中村 和成

フレンチの名店『LA BONNE TABLE』のまかない飯です。
鶏肉を漬けてオーブンの中に入れるだけで完成。鶏肉以外に、鴨や豚肉で作ってもおいしいです。
ヒレ肉やロースより、バラや肩ロースで作るほうが合います。
以前、お店でお弁当を販売していたときも、この料理が一番人気でした。

**A**正しく計量することが上手に作るコツです。鶏肉310gに対して塩3.1g、砂糖31gをしっかりもみ込みます。
**B**鶏肉を漬けて1時間以上経つと、肉から離水し、砂糖も溶けて液体が出てきます。これが「鶏蜜」です。

## 材料（1人前）

鶏もも肉 ……………… 1枚（310g）
塩 ……………………………… 3.1g
砂糖 …………………………… 31g
しょうゆ …………………… 31mℓ

**付け合わせ**

- チンゲン菜 ……………… 30g
- 塩 ……………………………… 適量
- ごま油 ……………………… 適量

## 作り方

1）チンゲン菜は根元を切り落とし、茎と葉の部分に分け、葉は縦半分に切る。茎は縦5mm幅に切る。

2）ボウルに鶏肉の身を上にして入れ、塩、砂糖を加えて全体がなじむまでもみ込む。ラップをかけて冷蔵室で1時間ほど漬ける。

3）しょうゆを加えてなじませ、皮を上にする。ラップをかけてさらに冷蔵室で1時間ほど漬け込む。鶏肉の汁気をきり、汁は鍋に移す。

4）耐熱のバットにアルミホイルを敷いて網を重ね、鶏肉をのせて250℃に予熱したオーブンで15分ほど焼く。3の鍋を弱火で熱して、とろみがつくまで煮詰めたら火を止める。

5）フライパンを強火で熱し、ごま油をひく。1を入れて塩をふり、しんなりするまで炒めたら火から下ろす。

6）鶏肉に火が通ったら取り出し、1cm幅に切る。肉汁は取りおく。器に鶏肉と5を盛る。4を再び弱火で熱し、肉汁を加えて軽く煮詰めたら火から下ろし、鶏肉にかける。

※クラシルの公式YouTubeでは、料理名〈100回作ったまかない飯　誰もが心奪われる、魅惑の鶏もも肉の蜜焼き〉で掲載！ 動画も検索してチェック！

6章

# プロが教える究極のスイーツ

せっかくならスイーツも
プロのシェフレシピで手作りしたい！
バレンタインやクリスマス、
誕生日などの特別な日に作りたい
スペシャルなスイーツから
普段の日にも食べたいスイーツまで紹介します。

# ガトーショコラ

ケンズカフェ東京
**氏家 健治**

## 材料
**(15×８㎝のパウンドケーキ型２台分)**

クーベルチュールチョコレート
(カカオ72%)……………………200g
卵 ……………………… 4個(180g)
バター (無塩)…………………170g
グラニュー糖 …………60g (好みで)

## 作り方

**1)** オーブンは180℃に予熱する。型にクッキングシートを敷く。

**2)** 卵液を作る。卵は常温に戻し、泡立て器やハンドミキサーで混ぜたら、網で濾す。

**3)** 生地を作る。バターとチョコを湯せんして溶かし、8割ほど溶けてきたら泡立て器で混ぜる。

**4)** グラニュー糖を加えて混ぜる (グラニュー糖は溶けきらない)。**2**の卵液を少しずつ加えてその都度手早く混ぜ、乳化させる。

**5)** 型に生地を半量ずつ流し入れ、予熱したオーブンで13〜15分焼く。粗熱を取ったら型から出す。

 ※クラシルの公式YouTubeでは、料理名〈日本最高峰のガトーショコラ専門店・ケンズカフェ東京が教える「究極のガトーショコラ」〉で掲載! 動画も検索してチェック!

## とろける生地作りのポイントは卵の扱い

### 卵は常温に戻す

卵が冷たいとチョコレートの生地が固まってしまうことがあるので、必ず常温に戻しておきましょう。

### 卵を濾すとなめらかに

カラザや殻の破片などを取り除く目的のほかに、生地をなめらかにするため卵を濾します。

### 卵液とチョコレート生地が乳化するまで混ぜる

チョコレート生地に卵液を加えるといったん分離しますが、根気よく混ぜると乳化してまとまります。

＼まだある！／

## おいしく作るためのシェフポイント

### チョコレートは高カカオのクーベルチュールがおすすめ

お店ではカカオ72％のものを使っていますが、カカオの割合は好みで選んでOK。製菓用のチョコレートは高カカオなので濃厚で深い味わいのガトーショコラができます。

### 冷やしても温めてもおいしい

温めるとフォンダンショコラのように中が溶け出てくるスイーツに、冷やすともっちりした生チョコのような食感のケーキになります。

ゆずの華やかな香りで大人味

# ラムトリュフ

LA BONNE TABLE
中村 和成

## 材料（10個分）

板チョコレート（ビター）…3枚（150g）
生クリーム……100g
ゆずの皮（みじん切り）……1個分
レーズン（ラム酒漬け）……10g
ミックスナッツ……10g

**ラム酒漬け**

オレンジ味のグミ……10g
ドライパイナップル……10g
ドライマンゴー……10g
ラム酒（ホワイト）……100mℓ

**トッピング**

ココア（パウダー）・粉糖・ミント……各適量

## 作り方

1）ラム酒漬けを作る。容器にラム酒漬けの材料を入れてラップをかけ、冷蔵室で2時間ほど漬ける。

2）ゆずクリームを作る。鍋に冷たい生クリームとゆずの皮を入れて、混ぜながら弱火で温める。ふつふつとしてきたら、一度火から離して混ぜる。再び混ぜながら熱し、水分が飛んでとろっとしてきたら蓋をして火から下ろす。

3）ボウルに板チョコレートを割って入れる。湯せんで溶かし、溶けたら湯せんからはずす。**2**を少しずつ加えて混ぜる。

4）なめらかになり、ツヤが出てきたら、氷水に当てて混ぜる。かたくなってきたら氷水をはずし、さらによく混ぜる。

5）ラム酒漬けの汁気をキッチンペーパーで拭く。

6）**4**のチョコレートをスプーン2本で一口サイズに整え、ラップにのせる。中央に**5**のラム酒漬けを入れて、包んで丸める。同様に、ラム酒漬け、レーズン、ミックスナッツを好みで包んで計10個作り、冷蔵室で2時間以上冷やす。

7）バットにココアを入れ、**6**のトリュフにココアをまぶす。器に盛り、粉糖をふってミントを添える。

**おいしく作るための
シェフポイント**

**チョコレートは
混ぜながら
重たくなるまで冷やす**

氷水に当てて混ぜると早く冷えるので、持ち上げるのが重たくなるくらいまでしっかり冷やしましょう。

 ※クラシルの公式YouTubeでは、料理名〈口溶けとろける 板チョコで最高に美味しく作れる「生チョコトリュフの作り方」〉で掲載！ 動画も検索してチェック！

## 材料（24個分）

A
- 卵白……………………… 40g
- グラニュー糖……………… 60g
- インスタントコーヒー ………1g

バター（無塩）…………………… 20g
薄力粉 ………………………… 20g
シナモン（パウダー）…………………2g
アーモンド・くるみ・ヘーゼルナッツ・ピーカンナッツ・カシューナッツ・ピスタチオ（殻なし・無塩・生）…各40g

**トッピング**
- 粉糖 ……………………… 適量

## 作り方

1）オーブンを150℃に予熱し、天板にクッキングシートを敷く。ナッツを粗く刻む。バターを湯せんで溶かす。

2）ボウルにAを入れて泡立て器ですり混ぜる。全体が混ざったらシナモンを加えて混ぜ、薄力粉をふるい入れてさらに混ぜる。

3）粉気がなくなったら1の溶かしバターを加えて混ぜ、ナッツを加えてゴムベラでよく混ぜる。

4）直径5cmほどの大きさになるようにフォークですくい、間隔をあけながら24個作って天板にのせる。

5）予熱したオーブンで20分、焼き色がつくまで焼く。焼き上がったら取り出して粗熱を取り、粉糖をふる。

**おいしく作るための シェフポイント**

**インスタントコーヒーがつなぎの役割に**

インスタントコーヒーには水分を固める力があるので、卵白が固まってナッツがくっつきます。

# クロッカンカフェ

いろいろなナッツが入って
ザクザク食感！

※クラシルの公式YouTubeでは、料理名〈ナッツがざっくざく 辻口シェフ直伝のザクザク食感がやみつき クロッカンカフェの作り方〉で掲載！ 動画も検索してチェック！

溶かしたチョコに材料を
混ぜて固めるだけの
イタリア菓子

# サラメディ
# チョコラータ

ピアット スズキ
**鈴木 弥平**

## 材料（2本分）

チョコレート（ビター）…………100g
卵黄（Lサイズ）…………………… 1個
バター（無塩）…………………… 75g
ビスケット………………………… 85g
ピスタチオ（ロースト・無塩）……… 60g
ラズベリー（フリーズドライ）……… 10g
グラニュー糖 ………………… 60g
粉糖…………………………………適量

## 作り方

1）チョコレートは湯せんで溶かし、バターは常温に戻す。ピスタチオは刻む。

2）ボウルにバターとグラニュー糖を入れ、空気を含ませるように泡立て器で混ぜる（グラニュー糖は溶けなくてよい）。

3）白っぽくなったら卵黄を加えて泡立て器で混ぜ、チョコレートを加えて混ぜる。

4）ビスケットを砕いて混ぜ、ピスタチオを加えて混ぜる。ラズベリーを加えてさらに混ぜる。

5）ラップ2枚を重ねて広げ、4の半量をのせて棒状にまとめる。同様にもう1本作り、冷蔵室で3時間以上冷やして固める。

6）ラップをはずして粉糖をまぶし、好みのサイズに切り分ける。

### おいしく作るための シェフポイント

**具材は好みのものを加えて**

イタリアでは家庭でよく作られるお菓子。その家によって加える具材も違うので、好みのナッツやドライフルーツを入れましょう。


※クラシルの公式YouTubeでは、料理名〈オーブンもトースターも不要！食感が楽しすぎるお手軽チョコの作り方〉で掲載！ 動画も検索してチェック！

## 材料（1本分）

**ジェノワーズ**

- 溶き卵……164g
- 薄力粉（ふるう）……82g
- グラニュー糖……65g
- A バター（無塩）……40g
- A 牛乳……33g
- A 水あめ……15g
- A はちみつ……15g

**カスタードクリーム**

- 卵黄……40g
- 牛乳……200mℓ
- バター（無塩）……13g
- 薄力粉……16g
- グラニュー糖……30g
- バニラペースト……1g

**クレームシャンティ**

- 生クリーム（45%）……100mℓ
- 生クリーム（35%）……100mℓ
- グラニュー糖……20g

**トッピング**

- 粉糖……適量

## 作り方

1）オーブンは170℃に予熱する。クッキングシートは角に切り込みを入れ、天板に敷く。

2）ジェノワーズ生地を作る。ボウルにAを入れて湯せんで溶かし、温度が下がらないように湯せんにかけたままにする。

3）別のボウルに溶き卵とグラニュー糖を入れ、湯せんで温める。泡立て器で混ぜながら38℃くらいになるまで温めたら、湯せんからはずし、ハンドミキサーで混ぜる。白っぽくなり、しっかりツノが立つまで十分立てにする。

4）3に薄力粉を加え、ボウルの底からすくい上げるようにゴムベラでしっかりと混ぜる。

5）湯せんからはずした2に4をひとすくい加えて混ぜ、4のボウルに戻し入れてゴムベラで混ぜる。

6）天板に5のジェノワーズ生地を流し入れる。スケッパーで表面をならし、予熱したオーブンで15分焼く。焼き上がったらクッキングシートをつけたままケーキクーラーにのせて冷ます。

7）カスタードクリームを作る。鍋に牛乳を入れて弱火にかけ、沸騰したら火を止める。

8）ボウルに卵黄とグラニュー糖を入れて泡立て器で混ぜる。バニラペーストと薄力粉をふるい入れて混ぜ、7の温めた牛乳を半量加えて混ぜる。鍋に戻して中火にかけたら、沸騰してとろみがつくまで混ぜながら温める。

9）火を止めてバターを加え、溶けるまでよく混ぜる。裏濾しして氷水に当て、混ぜながら冷やす。ラップをかけて冷蔵室で冷やす。

10）クレームシャンティを作る。ボウルに材料をすべて入れる。氷水に当てながらハンドミキサーで攪拌し、ツノが曲がるくらいの八分立てにする。

11）6のジェノワーズが冷めたらクッキングシートをはがす。焼き目を上にしたら、カスタードクリームを伸ばす。

12）クレームシャンティを全体に伸ばす。手前から巻いて、手でなでてなじませていく。巻き終えたら粉糖をかける。

# 軽やかふわもち ロールケーキ

モンサンクレール
辻口 博啓

三層構造で味わい豊か

※クラシルの公式YouTubeでは、料理名〈おうちでパティシエの味！辻口シェフが教えるもちキュン食感・魅惑のロールケーキ〉で掲載！　動画も検索してチェック！

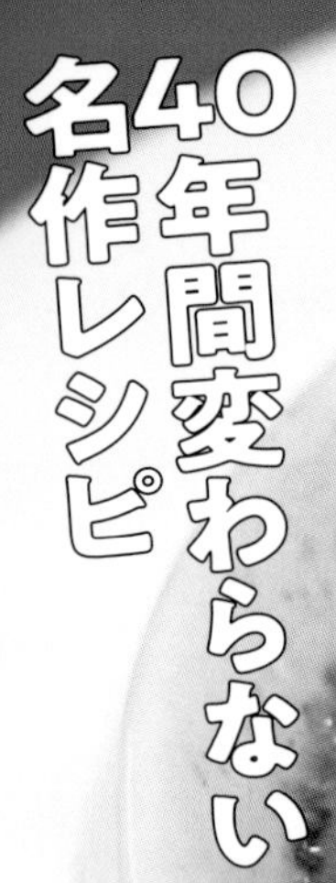


# ムッシュ ポール・ボキューズのクレームブリュレ

ブラッスリー ポール・ボキューズ 銀座
**星野 晃彦**

## 材料（6個分）

卵黄……………………… 4個分
牛乳……………………… 125mℓ
バニラペースト…………………2g
グラニュー糖 ………………… 60g
生クリーム…………………… 375mℓ
カソナード…………………… 10g

**カソナードとは…？**
フランス生まれの砂糖で、原料はサトウキビ100%。バニラのような甘い香りと深みのある味、茶色い色が特徴です。フランスのお菓子には欠かせません。

## 作り方

1）オーブンは160℃に予熱し、卵黄は常温に戻す。

2）生地を作る。鍋に牛乳とバニラペースト、グラニュー糖をひとつまみ入れ、中火にかける。泡立て器で混ぜながら加熱し、沸騰したら火を止める。

3）ボウルに卵黄と残りのグラニュー糖を入れて泡立て器で混ぜる。グラニュー糖が溶けたら**2**を加えて泡立て器で混ぜ、生クリームを加えて混ぜたら、ざるで濾す。

4）氷水が入ったボウルに当て、しっかりと冷ます。

5）耐熱容器に生地を90mℓずつ流し入れ、バットに並べる。バーナーで表面を焼き、気泡を消す。

6）耐熱容器にアルミホイルをかけたら、バットに熱湯を注ぎ、予熱したオーブンで40分ほど湯せん焼きする。

7）アルミホイルをすぐ取り、粗熱を取ってから冷蔵室で2時間ほど冷やす。冷めたら表面にカソナードを山盛りにのせて5秒ほどおき、器の上下を返して余分なカソナードを取り除く。水分が出てくる前にガスバーナーでカソナードを炙り、冷蔵室で3分冷やす。

 ※クラシルの公式YouTubeでは、料理名〈元祖クレームブリュレの極上パリッ！とろーり！食感の作り方〉で掲載！ 動画も検索してチェック！

# なめらかでツヤのある きめの細かいブリュレにする

## 卵は殻のまま常温に戻す

卵は割らずに殻のままで常温に戻します。割ってから出しておくと衛生的にもよくないので気をつけましょう。

## バニラは加熱すると香りが立つ

バニラは冷たいと香りが弱くなるので、一度しっかり沸かして香りを引き出しましょう。

## 卵黄と砂糖は空気を入れすぎないように混ぜて

卵黄は、空気を含ませるように混ぜ、気泡が入ってしまうと、ブリュレの表面がつややかになりません。

## まだある！おいしく作るためのシェフポイント

### 器は浅いものを選ぼう

ブリュレは浅くて熱が加わりやすいので、断面が広い器がおすすめです。ココットやグラタン皿などでもよいでしょう。深いお皿なら生地を薄く入れて焼きます。

### 焼いたカソナードがカリカリのうちに食べる

カソナードをバーナーで炙って焦がしたら、すぐに食べましょう。3〜5分たつと、ブリュレの水分でしっとりし、食感が変わってきてしまいます。

## 材料（2枚分）

薄力粉（冷凍室に入れておく）……… 70g
卵（Lサイズ）…………………… 1個
バター（溶かす）……………… 13g
プレーンヨーグルト ………… 25g
牛乳……………………………… 70g
砂糖……………………………… 10g

**トッピング**

ホイップクリーム、粉糖、
メープルシロップ…… 各適量

## 作り方

1）卵は黄身と白身に分け、卵白は冷凍室に入れる。

2）卵黄生地を作る。ボウルに薄力粉と卵黄を入れ、牛乳とヨーグルトを加えてよく混ぜる。氷水の入ったボウルに当てて、しっかり冷やしておく。

3）2をしっかり混ぜてから、60℃前後に温めた溶かしバターを少しずつ回しかけるように加え、やさしくたたくようにさっと混ぜる。

4）メレンゲを作る。少し凍った卵白に砂糖を入れ、空気を入れるようにハンドミキサーで2分半ほど（泡立て器なら7分ほど）混ぜる。塊になるくらいまでよく混ぜる。

5）卵黄生地45gにメレンゲ全量を加え、スプーンでさっくり混ぜる。

6）ホットプレートを140℃に温め、サラダ油（分量外）をひいてパンケーキを2枚焼く。生地を3回に分けてスプーンですくってのせていき、スプーンの裏側を使って形を整える。

7）蓋をして3分焼いたら、蓋を取り、上下を返す。きつね色になっていたら、蓋をして4分焼く。同様に2枚目も焼く。

8）皿に盛り、ホイップクリームを絞って粉糖をかける。好みでメープルシロップを添える。

※卵黄生地は45gのみ使い、残りは余ります。そのまま焼いて食べてもおいしくいただけます。

# スフレパンケーキ

## こだわり抜いた究極のふわふわ生地



※クラシルの公式YouTubeでは、料理名〈ベーキングパウダー不使用、たまご1個でできる究極のふわふわスフレパンケーキの作り方〉で掲載！ 動画も検索してチェック！

# ふわふわ生地には**メレンゲ**が命!

## 材料は冷やしておく

混ぜているうちにバターが溶けてメレンゲが壊れてしまうので、薄力粉と卵白は冷凍室で冷やしておきましょう。

## 卵白と卵黄はきちんと分ける

卵白に卵黄が1滴でも入っていると、メレンゲがうまく泡立ちません。入ってしまった場合はしっかり取り除きます。

## 卵白は少しだけ凍らせる

卵白を冷凍室に入れ、まわりをやや凍らせてから泡立てはじめると、メレンゲが上手にできます。

## まだある！おいしく作るためのシェフポイント

### メレンゲを加えたらスプーンで混ぜる

スプーンの自然なカーブが、メレンゲを壊さずに混ぜるのに最適です。手早くしっかり混ぜましょう。

### 生地は形を整えてから焼く

ホットプレートに生地をのせたら、スプーンの裏側で生地のしわを消すように形を整えます。こうすることできれいな焼き上がりになります。

# 純白のムース

ザ・キャピトルホテル 東急
総料理長
**曽我部 俊典**

## 材料
(上直径9㎝×下直径5㎝×高さ8㎝の器2個分)

**ベース**

- 牛乳……150㎖
- グラニュー糖……20g
- 粉ゼラチン……4g

レモンの皮……½個分
レモン汁……20㎖

**クリーム**

- 生クリーム……100㎖
- グラニュー糖……10g

**メレンゲ**

- 卵白……1個分
- グラニュー糖……20g

**トッピング用のクリーム**

- 生クリーム……100㎖
- グラニュー糖……20g

**トッピング**

- レモンの皮……適量

## 作り方

1) 水(分量外)に粉ゼラチンをふり入れ、10分ほどおいてふやかす。

2) ベースを作る。鍋に牛乳を中火で沸かし、グラニュー糖を加える。混ぜながら沸騰直前まで温めて火を止める。**1**を加えてよく混ぜ、ゼラチンを溶かす。

3) トッピング用のクリームを作る。ボウルに生クリームとグラニュー糖を入れ、氷水を当てながらハンドミキサーか泡立て器で混ぜて、八分立てにする。丸口金をつけた絞り出し袋に入れて冷蔵室で冷やす。

4) クリームを作る。ボウルに生クリームとグラニュー糖を入れ、氷水を当てながらハンドミキサーか泡立て器で混ぜて、九分立てにする。

5) メレンゲを作る。冷やした別のボウルに卵白を入れ、ハンドミキサーか泡立て器で泡立てながらグラニュー糖を2回に分けて加える。ツヤが出るまで泡立てる。

6) 大きめのボウルに**2**のベースを入れ、レモンの皮をすりおろして加える。氷水を当ててゴムベラでとろみがつくまで混ぜ、レモン汁を10㎖加えて混ぜる。

7) とろみがついてきたら**4**のクリーム半量を加えて泡立て器で混ぜ、残りのクリームを加えてゴムベラで混ぜる。

8) メレンゲを半量加えて泡立て器で混ぜ、残りのメレンゲを加えてゴムベラで混ぜる。レモン汁10㎖を加えて混ぜたら器に入れ、底を叩いて空気をぬく。

9) 冷蔵室で1時間ほど冷やして固めたら、**3**のトッピング用のクリームを絞り、レモンの皮を削ってかける。

 ※クラシルの公式YouTubeでは、料理名〈超絶品な濃厚ムース　5つ星ホテルの総料理長が教える純白のムースの作り方〉で掲載！ 動画も検索してチェック！

# ほっくほっくの甘蜜大学いも

少し冷やしてカリッとさせても

日本橋ゆかり
**野永 喜三夫**

## 材料（作りやすい分量）

さつまいも……………… 2本（600g）
黒いりごま………………… 小さじ1
揚げ油 ……………………… 適量
**蜜**
　砂糖 ……………………… 100g
　しょうゆ・ごま油 …… 各大さじ1
　水 ………………………… 60mℓ

## 作り方

1）フライパンにたっぷりの揚げ油を入れる。さつまいもを乱切りにして、油に浸して中火にかける。

2）ときどき混ぜて10分ほど揚げる。さつまいもが浮いてきつね色になったら、網に上げて油をきる。

3）蜜を作る。別のフライパンに蜜の材料を入れ、よく混ぜて中火で煮詰めていく。早めに砂糖を溶かして、沸くまで待つ。

4）半分くらいまで煮詰まったら、2のさつまいもを加えて蜜とよくからめ、黒ごまをふる。常温まで冷ます。

**おいしく作るためのシェフポイント**

**冷たい油からじっくり揚げる**

デンプンは60℃前後になると糖化して甘くなります。低い温度からゆっくり揚げると甘くてカリカリの大学いもに！

※クラシルの公式YouTubeでは、料理名〈［もうお店で買えない］和の匠が教える、簡単なのにめちゃおいしい大学芋の作り方〉で掲載！ 動画も検索してチェック！

ブラウンシュガーでコク出し

# オレンジフレンチトースト

帝国ホテル 東京
料理長
**杉本 雄**

## 材料（2人分）

食パン（4枚切り）……………………1枚
バター（無塩）………………………20g
サラダ油……………………………適量

**卵液**

- 卵……………………2個（100g）
- 牛乳……………………………150mℓ
- ブラウンシュガー……………20g
- バニラエッセンス………………2g

**クルトン**

- バター（無塩）…………………20g
- サラダ油……………………大さじ3
- ブラウンシュガー……………10g
- シナモンパウダー……………適量

**オレンジカラメルソース**

- オレンジ……………1個（200g）
- ブラウンシュガー……………20g
- 水…………………………………50mℓ
- バター（無塩）…………………10g
- ブランデー………………………適量

**トッピング**

- バニラアイス…………………60g
- ミント、シナモンパウダー
  ……………………………各適量

## 作り方

**1）** 食パンは耳（クルトンの材料）を薄く切り落として、包丁の先で切り込みを入れ、ポリ袋に入れる。

**2）** 卵液を作る。ボウルに卵とブラウンシュガーを入れ、泡立て器で混ぜる。牛乳とバニラエッセンスを加えてさらに混ぜ、ざるで濾す。**1**のポリ袋に卵液200mℓを入れる。

**3）** 水を張ったボウルに、**2**のポリ袋を浸して水圧で空気を抜く。口を閉じて、冷蔵室で30分ほど休ませる。

**4）** クルトンを作る。フライパンにサラダ油を中火で熱する。温度が上がってきたら、食パンの耳を揚げ焼きする。きつね色になったら、余分な油を拭いてさらに焼く。カリッとしたら火を止め、バターを加えてからめる。ブラウンシュガー、シナモンパウダーをふり、縦に細切りにする。

**5）** カラメルソースを作る。別のフライパンを中火で熱し、ブラウンシュガーと水を入れる。色が変わってとろみがついてきたらバターとブランデーを加え、アルコール分を軽く飛ばす。オレンジは皮をむき、横半分に切る。オレンジを加えて、よくからめる。

**6）** フレンチトーストを焼く。別のフライパンを弱火で熱してサラダ油をひき、**3**の食パンを入れて焼く。焼き色がついたら上下を返し、両面に焼き色がついたらバターを加え、火を止める。

**7）** フレンチトーストを半分に切り、オレンジカラメルソースをかける。クルトンを数本敷いた上にバニラアイスをのせ、残りのクルトンを飾る。シナモンパウダーをかけ、ミントを添える。


※クラシルの公式YouTubeでは、料理名〈究極の甘美 帝国ホテル料理長が伝授するホテル仕様フレンチトースト〉で掲載！ 動画も検索してチェック！

## 材料（1人分）

砂糖……………………… 大さじ3
卵…………………………………2個
ココアパウダー…………… 大さじ1
バター…………………… 大さじ1
いちご……………………………1個
**トッピング**
いちご、バニラアイス、ミントの葉…………………… 各適量

## 作り方

1）生地を作る。ボウルに砂糖と卵、ココアパウダーを入れてゴムベラでしっかり混ぜる。

2）18〜20㎝のフライパンにバターを入れて中火にかける。バターが溶けて泡立ってきたら生地を入れ、ヘラで軽く混ぜながら焼く。

3）半熟になったら5㎜角に切ったいちごを中央に加える。生地をひし形になるように集めて上下を返し、裏側も焼く。

4）器に盛り、半分に切ってバニラアイスをのせる。ミントを添えてトッピング用のいちごを飾る。

**おいしく作るための シェフポイント**

**生地はジャリジャリしなくなるまでよく混ぜる**

焼いたときに色ムラになったり、場所によって食感が変わったりしないよう、砂糖が溶けて卵黄と卵白がなじむまで混ぜましょう。

日本橋ゆかり
**野永 喜三夫**

# いちご入り ココアオムレツ

パパッとできる簡単スイーツ

※クラシルの公式YouTubeでは、料理名〈老舗日本料理店3代目が教える 舌がとろけるオムレツの作り方〉で掲載！ 動画も検索してチェック！

# 料理インデックス

●本書で紹介している料理を「おかず」「ごはん」「麺」「パン」「汁物」「スイーツ」にわけて掲載しています。「おかず」「ごはん」「麺」は、使っている主な素材(付け合わせなどは含みません)別にわけています。料理名は50音順です。献立を考えるときに活用してください。

## おかず

### 肉

#### ●鶏肉



#### ●豚肉



#### ●牛肉



#### ●ひき肉



#### ●加工肉



### 魚介・魚加工品

#### ●鮮魚



#### ●甲殻類



#### ●魚加工品



### 豆腐・大豆製品



### 卵・乳製品

#### ●卵



#### ●牛乳

**監修 クラシル**

クラシルは「くらしをおいしく、あたたかく」をコンセプトに、管理栄養士が監修した「かんたんにおいしく作れるレシピ」を5万件以上提供する国内No.1のレシピ動画サービスです。
人気店のシェフによる絶品レシピを多数公開するYouTube（@Kurashiru）も好評。

家庭料理で使えるプロのワザ満載
**クラシル #シェフのレシピ帖**

2024年 1月6日　初版発行

監修　クラシル

発行者　山下 直久
発行　株式会社KADOKAWA
〒102-8177　東京都千代田区富士見2-13-3
電話 0570-002-301（ナビダイヤル）

印刷所　TOPPAN株式会社
製本所　TOPPAN株式会社



●お問い合わせ
https://www.kadokawa.co.jp/（「お問い合わせ」へお進みください）
※内容によっては、お答えできない場合があります。
※サポートは日本国内のみとさせていただきます。
※Japanese text only

定価はカバーに表示してあります。


ISBN978-4-04-606609-1　C0077